智慧图书馆信息管理与档案管理

李 平 杨美娜 龙宏伟◎著

线装書局

图书在版编目（ＣＩＰ）数据

智慧图书馆信息管理与档案管理 / 李平，杨美娜，龙宏伟著. -- 北京：线装书局，2023.7
　　ISBN 978-7-5120-5502-5

　　Ⅰ．①智… Ⅱ．①李… ②杨… ③龙… Ⅲ．①数字图书馆－信息管理－研究②数字图书馆－档案管理－研究 Ⅳ．①G250.76

中国国家版本馆CIP数据核字(2023)第106763号

智慧图书馆信息管理与档案管理

ZHIHUI TUSHUGUAN XINXI GUANLI YU DANGAN GUANLI

作　　者：李　平　杨美娜　龙宏伟
责任编辑：白　晨
出版发行：线裝書局
　　　　　地　址：北京市丰台区方庄日月天地大厦 B 座 17 层（100078）
　　　　　电　话：010-58077126（发行部）010-58076938（总编室）
　　　　　网　址：www.zgxzsj.com
经　　销：新华书店
印　　制：三河市腾飞印务有限公司
开　　本：787mm×1092mm　　　1/16
印　　张：16
字　　数：360 千字
印　　次：2024 年 7 月第 1 版第 1 次印刷

线装书局官方微信

定　　价：68.00 元

前　言

随着 20 世纪中期计算机的发明，人类逐渐由工业社会进入到信息社会。特别是 20 世纪 90 年代互联网的产生和飞速发展，将人类社会由工业文明发展为信息文明。在图书馆界，一些领航者开始进行大胆探索，尝试将计算机技术、网络通信技术等现代信息技术在图书馆中应用，图书馆开始由传统的工作机制和工作模式转变为网络化、自动化、信息化的工作模式。计算机在图书馆中逐渐被广泛应用，卡片式检索被计算机检索、联机检索、网络检索取代，纸本资源如图书和期刊的地位逐渐被网络数据库和数字文献所取代。在此期间，网络图书馆、数字图书馆、虚拟图书馆开始出现和普及，并成为现代化图书馆的代名词。

本书的章节布局，共分为十章。第一章介绍了智慧图书馆概述，介绍了智慧图书馆的发展和内涵；第二章对图书馆信息资源建设概述做了相对详尽的介绍，介绍了信息资源的演变与发展、含义及内容以及基本理论和建设原则；第三章对高校智慧图书馆建设管理，介绍了智慧图书馆的关键技术支撑、资源整合技术以及移动图书馆技术；第四章智慧图书馆信息资源建设的政策，在我国信息化建设进程中，面对信息资源类型繁多，信息传播迅速的情况，制定系统全面的信息资源建设政策，对做好信息资源建设工作显得尤为重要；第五章智慧图书馆信息资源建设的方法，图书馆作为当前社会重要的信息机构，在其建设过程中，如何通过有效的方法满足用户不断增长的信息需求，并提供完备、快捷的服务已经成为必须要解决的问题；第六章智慧图书馆信息资源建设的共建共享，信息资源共建共享体系是由若干子系统经统一规划、组织协调而形成的有机体。由于发展的背景、资源基础、技术基础等的不同，信息资源共建与共享体系在组织机构、管理体制、资源共建、技术支撑，以及信息服务等方面存在许多不同；第七章智慧图书馆信息资源建设的创新发展，介绍了智慧图书馆大数据整合系统平台、大数据检索服务以及创新服务；第八章智慧图书馆特色信息资源建设，在信息革命的推动下，全球数字图书馆的建设和研究工作如雨后春笋般不断涌现，在新技术环境下介绍数字图书馆的最新发展模式，探究特色资源的整合与发展，特色服务的创新方式；第九章智慧图书馆信息服务系统的构建，介绍了高校智慧图书馆信息服务系统分析与设计、精准定位和个性化服务以及系统；第十章智慧图书馆知识服务创新研究，介绍了于共同心智的智慧图书馆知识服务概述、智慧图书馆知识服务模式研究以及支撑体系。

本书在撰写过程中，参考、借鉴了大量著作与部分学者的理论研究成果，在此一一表示感谢。由于作者精力有限，加之行文仓促，书中难免存在疏漏与不足之处，望各位专家学者与广大读者批评指正，以使本书更加完善。

编委会

朱金刚　赵　娜　王　磊
祝　贺

目　录

第一章　智慧图书馆概述

第一节　智慧图书馆发展历程

随着20世纪中期计算机的发明，人类逐渐由工业社会进入到信息社会。特别是20世纪90年代互联网的产生和飞速发展，将人类社会由工业文明发展为信息文明。在图书馆界，一些领航者开始进行大胆探索，尝试将计算机技术、网络通信技术等现代信息技术在图书馆中应用，图书馆开始由传统的工作机制和工作模式转变为网络化、自动化、信息化的工作模式。计算机在图书馆中逐渐被广泛应用，卡片式检索被计算机检索、联机检索、网络检索取代，纸本资源如图书和期刊的地位逐渐被网络数据库和数字文献所取代。在此期间，网络图书馆、数字图书馆、虚拟图书馆开始出现和普及，并成为现代化图书馆的代名词。

网络图书馆、数字图书馆、虚拟图书馆三者之间既有联系又有区别，为了对它们进行彻底的研究和辨析，我们需要了解它们的概念、内涵等。

一、网络图书馆

20世纪90年代以后，图书馆的外部环境和内部需求都发生了极大的变化。先进的计算机技术、多媒体技术、数字化技术和通信技术日益发展，数据库的建立，文献数字化的发展带来更多网络化连接的机会，自由灵活的信息使用代替了以往的固定完整的信息收藏等。在这种背景下，网络图书馆作为网络环境下资源的一种新的组织形式，作为图书馆界的一种新型合作模式，应运而生，网络图书馆也成为国内外众多专家学者研究的对象。

对于网络图书馆的认识，学术界存在较大争议，可谓仁者见仁，智者见智，主要流行的观点有以下几个。

（一）网络图书馆是就是电子图书馆

这种观点认为网络图书馆是虚拟图书馆、电子图书馆、数字图书馆等概念的统称，认为网络图书馆就是利用计算机技术，网络通信技术将数字化的信息进行加工整理和贮存，并依托网络进行传播的一种信息服务机构。与传统图书馆相比，网络图书馆侧重对数字化、网络化的信息的处理和传播，其工作内容和工作方式均与传统图书馆有很大不同。并且，网络图书馆与传统图书馆相比，更容易实现对信息的共享，打破了传统图书馆较为僵化的信息获取模式，因此，又被称为"无墙图书馆"。

（二）网络图书馆其实是图书馆的计算机管理系统

该观点认为网络图书馆并不是图书馆的一个种类，而是由于现实的需要，由图书馆开发的一套为实现信息资源共享和有效传播的网络化管理系统。它在一定程度上拓展了图书馆的功能，并且使图书馆的管理手段和服务方式发生了变革。通过网络图书馆，可以实现网络采购、网上编目、在线借阅、馆际互借和参考咨询等，丰富了图书馆的服务内容和服务手段。

（三）认为网络图书馆是跨地区、跨系统的图书馆联盟

这种观点认为网络图书馆产生和发展的最终目的是实现信息资源共享，网络图书馆的本质就是图书馆联盟，是图书馆联盟在网络环境下的组织形式。网络图书馆是基于图书馆联盟合作的深入发展，在自愿和互惠互利的基础上建立起来的图书馆联盟。

关于网络图书馆，我国图书馆学者吴慰慈先生给出的定义为：网络图书馆是指一定范围内若干图书馆以计算机技术、数字化技术、网络技术为基础共同合作组建的，可供用户异地获取图书馆馆藏资源与服务信息资源的网络系统。这是目前学术界比较全面系统概括网络图书馆特征的概念。

二、虚拟图书馆

最早提出虚拟图书馆这一术语的人是美国人 A. Harley，他当时是大英图书馆外借部计算机与通信工作组负责人，他认为虚拟图书馆指的是一种环境，是一种远程获取图书馆情报资源和服务的行为。

1992年，美国学者卡耶在《虚拟图书馆知识社会与图书馆员》一书里，认为虚拟图书馆是利用电子网络远程获取信息与知识的一种手段。他认为虚拟图书馆只是用户获取知识与信息的一种方式，而不是一种图书馆形态。日本学者Jajko则认为虚拟图书馆是一种知识管理实体。通过远程通信技术将图书馆拥有的信息资源与外部世界范围的信息有机结合，促进快速和有效地利用信息。

国内学者也对虚拟图书馆做了较多的研究，如武汉大学黄宗忠教授认为虚拟

图书馆是虚拟现实技术在图书馆的应用，是一个跨地区、跨国家的信息空间，而不是一个物理存储的图书馆。北京大学的吴慰慈教授则认为虚拟图书馆就是虚拟化的图书馆镜像，它以信息资源的数字化存储和网络化传递为基础，是实现信息资源共享的"大公共图书馆""无墙图书馆""全球图书馆"。

虚拟图书馆中"虚拟"一词源于计算机技术，是指用计算机来虚拟现实世界中的客观事物和环境，所造出和现实事物极其相似的镜像。计算机技术、网络技术的发展使图书馆利用信息技术在网络上开展工作和服务成为可能，而网络上的图书馆是现实中的图书馆在网络上的镜像，因此，虚拟图书馆也就是图书馆在网络中的镜像。通过网络实现与跨地区、跨系统甚至跨国的图书馆连为一体，而其他图书馆的馆藏资源也成了虚拟图书馆的虚拟馆藏资源，它依托本馆馆藏资源和其他馆馆藏资源为用户提供服务。

三、数字图书馆

1993年，美国克林顿政府提出的信息高速公路计划中，将数字图书馆规划作为"试点"建设的重要项目。1994年，美国国家科学基金会等单位正式实施的一项"数字图书馆创始计划"中，首先提出了数字图书馆的概念。同样在得克萨斯又召开了国际数字图书馆会议。同年9月，美国国家科学基金会、美国国防部高级研究计划署、美国国家航空与太空总署联合发起了"数字图书馆创始工程"（DLI——Digital Library Initiative）。1995年初，美国IBM公司又发起了全球数字图书研究的倡议，并成立了数字图书馆学会，"数字图书馆"一词广泛流传开来。1997年，美国国家科学基金会赞助的专题讨论会认为："数字图书馆"的概念并不仅仅是一个有着信息管理工具的数字收藏的等价词，数字图书馆更是一个环境，它将收藏、服务和人带到一起以支持数据、信息乃至知识的全部流程，包括从创造、传播、使用到保存的全过程。自美国开始研究数字图书馆之后，英国、法国、日本等世界上许多国家开始对数字图书馆项目进行规划和建设，如英国图书馆"电子化贝奥伍夫项目"（BL）的创建，日本国会图书馆实施的"关西图书馆工程"等，均是对数字图书馆的研究和尝试。

数字图书馆的研究者将数字图书馆的定义分为两类，一类观点是从技术和数字存储空间的角度来对其进行定义，这种观点认为数字图书馆应该更突出"库"的概念，即数字图书馆是一个数字化的信息资源库，它是为国家信息基础设施建设提供关键性的信息管理技术，同时提供主要的信息源和资源库的数字化存储空间。这一类观点的代表性定义有：①数字图书馆是一个分布式的信息环境，其相关技术使得创建、传播、处理、存储、整合和利用的困难大幅降低。②美国研究图书馆协会（ARL）给数字图书馆的定义是：数字图书馆不是一个单一的实体；数字图书馆是把许多地方的资源连接在一起的技术；众多数字图书馆和信息服务的连接对最终用户应是透明的；数字图书馆的目标是让广大用户最大限度地获取信息、得到信息服务；数字图书馆的馆藏不应局限于原件的替代品，还应包括无法用印刷方式表现或传递的实物，并将其数字化。③美国"数字图书馆创始计划"提出：数字图书馆不仅仅是数字馆藏及管理工具的集合，而应包括信息、数据和知识在整个创建、发布、利用、存储等生命周期内的所有活动。④数字图书馆即是一个数字化的信息系统，它将分散于不同载体、不同地理位置的信息资源以数字化方式存储，网络化方式互相联接，提供即时利用，实现资源共享。

第二类观点将重心放在"图书馆"上，认为数字图书馆就是运用当代信息技术，对数字信息资源进行采集、整理和储存，并向所有连接网络的用户提供，为一定的社会政治、经济服务的文化教育机构以及这种机构的组合。代表性定义有：①数字图书馆是采用现代高新技术所支持的数字信息系统，是下一代因特网网上信息资源管理模式，它将从根本上改变目前因特网因规模庞大而不便使用的现状。这一概念说明数字图书馆是超大规模的，分布式的，便于使用的，没有时空限制的，是跨无缝连接与智能检索的知识中心。②所谓数字图书馆，是指运用计算机技术、网络技术、通信技术、数据库技术和多媒体技术等信息技术及其设备，对不同类型、不同载体、不同形式的各种文献信息资源进行搜集、选择和规范化处理，使之以数字化的方式和多媒体的形式存储，建立分布式的馆藏信息资源库和虚拟馆藏信息资源库，并通过各种局域网、广域网和因特网，向世界各地所有连接因特网的用户提供信息服务的数字化和网络化的信息系统。第二类观点是图书馆界比较认可的观点。

关于数字图书馆的类型，加利福尼亚大学信息管理和信息系统学校的Peter Lyman将数字图书馆分为4个类型：①数字图书馆，包括多种媒体介质的数字化馆藏，它由图书馆员来组织管理。数字化馆藏包括印本资源的数字化和各类型数据库。②新生的纯数字图书馆，这种类型的数字图书馆从建立之初便以数字形式创造和存储各类文献。③数据图书馆，数据图书馆不但存储图书馆活动本身产生的各类数据，即用户、图书馆员和图书馆专业设备所产生的数据，也存储图书馆外部产生的数据，如各类传感器、气象卫星、智能化设备、经济活动、科学研究等所产生的数据。④数据通信，这种类型的图书馆包括一组数字通信的电子文件，如环球网、电子邮件和用户组，还包括数字电视、网络视频、数字电话和数字广播等。

哈佛大学商学院教授克莱顿·克里斯滕森提出了"破坏性技术"（Disruptive Technologies）的概念，泛指那些有助于创造新价值、开辟新市场，而且逐步或者迅速地颠覆原有的市场格局、取代原有技术的新技术。从21世纪开始，以信息技术、自动化技术、智能技术等为代表的高新技术的飞速发展对原有的社会经济结构和模式造成了"颠覆性影响"。在世界范围内，大部分的产业发生了深刻变革，这既对传统的产业造成了危机，又带来了一定的机遇。作为传统的信息服务机构的图书馆，也在一定程度上受到了破坏性技术的冲击，如图书馆查询信息的功能被 Google、百度等搜索引擎冲击，图书馆的馆藏图书和期刊被存储电子化、数字化文献和信息资源的数据库所影响，参考咨询服务被社交网站、百科类网站和问答式的网站所冲击等。表 1-1 是在维基百科有关资料基础上整理的一个破坏性技术与传统技术对照表。

表 1-1　破坏性技术与传统技术对照表

主流技术	破坏性技术
电报	固定电话
固定电话	移动电话
胶卷相机	数码相机
百货商店	大型超市
IBM 主机	个人计算机
存储软盘	闪存装置
Microsoft	Google
Google	Facebook
传统报纸	网络门户
网络门户	Twitter/微博

数字图书馆面临着来自多方面的挑战，这里的多方面，既包括来自技术的挑战，也包括来自于外部相关机构的挑战。如目前学术数字资源建设商发展迅猛，中国知网资源建设已由中国期刊论文逐步拓展到国内外期刊论文、会议论文、学位论文、重要报纸文章、专利、标准等，在图书资源方面，也收录了大量图书，不仅提供年鉴、工具书的查询服务，最近还建立了教辅平台。另一重要学术资源服务平台——万方数据知识服务平台，也提供了国内期刊论文、学位论文、会议论文、专利、标准、地方志、法规文献、科技成果、图书、行业机构、专家学者等学术资源。其他的资源建设商，如维普期刊服务平台等在学术资源建设方面都取得了许多成绩。目前，这些资源建设商所拥有的非图书资源是国内绝大多数图书馆都无法比拟的。我国大多数高校图书馆已经离不开这些资源建设商提供的学术资源服务了。超星图书馆，主要提供数字化的图书资源，该数字图书馆包括文学、经济、计算机等 50 余大类，拥有数百万册电子图书，500 多万篇学术论文，全文总量超 13 亿页，已经达到一个大型图书馆的藏书规模，假以时日，将会超过目前我国绝大多数图书馆的藏书。另外，该数字图书馆还收藏了近 20 万集的学术视频，这些收藏对我国传统数字图书馆形成了很大的冲击。此外，百度和 Google 等搜索引擎均设置了学术搜索，并开始涉足学术出版领域，这些都在不同程度上对数字图书馆产生了影响。

在技术方面，大数据技术、云计算技术、语义技术、数据挖掘技术、RFID技术、跨平台检索技术等，都对数字图书馆造成了一定的冲击，用户的需求随着新技术的发展而不断提高，人们不再满足于以前的信息获取模式，泛在化的、个性化的、智能化的信息服务被越来越多的用户所青睐，并逐渐成为评价图书馆服务好坏的一个重要标准。当然，信息技术在给数字图书馆带来了挑战的同时，也给它的发展带来了机遇，数字图书馆可以应用这些技术到工作中去，到服务中去。数字图书馆所遇到的问题和其所获得的机遇，也就预示着数字图书馆的整体结构和工作、服务模式必然要有所变革，这就为智慧图书馆的产生和发展提供了前提条件。

第二节　智慧图书馆内涵

一、智慧图书馆的概念

（一）馆馆相联的图书馆

馆馆相联的图书馆是智慧图书馆的内涵所在，其目的是将一个区域内乃至全部地区的图书馆（无论规模大小，服务质量好坏）动态地连接起来，使得每个馆的每一个文献资源都可以得到充分的共享；学科馆员、参考咨询等也可以跨馆为用户服务；与此同时，几个图书馆动态连接形成联盟后，不同馆的馆员之间也彼此形成了交流，将吸取的知识和经验应用到自己的工作中，在充实自己的同时也充实了图书馆。这种馆馆相联的形式使得每一个参与其中的图书馆都能更上一层楼，在提升自身身价和服务质量的同时，也为用户带来了不小的便利。

（二）馆内相联的图书馆

馆内相联，即馆内的资源和书籍都是动态连接在一起的，也可以称作"书书相联"。书书相联是智慧图书馆知识服务的基础。书书相联顾名思义就是将书和书连接在一起，这里的书不单单是纸质的，还包括电子版、网络版的书籍或文献。书书相联就是将一个图书馆的所有文献资源整合到一起，并通过物联网、云计算、大数据等技术共享到另一个图书馆中，实现了馆与馆之间文献资料的共享，以便读者阅读和借阅，达到文献资源的集群化，从而为读者提供更加人性化的知识服务。深圳在2012年为图书馆颁布了一项全新的政策，即"统一服务"。"统一服务"就是把执行这项政策的图书馆统一起来，读者只需办理一个读者证就可以访问所有的数据库和系统。这项政策大大方便了读者，读者再也不用担心为了寻找一本书而走遍所有图书馆，再也不用适应每一个图书馆的不同服务规则。此外，读者还可以在自己的读者证内存入适量金额，当需要产生必要的费用时系统会自动从读者证上扣除。"统一服务"政策所遵循的最基本原则就是公益性原则，因此为读者所提供的服务基本上都是免费的。这种统一服务就是书书相联图书馆的一种形式，它不但方便了读者，还使一些存在"孤岛"现象的基层图书馆得以重新利用。

（三）书人相联的图书馆

书人相联是智慧图书馆知识服务的关键，体现了图书馆以人为本的服务理念。书人相联包括书与馆员的相联，也包括书与读者的相联。全天城市街道自助图书馆就是书人相联图书馆一个很好的例子。全天城市街道自助图书馆打破了以往的服务方式，它拥有人性化、智能化等特征，它可以为用户提供自助借书、还书、预定、查询、办理图书证等一系列图书馆的基本服务。这种服务模式是数字技术与公共文化服务的完美融合，大大方便了市民的文化生活，对构建公共文化服务体系具有深远意义。

它的优势是读者再也不用担心图书馆严格的闭馆时间，可以随时随地地到住处附近的自助图书馆进行借还书。这种借还形式大大降低了成本，提高了图书馆借阅率并且操作方便，易上手。24小时城市街区自助图书馆将书与人（读者）紧密的联系在一起，形成书人相联的图书馆。但书人相连还是以书书相联为基础的，比如读者去自助图书馆借书，如果发现所需图书在自助图书馆中没有收藏，而在别的图书馆有，这时就需要利用数字化技术使馆与馆之间彼此相联，确定被借书的馆藏地点，再由图书馆员送到读者所在的自助图书馆。再比如，读者想要预定某本图书，读者可以在图书馆设立的自助终端机或浏览图书馆官网，检索到所需图书的借阅情况并发出申请预借请求，图书馆员收到预借图书请求后，会将图书送到离读者所在地最近的自助图书馆并通知读者取书，读者收到通知后必须尽快去图书馆取书，时限为1天。这自助借阅形式将图书和读者联系在一起，不仅方便了读者，也大大提高了图书的借阅率。

（四）人人相联的图书馆

人人相联是智慧图书馆知识服务的核心。人人相联不单单是把读者和馆员有机相联起来，还要在读者和馆员间建立起相联关系。随着互联网技术的越发成熟，中国的一些大型图书馆开始在网上提供知识服务导航站还有一些其他的个性化服务，这为人人相联的图书馆开了先河。在互联网技术的支持下，馆员间彼此的相联甚至可以把国内外的优秀馆员都连接在一起，形成了庞大的人力资源群体，可以更有效的为读者提供参考咨询服务。Ken Wheaton 在《为什么智慧城市需要智慧图书馆：以阿拉斯加的故事为例》一书中提到一个本土的阿拉斯加人坚定地说这个冬天阿拉斯加将会面临大幅度降温、暴雪和特大风天气。一些大型复杂的天气预报仪都测不出来的东西他是怎么预测到的呢？许多人都持怀疑的态度，但是他说对了，当年阿拉斯加确实迎来了历史上最糟糕的一个冬天。这个本土的阿拉斯加人所拥有的知识在课本上是学不到的，而是前人经验及智慧的总结，即现代人对前人经验的传承。所以人与人之间就需要及时的沟通，吸取他人的经验从而使自己变得更加智慧。图书馆势必会随着时间的推移而发生翻天覆地的变化，现如今的图书馆里面只有长长的过道和满满架子的书，现在人们已经对这种传统图书馆不买账了，我们应该回到人类最原始获得知识的状态：人与人的沟通，也就是人人相联的图书馆的本质追求。

（五）摆脱时间限制的图书馆

摆脱时间限制的图书馆是智慧图书馆知识服务的时间延伸。它是指读者可以忽略传统图书馆的时间限制（开、闭馆时间），全天候的浏览图书馆的馆藏内容。利用数字化、智能化和网络化技术，图书馆就像一台笔记本电脑一样可以随时的使用，让读者可以自由的在任何时间享受图书馆的服务。虽然传统图书馆仍然会有它独特的魅力所在，但是这种任何时间都可以使用的智慧图书馆可以让用户摆脱时间的束缚，使用户可以更自由的支配自己的时间来使用图书馆。这种新型图书馆打破了原有传统图书馆的服务模式，让读者感到图书馆就像他们的手机一样一直在他们的身边，可供随时使用。

（六）摆脱空间限制的图书馆

摆脱空间限制的图书馆可以让用户在任何地方享受图书馆带来的服务。在相当一部分人的认知中，图书馆就是一个庞大的建筑物，是一个物理空间的存在。智慧图书馆则改变了人们这一传统的认知。在智能技术的支持下，读者可以摆脱空间的限制在任何地点，比如餐厅、火车上、家里等享受图书馆提供的服务，让读者能体会到图书馆就在他们的身边，并且可以随时随地使用。例如，美国密歇根州的特拉弗斯飞机场就为其用户提供了一种类似图书馆的服务。该服务是利用机场的 Wi-Fi 让读者通过扫描二维码下载一个应用程序到他们的移动智能设备上，通过该程序读者可以浏览大量的免费电子书籍，并且读者下载下来的书籍都是不限时的，旅客可以长期保存而不会过期。现如今许多机场都设立了类似的电子书免费下载服务，做到了真正的摆脱空间限制让读者在任何地方都能享受到图书馆的人性化服务。

二、智慧图书馆的主要特征

（一）人性化

智慧图书馆的服务不单单是依靠智能技术的支持，其最核心和最重要的服务特点应该是以人为本的智慧化服务。图书馆要想成功进阶到智慧图书馆这一层面，就必须摒弃以前的服务观念：①转变以馆员为中心的服务思想，馆员应站在用户的角度去思考问题，确立以人为本、以读者为中心的服务思想。②转变以往机械化、略显僵硬的服务方式，创新出能够体现个性化、人性化的服务方式。③转变重藏轻用的思想。一个图书馆是否强大不单是看其馆藏是否丰富、特色文献是否充裕，最主要的应是其能否吸引更多的用户来访问并使用它，因此图书馆应改变固有的重藏轻用观念，加强服务意识，树立以服务为本的理念。④转变以往的被动服务观念。以往被动服务时期，图书馆员只有当用户提出问题了，馆员才会为其解决，这难免让用户对图书馆产生冷漠、服务态度不好的看法，所以应该树立主动服务的意识，即主动地询问用户是否需要帮助，让用户感受到温暖、贴心的服务，从而全面提升图书馆的形象。

（二）知识化

知识化是以数字化为基础的，在互联网时代，通过将大量资源和知识数字化，知识的应用和共享得以最大限度的开发，从而使得用户的智能潜力和社会物质资源潜力被充分发挥。随着数字技术的不断发展，在未来公共图书馆中纸质资源的增长速度会越来越缓慢，数字资源将逐渐替代纸质资源成为主要的知识载体。专家曾经预测未来图书馆的发展方向将是以数字资源为主，纸质资源为辅，图书馆应是利用最新的数字化技术的智能化虚拟图书馆，如今看来似乎梦想照进了现实。早在2007年，由美国亚马逊公司设计并开发的KINDLE电子书阅读器正式面向消费者，KINDLE电子书阅读器可以通过亚马逊官网直接购买并可下载电子书、期刊、报纸等。2011年5月亚马逊公司宣布，其售出的纸质图书销量第一次低于了电子图书的销量，这对电子书来说具有非同凡响的意义。根据销售结果显示，亚马逊公司出售的纸质图书和电子图书的比率是1：1.05。2011年6月大不列颠图书馆与GOOGLE签署了一份协议，将18世纪前后的大约25万册文献资料以电子版的形式重新呈现给大家。大英图书馆馆长达梅·琳内·布林德说到，历届馆长的最终目标都是想让更多的人获取知识，而现在的计划就是对之前的目标的进一步拓展。馆长还提出，之所以和GOOGLE合作，就是为了将这些历史材料能够永久的保存，让所有人都能欣赏到这笔宝贵的财富。知识化的核心理念是学习和创新知识，数字化时代无疑更加推动知识化的发展，更多人可以通过网络来学习知识，交流知识进而创造新的知识。

（三）网络化

现如今图书馆的发展已经离不开网络，互联网逐渐成为继物理和社会空间之后的图书馆服务的第三空间。由于网络的迅猛发展，公共图书馆网络服务大幅增加，用户可以在任何时间、任何地点享受检索、电子书阅读、参考咨询等图书馆服务。ITU在2014年5月公布报告，结果显示在2014年底全世界使用网络的人数将达到30亿，手机用户将超过70亿。在国内，根据CNNIC2015年2月发布的统计显示：截至2014年12月，中国网民数量已经增加到6.49亿，手机网民数量达到5.57亿，均居全球首位。在网络化的大环境下，公共图书馆的服务也随之产生了天翻地覆的变化，用户可以不受时空限制随时随地自由访问图书馆并获取自己需要的信息。此外，许多大型图书馆为了给用户提供更优质的服务，近年来购置了大量计算机并优化了上网速度、建立了许多大型网络资源数据库，使得图书馆的网上信息不断增加，更多的用户通过互联网查询电子信息并通过移动设备享受图书馆所提供的各式各样的移动服务。在今后图书馆的发展中，网络化将扮演着一个重要的角色，成为智慧图书馆发展的必然条件。

（四）集群化

所谓集群化就是将知识和信息有机的整合在一起并能随时的方便获取、无障碍转换，并跨越时空进行传递等。当一个图书馆的管理达到了集群化，那么这个图书馆就离转型成智慧图书馆更进了一步。图书馆的集群化将表现为以下三个方面：

（1）整合：图书馆的整合就是将各个图书馆的馆藏，各个知识库的资料，全人类的智慧整合在一起。现如今各个公共图书馆及其他机构馆都有相当数量的特色馆藏文献和数字资源，但有很大一部分资源都处于冰封状态，既不互通互联，也不共建共享，想要获取到这些资源非常的困难。这就需要改变原有的格局，将各个馆的馆藏进行整合共享，通过整合让知识资源更加显性，使用户更方便快捷地获取到自己想要的信息。

（2）集群：集群这一概念最早是由美国迈克尔·波特教授在1990年提出的，图书馆要想跟上时代的脚步就必须转变其服务理念和管理方式，集群是图书馆成功转型的必备要素之一。通过集群，各图书馆可以形成联盟，将各自的资源先聚集再共享，这样每个馆的知识储备都会变得更为充足，购书成本会相应减少，服务质量却会大幅提高，这会让用户的体验变得更加舒心、顺畅。

（3）协同：协同服务的加入会使图书馆的发展变得更为迅速，服务方式也更为灵活。协同服务近年来得到了国内乃至国外图书馆界的一致认可，是未来图书馆发展的主要目标。协同服务包括很多种形态，如企业之间的协同、不同地点之间的协同、国内协同、全世界协同等。协同服务就是将分散在各个地点的图书馆全部统一起来，在管理机制、服务体制上进行整体的规划和改革，改变因布局分散造成的重复建设，降低图书馆的支出成本，为用户带来更好的服务质量。

三、智慧图书馆建设的原则与内容

（一）智慧图书馆建设的原则

1.标准化和规范化原则

智慧环境下，图书馆信息的采集和加工，传播和利用，都是以网络为依托的。"无处不在"的互联网，对于图书馆建设的便利性是不言而喻的，但若要形成全国范围内的图书馆事业体系，甚至全球范围内的共建共享，统一的标准和建设规范是必不可少的。由此可知，标准化和规范化会直接影响智慧化建设的成败。例如，国际上通用的数据格式标准规范，统一的网络通信协议，符合行业标准规范的设备等，统一的标准、规范、协议，以及可兼容的软硬件，在数字资源系统建设、技术平台构建、信息服务系统开发等过程中，都是至关重要的，在图书馆系统互联互访到其他系统的智慧化建设中，发挥着不可替代的作用。换句话说，智慧图书馆的未来建设，及其功能服务更好的实现，必须建立在统一的标准、规范基础之上。

2.开放性和集成性原则

未来智慧图书馆的发展，将为读者提供智慧化程度较高的个性服务，同时，读者能够互动式或自主式的参与图书馆的服务与管理。在移动互联网的基础上，信息的创建和处理，传输和搜索，都会达到难以想象的高效和便捷，图书馆员不再是唯一的信息制造者和发布者，读者也将成为信息数据的创造者，使得信息的扩散更加迅速，信息在"图书馆—读者"之间的流动更加快而直接。智慧图书馆为用户提供的微信互动、微博分享、网上联合知识导航站，以及电话预约、就近取书等服务，降低了图书馆的进入"高度"，使馆员与读者，读者与读者，馆员与馆员之间能够自由互动、协同参与，在图书馆的管理和服务中，读者可直接或间接地发挥作用。

智慧图书馆是在云计算技术、物联网技术的基础上，实现各个文献信息机构之间，不同类型文献之间，实现跨系统应用集成，跨部门信息共享，跨媒体深度融合，文献感知服务和集群管理。上海图书馆的"同城一卡通"，使读者对可用一卡通借阅的文献的存储和流通状态，能够跨时空、实时获取，在237个总分馆中，跨空间的实现各个单一集群系统的互通互联。通过知识信息的共建整合，无障碍转换，跨时空传递等，实现集约显示、便捷获取，依靠集群化综合服务平台，使知识资源的视角不仅仅局限于点，而是扩展到条、面、区域，从而达到条线的交流，块面的联系，区域间的互动，实现智慧化运作。图书馆要实现服务创新，就必须依靠新技术的智慧化应用。

3.共建性和共享性原则

建设全国范围智慧化图书馆体系，一个图书馆的力量是有限的，短时间内很难完成智慧资源建设。几个图书馆之间的信息共享，通过共享人力、物力，可短时间内丰富馆藏资源，最大化地满足用户需求。由此可知，作为个体的图书馆，若想要尽快实现泛在化、智慧化建设，必然需要与其他馆合作，通过共建共享，在贡献自己力量的同时，也能获得更多其他馆的馆藏资源。

为实现信息资源共建共享，图书馆个体可以相互联盟，如国际上的OCLC（Online Computer Library Center，联机计算机图书馆中心），以及国内的CALIS（China Academic Library&Information System，中国高等教育文献保障系统）等，一方面，一定区域内的图书馆形成统一体，以联盟的形式采购图书、数据库等，从书商、服务商处获得较低的采购价格，不仅节省资源，也可扩大资源利用率；另一方面，各个图书馆之间可以共享技术、平台资源等，在数字化建设过程中，避免资源重复开发、节约成本，还能有更多的资源用于读者服务，促进图书馆的智慧化建设。

4.智慧性和泛在性原则

图书馆的智慧化、泛在化主要体现在：①服务时间和服务空间：无线网络技术的发展，更加智能的自动化服务系统的出现，实现在网络所覆盖的地区，都能体验到的图书馆服务，且连续7×24h的服务。图书馆用户通过终端设备，可以不受时间、地点限制地享受数字资源、服务。②服务对象和服务模式：移动通信技术的发展，图书馆的服务模式势必要发生改变，为所有连入网络的用户主动推送资源、服务，不再仅限于到馆用户，每个人都能公平地获取所需资源和服务，真正地扩大图书馆服务对象的范围。③服务内容及服务手段：泛在环境下，图书馆之间资源的共建共享，使得图书馆用户可获得资源服务，不再仅限于本馆的馆藏，而是整合不同平台的资源，如共享资源中心、互联网和开放知识库等，同时，对信息加以归纳整理、去伪存真，然后供用户使用，如通过网站、WAP平台拓展数字化资源的利用率。

由此可知，时代背景和技术环境的变化，图书馆的建设发展务必要遵循智慧化、泛在化的原则，才能真正体现图书馆的社会价值。

（二）智慧图书馆建设的内容

随着社会的数字化、网络化发展，各种挑战接踵而至，图书馆要不要转型、如何转型，一直面临着各方面的压力。换个角度，社会的发展，也为图书馆开创了一个前所未有的时代，包括传统的馆舍、资源建设以及服务创新、合作共享、数字平台建设，阅读推广等，都是图书馆的崭新成果。移动互联网、物联网的出现，平板电脑、智能手机及可穿戴设备等载体的应用，使用户需求发生了巨大变化，不再是以往的简单获取文献，而是直接获取知识、享受智慧服务，随之而来的是图书馆服务模式的与时俱进。

1.图书智能分捡、盘点系统

RFID标签的使用，改变了传统的图书馆工作流程，配合RFID设备的使用，图书馆管理数据流的业务流程为：采编—分拣—盘点—借阅。图书进入图书馆后，要先进行分类编目、标签工作，后由自动分拣系统分配上架，供读者借阅。读者通过自助借还设备归还图书，分拣系统对归还图书进行整理，后直接分配、上架。另外，由于每本图书都有专属的RFID标签，图书的清点工作便变得简单，可通过RFID读写装置自动清点，并实时更新图书的存放位置，清楚图书的在架情况。目前，国内图书管理系统研究较成熟是深圳市远望谷信息技术股份有限公司，具备不同功能的RFID设备（如图1-1所示），已在全国三百多家图书馆投入使用。

图1-1　推车式盘点系统、便携式盘点设备、图书自动分拣系统

2.馆内自助系统

（1）自助借还一体机

自助借还一体机是射频识别技术的一种应用，通过自助借还系统，读者不再局限于服务台办理图书借还，而是读者自助进行操作的一种设备。拥有图书馆智能卡的用户，借书时只需将智能卡片、待借图书放在各自的感应区内，由自助设备自动扫描识别，读取卡片上用户的个人信息、书籍信息，然后用户核对信息并确认借阅，即完成整个借书过程。相对于借书过程，读者的自助还书过程更加简单快捷，只需点击自助设备显示屏上的"还书"后，将所要归还图书放置到感应区，然后确认信息并归还，无须出示借书卡。另外，可同时借还多本图书，自助借还系统可24小时连续服务。自助借还设备的使用，不仅方便读者，减少馆内工作量，更提高了图书的流通速率、图书馆的服务品质。

（2）座位预约系统

座位预约系统同样是RFID技术的一项应用，实现了图书馆内用户与设备的互联。在每个椅子中植入重量传感器，通过馆内的无线网络，发送是否空闲的信息，控制中心汇总所有信息，在显示屏上以图像形式展示，读者可到馆预约，也可通过"我的图书馆"在手持终端预约（见图1-2），座位自助预约系统是图书馆智能化、人性化的体现，用户可根据喜好预约。但对于恶意预约用户，通过限制预约权限、减少借阅数量等形式进行惩罚，以杜绝此行为的出现。

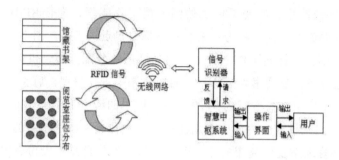

图 1-2　座位预约系统的运作机制

（3）图书馆多媒体终端机

读者自助操作，进行图书馆导航，以及书目检索和报纸期刊的阅读，还能用来宣传展示图书馆。

（4）自助打复印一体机

用户可根据需要，进行自助打印、自助复印，也可将自己需要的纸质图书资源，自助扫描到自己的邮箱，并可通过网络，完成异地打印。

（5）触摸屏阅报机

馆内配置多台触摸屏阅报机，供读者阅读报纸、期刊，并能够进行图书馆 3D 全景地图导航。

3.智能管理和安全系统

（1）综合能耗管理系统

在智慧城市的大背景下，智慧图书馆的建筑主体务必要达到环保、节能的标准。综合能耗管理系统，是在图书馆内部相关设备内嵌入传感器，以便实时控制整个图书馆的内部环境，包括空调、照明、给排水等，在确保读者人身安全的同时，为其营造舒适的阅读环境，并对馆内设备进行在线监控，确保其最佳运行状态和最低能耗。并根据图书馆所处的地理环境，选择绿色环保的建材，充分利用气候因素，实现智慧图书馆的安全、节能。

（2）图书安全防盗系统

图书安全防盗系统包括 RFID、磁条双重防盗系统。合法借阅的图书，需满足三个条件，即 EAS 防盗位，EPC 编码字段中的标签类型位，消磁。联网状态下，对图书实时监测，如有不合以上三个条件的图书，系统将进行声光报警；脱机状态下，此防盗系统可以实现离线报警。北京超讯科技公司开发的，适用于大型图书馆或书店的 EM-2005 电磁波防盗系统，灵敏度高，盲区小，功耗低，寿命长，并能实现多通道联机使用，各通道之间，可实现单独报警。采用全数字调制技术，配合微电脑控制技术，具有较强的抗干扰能力，因此，能够很好地避免金属干扰引起的纠纷。

（3）智能门禁系统

智能门禁系统一般由门禁控制器和门禁读卡器、门禁管理软件、电控锁和开门按钮，以及管理电脑和门磁等主要部件构成。具备联网功能的智能门禁系统，在集成安保系统的同时，还能集成报警系统。当图书馆内因为异常发出火警警报，门禁系统自动打开消防门、其他安全出口。另一方面，消防门上的电控锁，能够实现火灾时断电，为馆内人员提供逃生路径。

4.移动服务建设

进入21世纪后，随着互联网和信息技术的发展，移动服务方式，从短信服务发展到网站服务，再到移动APP服务；服务载体，从普通手机到智能手机，电子阅读器、平板电脑等，使用户可以随时随地，接受或访问图书馆的数字化服务。总的来说，移动服务，是图书馆事业上的一次移动革命。

智慧图书馆广泛互联互通的特点，使其能够实现手机、阅读器、IPTV（互联网协议电视技术）等之间的无缝对接。以手机、平板电脑等移动设备为载体的手机图书馆，通过无线上网进行信息的双向传播。基于3G、4G手机高速浏览网页的功能，图书馆与数字图书馆之间可实现连接；借助移动短信咨询平台、移动阅读和交流平台，以及网络信息浏览平台，为读者提供书目查询服务，图书的续借、预定和到期提醒服务，参考咨询、读者荐购、个性化定制及移动阅读等服务。读者可以使用手机进行操作，随时随地进行书目检索、图书预约续借和到期查询，获取图书馆的公告信息和讲座预告信息，简单方便。通过相应接口的开发，利用数字图书馆与数字电视的交互，实现二者的互联。用户只要在家通过电视，就能对图书馆的图书进行预约、续借、查询借阅信息、阅读馆藏电子书刊、观看视频公开课资源。

5.智慧空间重构

互联网时代，以安静的阅览室为主体的图书馆结构，已经不能适应用户的需求。在世纪之交，开放获取运动应运而生，由此，不仅推动了信息的开放和共享，也促进了图书馆管理与服务的转型，催生了信息共享空间（Information Commons，IC）的发展，这对于图书馆来说，无疑是一次转型的机遇。全球范围内，在信息共享空间的引领下，出现了图书馆空间再造的热潮。1992年，美国的爱荷华大学，第一个将电脑室、视听室、阅览室结合在一起，以讨论和交流为主要功能的信息共享空间出现。于是，各种形式的信息共享空间，便如雨后春笋般发展起来，如学习空间，创客空间，联合办公室等。

信息共享空间是一种创新服务模式，以促进图书馆用户交流、学习、协作和研究，培育用户信息素养为目标。美国北卡罗来纳大学Charlotte图书馆IC前负责人Donald Beagle从两方面进行解释：①一种独特的在线环境。该环境下，用户可通过网络工作站上的搜索引擎检索馆藏及其他数字资源；同时，通过用户界面，便可获得多种数字服务。②一种新型物理设施和空间。它是一种新的信息环境，可以是图书馆的某个部门，或某一楼层，或独立的物理设施；在数字环境下，整理管理工作空间、提供服务，并在第一种模式的基础上，增加了图书馆员的服务。

6.泛在智慧服务建设

图书馆文献服务，是以文献载体为主；图书馆信息服务，是以信息传播为主；图书馆智慧服务，是以知识传播为主；相比之下，图书馆智慧服务，以用户的智慧生成过程为中心，以智慧创造为目的，培育用户运用、创新知识的能力，根据用户的需求偏好、心理认知，为其提供个性化服务。例如，图书馆用户进行资源检索时，图书馆不仅能反馈原始信息，还能快速分析检索结果，组织成综述、研究报告，供用户参考使用，并能按照用户需要的格式，从多种形式的用户终端导出。

泛在网络环境下的图书馆，一改传统服务模式的局限，使服务定位从用户的角度出发，进行服务拓展，使信息资源占有力、信息检索效率得到重点提高，更重视用户的个性化需求。智慧图书馆将服务融入学习和科研中，通过移情感知，获得用户的原始数据，利用数据挖掘技术，获取隐性知识，主动为用户提供个性化、集成化的泛在服务。

情景感知服务。移动环境中，通过智能终端，使用移动传感设备，如 RFID、蓝牙、GPS 等，采集读者的原始情景信息；通过读者登录时的账号，感知和捕捉其所处位置，借阅记录和偏好等的动态信息，并进行分类和过滤处理。

订制服务/聚合服务。订制服务（RSS服务），是基于RSS即信息聚合技术开展的个性化服务。RSS具有过滤信息，聚和信息，推送信息的功能，因此在图书馆的具体应用有：新书通告，电子期刊RSS服务，读者个性化信息的定制服务等。

推送服务。根据用户信息需求，智能分析用户请求，通过数据挖掘等分析技术，实现主动推送。基于图书馆泛在云平台，通过语义关联技术，依据用户的历史访问记录，记录用户的关注领域，进而推断其喜好特征，建立需求预测模型。通过电子邮件和RSS等手段，向用户推送动态科研信息。

预约服务。包括纸质资源和数字化资源的预约，自习座位、研讨室等其他移动设施的空间和设备预约，以及培训预约等。

7.智慧机器人

按照系统功能的不同，图书馆智慧机器人服务大致可分为以下五种：

（1）自助图书馆，其智能化程度较低。最早出现在美国，是一种迷你型图书馆，能够提供24小时图书借还服务，但局限于面向少量读者。近年来，服务方便快捷的自助图书馆，在我国各地陆续出现，如首都图书馆北门、香港科技大学的自动图书馆等。

（2）机器人与立体仓库的结合应用系统，用于提高大型图书馆的自动化处理能力，如自动存取中心（Automated Retrieval Center，ARC）概念、机器人堆叠书库管理系统等，主要用于完成图书的存取。ARC系统存在缺陷且造价昂贵，虽然工作效率和自动化程度非常高，但很难推广。截至目前，我国图书馆中还没有这类设备。

（3）图书搬运机器人系统（AGV），具代表性的是：德国洪堡大学图书馆的AGV系统，可以完成图书的分拣、上架，但该系统成本为38万欧元；日本大阪市立大学图书馆的AGV图书馆机器人，价格低廉，工作效率高，但只能完成图书的搬运、放置等简单的重复性工作。

（4）全自主智能图书存取机器人系统，能够自动完成图书搬运与存取，上下架、整理等一系列操作，智能化、自动化程度较高，目前尚处于研究探索阶段。

（5）智能参考咨询机器人，大致可分为：数字参考咨询软件，IM（即时通信）软件，用户定制软件。IM软件，如清华大学图书馆的智能"小图"、上海交通大学图书馆的"小交"，因其成本低廉、交流便捷、用户基础广泛等特点，一经推出便倍受欢迎。

第二章　图书馆信息资源建设概述

第一节　信息资源的演变与发展

一、信息的概念

"信息"一词由来已久，并在人们日常生活中被广泛使用，进入信息时代后更是成为人们社会生活、经济活动频繁使用的"关键词"之一，但在过去人们常常将其与"消息"等同使用。其实当今人们使用的"信息"概念，无论内涵还是外延都和以往有着很大的区别。"信息"作为一个科学术语也是众说不一。"信息"一词最早出现在哈特莱（R.V. Hartley）于1928年撰写的《信息传输》一文中，到了20世纪40年代后期，尤其是随着信息论、控制论的产生，"信息"作为一个科学的概念，应用于自然科学和社会科学的许多领域，成为哲学、数学、系统论、控制论、经济学、管理学等学科共同讨论和使用的重要概念。由于学科及研究角度的不同，人们对信息概念的理解也不一样。但无论各种理解的差异有多大，"信息"反映的都是人与人之间、人与事物之间相互作用而产生的内容。因此，信息的内容是包罗万象的，是一切数据、符号、信号、资料等的集合体，在数字信息环境下，其表现形式更是多种多样的，数字、文字、语言、声音、符号、图形、报表等都能表示信息。

二、信息资源的概念

在生产力低下、科学技术落后的农业社会，人们是不可能从"资源"的角度来认识信息的。信息时代，由于信息被应用于生产，缩短了生产周期、节约了物质资源、降低了产品成本，也一并提高了产品质量，对经济增长和社会发展起到了特殊的作用，因而为人们所刮目相看。从此信息作为一种新兴资源深入人心。

信息是一种具有巨大作用的资源，然而，它只有经过开发、加工、处理，使之有序化，才能成为有用的资源。信息时代，以计算机和网络技术为核心的现代技术为信息的充分开发和利用提供了前所未有的技术基础和条件，使信息利用更为便捷。而对信息资源的认识也是众说纷纭。"信息资源"这一术语最早是由国外学者罗尔科（J. Rourke）于1970年在他的论文《加拿大的信息资源》中提出。

因此，从狭义上讲，信息资源是经过人类选择、加工、处理、组织、序化的各种有用信息的集合。从广义上讲，信息资源除了信息内容本身外，还应包括与其密切相关的信息设备、信息人员、信息系统、信息网络等。但从信息资源建设的角度看，信息资源的概念主要是狭义上的。

三、信息资源类型的发展

信息需要依附于一定形式的载体才能传播、交流。从信息资源的载体形式看，信息资源可分为体裁信息资源、文献信息资源、网络信息资源和实体信息资源。体裁信息资源是指以人体为载体，并能为他人识别的信息资源，如谈话、授课、唱歌等口语信息资源和表情、手势、姿态、舞蹈等体语信息资源。文献信息资源是指以文献为载体的信息资源，如人所皆知的图书、期刊、报纸等信息资源。网络信息资源是指以计算机技术、通信技术、多媒体技术相融合而形成的在网上可查找到的信息资源，如电子图书、联机杂志、各种数据库，以及电子邮件等信息。实体信息资源是指以实物为载体的信息资源，如产品、样品、模型、雕塑等人工实物信息资源和野外地质剖面、海岸线的形态等天然实物信息资源。从图书馆信息资源建设角度看，信息资源可划分为刻写型文献信息资源、印刷型文献信息资源、缩微型文献信息资源、视听型文献信息资源和数字信息资源。

刻写型文献是指以刻画和手工书写为手段，将知识信息内容记录在各种自然物质材料和纸张等不同的载体上而形成的文献，如古代的卜辞、金文、简策、帛书，以及现代的笔记、手稿、书信、原始档案、会议记录等。

印刷型文献是通过石印、油印、铅印、复印等印刷方法将知识信息内容记录到纸质载体上的一种文献形式。印刷型文献阅读方便、直观、随意、欣赏性强。因此，到目前为止一直受到人们的欢迎。印刷型文献主要是图书、期刊、报纸、特种文献资料，以及其他零散资料。

图书是迄今为止人类利用最多的文献信息资源，以纸质为载体材料，记录着内容全面、系统、成熟的知识，多是著者长期知识积累和研究的成果。它包括有专著、译著、教材、资料汇编、通俗读物、少儿读物等，还包括书目、索引、文摘、指南、百科全书、手册、年鉴、字典、词典等工具书。近年来，多卷书、丛书日渐增多，为读者利用专题文献信息提供了便利。

期刊是一种连续出版物，记录着内容广泛、知识新颖的信息。期刊内容涉及广泛，包括经济、政治、思想、科学技术、文化教育、文学艺术，以及社会生活等各个方面，因此，有政论性、学术性、工艺美术性、通俗性、检索性、资料性等期刊。因为期刊出版周期短，信息传递速度快，能及时反映最新理论、技术、方法、动态等信息，所以最受读者青睐。按出版周期来看，期刊可分为年刊、半年刊、季刊、双月刊、月刊、半月刊、旬刊等。近年来期刊品种并没有大幅度增加，但是每种期刊的版面逐年增大，且多数期刊期数增多——许多从季刊变为双月刊，双月刊变为月刊、月刊变为半月刊，半月刊变为旬刊等，说明期刊文献信息资源越来越丰富。

报纸是出版周期最短、报道内容最广泛、时效性最强的定期连续出版物。报纸具有报道、宣传、评论、教育、参考、咨询等社会职能，是最为灵活、活跃、重要的信息资源。按报纸的报道内容可划分为综合性报纸、专业性报纸；同时又可根据其报道内容的区域范围划分为全国性报纸和地方性报纸。此外，按其出版周期，可分为日报、周报、月报、旬报等，而日报则又有早报和晚报之分。总之，报纸信息资源也是在蓬勃发展。

特种文献资料指的是那些出版形式比较特殊的科技文献资料，介于图书与期刊之间，主要包括科技报告、政府出版物、会议文献、学位论文、专利文献、标准文献、产品资料等。特种文献资料的特殊性表现如下：第一，内容专一，专业性极强，都是有关某一专业的技术或学术等方面的资料；第二，特种文献资料多数是内部参考文献，没有标准书号，如许多论文集就没有 ISBN 号；第三，多数没有连续性，如有的学术会议文献有时有出版论文集，有时又没有；第四，交流范围较窄，大多是在行业内部交流，具有一定的保密性；第五，内容真实，实用性强，如产品资料记载的数据比较可靠，对技术人员在产品设计、造型、试制、改造，以及引进国外技术设备方面具有参考价值；第六，收集较难，因其大多数是内部交流资料，没有公开发行，收集难度较大。近些年，特别是保密性不那么大的政府出版物会由政府委托出版商在各图书馆宣传、推销，从而得以收藏。

缩微型文献信息资源是指采用光学记录技术将印刷型文献的影像缩小记录在感光材料上制成的文献复制品。缩微型文献信息资源主要指的是缩微资料，其按外形划分可分为缩微胶片、缩微胶卷、缩微卡片等。缩微资料的主要优点是体积小，重量轻，信息存储量大，复制性能好，不走样，同时易于转换成其他形式的文献；成本相对低廉，只有印刷品的1/10~1/15。不足之处就是不方便阅读，须借助阅读放大机，阅读效果也不及印刷版文献，同时缩微资料的保存和使用条件要求严格，设备费用成本较高，因此一般图书馆收藏极少或无收藏。

视听型文献信息资源是指以电磁材料为载体，以电磁波为信息符号，将声音、文字、图像记录下来的一种动态型文献。视听型文献信息资源主要是指视听资料，其按人的感官接受方式可分为视觉资料、听觉资料、音像资料三种，视觉资料主要有照相底片、摄影胶卷、幻灯片、无声影片、传真照片等。听觉资料主要有唱片、录音带等发声记录资料。音像资料主要有声影片、电视片、配音录像带等显像发音记录资料。视听资料生动、感性，是教学、欣赏的重要资料，也是公共图书馆和专业图书馆及专科院校图书馆收藏的重要资料，如公共图书馆就收藏了较多的音像资料供读者欣赏，电影、音乐、美术院校图书馆也收藏了大量的视听资料。

数字信息资源是指以数字化的形式将文字、图像、声音、动画等形式的信息存储在光、磁等非纸质载体中，以光信号、电信号的形式传输，并通过计算机和其他外部设备再现出来的信息资源。数字资源有单机信息资源与网络信息资源之分。单机信息资源是指通过计算机存储和阅读，但不在网络上传输的数字信息资源。由于单机信息资源主要存储在磁带、磁盘、光盘上，在利用上受到很多限制，因此，不利于信息资源的存取和共享。如今人们利用更多的是网络信息资源，所谓网络信息资源指的是借助计算机网络以获取和利用所有信息资源的总和。网络信息资源按其使用形式可划分为联机检索信息资源和互联网信息资源。联机检索信息资源是指通过主机或联机网络及检索终端获取信息的联机数据库。其内容覆盖面广、检索精确度高、信息规模大，节省时间，是获取网上信息的重要途径。互联网信息是世界上最具活力、前景最广阔的信息资源。各种信息内容都集中在统一易用的用户界面上，方便用户存取与利用，而联机检索信息资源用户界面不统一，使用时还需专业人员帮助，因此，互联网信息资源较之于联机检索信息资源更为优越。

数字信息环境下，数字资源大为发展，已经成为社会发展、经济建设、科学研究不可缺少的重要信息资源。因此，数字信息资源成了图书馆收藏的重要对象。近年来，数字信息资源发展迅猛，不仅数量剧增，类型也更为多样化。按照所对应的非网络信息资源来划分，可分为电子图书、电子期刊、电子报纸、信息数据库，以及其他电子信息。

电子图书是指以二进制的数字化形式记录文字、图像、声音等信息，通过磁盘、光盘、网络等电子载体出版发行，并借助于一定的工具进行阅读利用的"数字化书籍"。电子图书主要有两种类型：一类是将纸质图书通过扫描等计算机处理技术将其转换为数字格式，用电子的方式发行，用计算机阅读和存储的电子读物；另一类为原生数字出版物，即一开始就有电子文本的电子图书。电子图书具有许多优点：①便携性，人们外出时也可阅读大量的图书；②阅读时自然、随意，可以像阅读纸本书那样一页一页地翻看，而不是在电脑屏幕上滚动翻看；③可以用系统附带的书写笔等输入工具在书页上做批注或书写读书感想等；④通过关键词在全文、标题等不同位置的检索，读者可快速找出所需图书，甚至精确到章节，降低读者精确查找图书的时间成本；⑤阅读外文图书时遇到不会念的单词只要点击该单词就会发出读音；⑥阅览图片时动静态可随意转换，如在动态下，可以看到花蕾慢慢绽放的全过程。因此，电子图书越来越受人们喜爱，是图书馆收藏的重要内容之一。

电子期刊是指以数字形式存储在电子媒介上，并通过电子媒体发行和阅读使用的连续性出版物。电子期刊按出版发行方式可分为与印刷版并行出版的电子版期刊和纯电子版期刊两种类型。前者是在编辑、出版、发行印刷版期刊时将电子版期刊采用联机形式安装在网络服务器中，提供网上服务；后者则是从投稿、编辑、出版、发行、订购、阅读，乃至读者意见反馈等各环节都在网络环境中进行。相比较而言，与印刷版并行出版的电子版期刊发展势头旺盛，因为印刷版期刊历史悠久，尤其是那些知名度高的期刊早已深入人心，如 Elsevier，xford 等著名出版社出版的期刊。这些期刊一旦发行电子版，能很快被用户接受，因此这类电子期刊是图书馆收藏的重点。另外，按出版来源可分为由原始出版机构发行的电子期刊和由非原始出版机构发行的电子期刊。前者是由出版机构直接将其电子期刊通过网络发行；后者是由电子期刊集成服务商向原始期刊出版机构付费取得经销权，将不同机构出版的电子期刊集中整合于同一检索平台以提供服务，这种期刊价格相对便宜，但有时间滞后问题，有的会延时 6 个月左右。

电子报纸是指在多媒体技术、网络技术和通信技术的基础上，将电子技术应用到报纸出版、发行、利用的全过程，从而成为一种新的数字化新闻媒体。人们可利用计算机和其他电子装置通过网络来阅览。如今电子报纸越来越公众化，在图书馆、公共场所都设有许多带触摸屏的电子报纸，供人们选择阅览。电子报纸内容除了显现文字外，还可以呈现表格、彩色图像，甚至可带有声音、动画等多媒体信息，广受大众喜爱。电子报纸可分为四种形式：第一种是完全纸质的电子报；第二种是纸质报纸在网上设立独立的网站，如人民日报的"人民网"，其特点是整点刷新，容量远远大于印刷版，而且还可为用户提供网上资料库查询、短信服务、电子商务等服务内容；第三种是数据库形式的电子报纸，如《中国重要报纸全文数据库（CCND）》，数据库型电子报纸学术性、资料性较强，内容覆盖面很广，涉及经济、政治、军事、法律、文化、艺术、教育、科技，以及婚姻家庭、社会生活各个方面；第四种是便携式的电子报纸，可以随身携带，轻松便捷。这种电子报纸支持网卡式离线阅读，可存储多份报纸和相关数据，容量大，阅读方便。

信息数据库是指按照一定的数据模型在计算机系统中组织、存储和使用的互相联系的数据组合。数据库的规模大小不一，专业内容无所不包，类型也多种多样。按数据库记录的方式可划分为书目数据库、目次数据库、索引数据库、文摘数据库、综述数据库、事实数据库、数值数据库和全文数据库。

书目数据库指的是图书馆或情报部门根据需要而建立的馆藏书目数据库或联

合目录数据库。现今图书馆馆藏目录已发展成联机公共目录检索系统（OPAC），人们通过图书馆目录的 URL（Uniform Resource Locator），就可以查询到世界各地各种类型图书馆的藏书信息，这是信息资源建设与共享最早的成果，也是最重要的成果之一。

目次数据库是指将某些期刊论文的篇名目次汇集在一起，供人检索之用的数据库，如 CCC 西文期刊篇名目次数据库。

索引数据库指的是在出版物中以"篇或知识单元"作为著录单元的检索型数据库。常见的有篇名索引、内容索引、引文索引等数据库；著名的引文索引数据库有 SCI，SSCI，AHCI 和我国的 CSCD，CSSCI 等数据库。

文摘数据库，多数是将印刷型的文摘进行数字化处理而形成的数据库，是图书馆资源建设的重要内容之一。尤其是国外知名的文摘，如生物学文摘、化学文摘，其网络版 BIOSIS Previews，SciFinder Scholar 等数据库大型图书馆都会收藏。

综述数据库指的是将纸质综述性期刊数字化后汇集在一起，供人利用的数据库。

事实数据库指的是系统存储已有的供人检索并利用的基本事实，包括事实、概念、思想、知识等非数值信息的数据库。

数值数据库是指将物质的各种参数、观测数据、统计数据等数字数据和图表、图谱、市场行情、化学分子式、物质的各种特性等非数字数据按照事物的某种属性集合在一起，供人们检索和获取的数据库，如科学数据库、工程数据库等。

全文数据库指的是存储文献全文的数据库。从数据检索意义上讲可将全文数据库划分为两种：一种是可进行全文检索的电子图书型全文数据库；另一种是文献库型全文数据库，如期刊全文数据库、学位论文数据库、学术会议论文数据库等。

按信息数据库的文献类型来划分，信息数据库可分成电子图书数据库、期刊数据库、报纸数据库、学位论文数据库、会议论文数据库、专利数据库、标准数据库、产品数据库，以及各种专题数据库，如考试类数据库、美术数据库等。数字信息资源的发展大大促进了知识信息的利用，充分发挥了其本身固有的作用，如会议论文是一种很有参考价值的文献，一般而言，会议论文主题鲜明，其议题都是某一时期业界关注的热点问题，是作者自身研究成果的原始创作。科学上的许多新发现、新观点及新成果多半是在学术会议上首次发表，因此，从会议论文里人们可感受到业界发展的新动向。然而，由于印刷版会议论文集出版处于无序状态，要么没有结集出版，要么出版没有 ISBN 号，只能在小范围里交流，图书馆也难以收藏。而会议论文数据库则将各行业的会议论文汇集在一起，供人们较为全面的阅读和利用，发挥出印刷版会议论文难以发挥的作用。再如学位论文，尤其是博、硕士学位论文，都是在导师的精心指导下，经过长期调查或实验，收集大量文献资料而做出全面、系统的论述，并提出创造性的见解，因而具有较高的学术水平和参考价值，是学术研究的重要信息源。然而，纸质的学位论文在利用上具有很大局限性，只能在小范围里使用，而学位论文数据库则大大拓展了人们的利用范围。由此可见，数字信息资源在传播、利用上有着纸质信息资源难以达到的效果。另外，专利数据库、标准数据库，以及产品数据库的出版发行都更加便于人们的利用。

其他电子信息主要指的是除了上述几种类型信息外的电子信息，如电子邮件、电子公告等。这些都是网络信息资源的重要组成部分。

第二节　信息资源建设的含义及内容

一、信息资源建设的含义

"信息资源建设"一词虽在图书馆界已广泛使用，但"信息资源建设"这一称谓是经历了不断的演变而得来的。在我国，先秦时期就出现了"藏书"这一概念。由于当时社会生产力低下，社会知识成果数量有限，文献生产的数量相当之少，人们用各种方法尽可能地全面收集图书并加以妥善收藏和保管，因此"藏书"的含义更多的是表示收藏。进入近代社会，随着西学东渐与西书翻译的发展，西方近代印刷术与造纸术的广泛应用和杂志、报纸、教科书等新型出版物的诞生和发展，图书的种类与出版物的数量日益增多，图书馆藏书已不再局限于狭义的图书。图书馆也不可能对全部文献收罗无遗，于是就出现了"藏书采访"这一专业术语，它强调的是图书馆要有计划地、科学地、选择性地收集文献。20世纪60年代，由于"藏书采访"一词已不足以概括对文献资料的精心选择、收集、组织和积累等工作的全过程，于是，我国图书馆界开始使用"藏书建设"这一专业术语。20世纪70年代以后，藏书建设已形成了较为完善的系统概念。它更加注重了读者需求，强调了藏书建设规律、藏书发展的过程和藏书结构体系。20世纪80年代，图书馆藏书建设面临许多新问题，藏书类型更加复杂，出现了各种不同载体的出版物，如缩微资料、音像资料、机读资料，"藏书建设"的概念就难以真实和准确地反映这一领域理论和实践的发展。因此，图书情报理论界开始寻求新概念和新理论，到了20世纪80年代中期提出了"文献资源建设"这一概念。所谓的文献资源建设就是指依据图书情报机构的服务任务与服务对象和整个社会的文献情报需求，系统地规划、选择、收集、组织管理文献资源，建立特定功能的文献资源体系的全过程。其核心内容包含了两个层次的含义：在微观层次上，是指具体图书情报机构的藏书体系的建设，即图书馆如何将各种分散无序的文献予以选择收集、组织管理，使之成为较为完整的藏书体系；在宏观上，是指一定范围内，如一个地区、一个系统，乃至一个国家里众多图书情报机构对文献资源进行统筹规划、协调发展，形成一个完整的资源保障体系，以满足整个社会对文献的需求。文献资源建设突破了传统的图书馆藏书、藏书建设的局限，更好地概括了文献和文献工作的本质，从建立文献资源保障体系的视角和高度来审视和研究各类文献的收藏，将馆际协作、文献资源整体化建设和资源共享、建立联合目录报道体系等一系列宏观文献资源建设理论纳入了研究范畴，从而突显了这一理论的创新性。20世纪90年代以来，由于信息技术的突飞猛进，尤其是互联网的迅速普及，数字图书馆的迅猛发展，文献资源建设的实践发生了巨大的变化，因此，文献资源建设的理论也显露出了它的一些局限性。20世纪90年代中期，图书馆界提出了"信息资源建设"这一概念。面对各种形式的数字信息资源的大量涌现，图书馆的信息资源结构发生了翻天覆地的变化，即由单一的实体馆藏变成了实体馆藏加虚拟馆藏。同时信息资源共享只有借助于先进的信息生产、存贮传播技术才能最大限度地实现信息资源共建、共知、共享，从而真正建立起一个无比丰富的信息资源保障系统。这一系统问题是文献资源建设概念所无法容纳的。因此，也只有信息资源建设这一概念才能涵盖。所谓信息资源建设，就是人类对处于无序状态的各种媒介信息进行选择、采集、组织和开发等活动，使之形成可以利用的信息资源体系的全过程。从狭义上讲，尤其是在数字信息资源环境下图书馆信息资源建设就是依据本馆制定的目标和与其他馆的协议进行分工、协作，并对处于无序状态的各种媒介信息进行选择、采集、组织和开发，从而建立起可以利用的信息资源体系的全过程。

二、信息资源建设的内容

（一）信息资源体系规划

信息资源体系指的是信息资源各要素相互联系、相互作用而形成的具有特定功能的有机系统。信息资源体系规划就是根据信息资源体系的功能要求来设计这个体系的微观结构和宏观结构。在微观层次上，就是每一个具体的图书馆根据本馆的性质、任务确定信息资源建设原则，资源收藏的范围、重点和标准，提出本馆信息资源构成的基本模式，制订信息资源建设计划，各型信息资源入藏的数量、比例、层次级别，从而建立起具有特色的信息资源体系。在宏观层次上，信息资源体系规划就是从一个系统、一个地区，乃至全国的整体出发，按照整体的规划和分工进行信息资源建设，从而建立起一个较为完备的整体化、综合化的信息资源体系。

（二）信息资源的选择与采集

图书馆根据制定的信息资源选择与采集原则、范围、重点、复本标准、书刊比例、纸质信息资源与电子信息特征及读者、用户利用特点，以及购置经费等情况来选择、采集各种信息资源，读者、用户的需求是动态的，因此，在信息资源的选择与采集这一环节，要跟踪其需求变化，这样才能使采集的信息资源得以有效利用，特别是国外价格昂贵、规模大的数据库资源要慎重采集。

（三）馆藏资源数字化与数据库建设

为了便于资源共享，图书馆应通过计算机和大容量的存储技术、全文扫描技术、多媒体技术，将馆藏中具有独特价值的纸质文献转化为扫描版全文电子文献，以便更大范围的利用。数据库建设要将购买和自建相结合，除了有计划地采选一些数据库资源外，还要建设一些数据库。对图书馆来说，数据库建设主要是书目数据库和特色数据库建设。书目数据库是开发图书馆信息资源的基础数据库，也是图书馆实现网络化、自动化的基础，它直接关系到联机编目和联合目录数据库的建设，尤其是外文期刊的联合目录数据库的建设是十分重要的，其关系到资源的有效利用和资源共享问题。特色数据库是图书馆特色资源的集中反映，是图书馆充分展示其个性，提高其社会影响力和信息服务竞争力的核心资源，如北京大学图书馆的《北大名师》、清华大学图书馆的《中国科技史数字图书馆资料库》、厦门大学图书馆的《东南亚及闽台研究数据库》、华中师范大学图书馆的《中国农村问题研究文献数据库》等都是特色鲜明珍贵的数据库。图书馆可根据本馆馆藏优势，了解社会的需求，选择适合的主题，集中技术力量制作独具特色的专题数据库，提供上网利用，为本地区，乃至全国更大范围的用户提供服务。

（四）网上信息资源的开发利用

互联网信息资源丰富多彩，图书馆对其开发组织，就可构建成自己的虚拟馆藏，为用户提供更多的信息源。这里开发和利用就是根据用户的需求与资源建设的需要，搜索、选择、挖掘互联网中的信息资源，下载到本馆或本地的网络中，或链接到图书馆的网页上，建立 Internet 信息导航库，为用户提供服务。如今外文电子期刊备受用户青睐，但其价格昂贵，图书馆费尽浑身解数也难以满足用户的需求。而现在网上有许多 OA 期刊，这是为用户解决电子期刊资源缺乏的新途径。图书馆可根据本馆用户的需求，尽可能地收集、挑选相关网站作为今后集成和跟踪的对象，广泛而有针对性地收集相关的 OA 期刊，为用户提供更多的外文电子期刊信息源。

（五）信息资源的组织管理

信息资源的组织管理分别是对馆藏纸质信息资源和电子信息资源的组织管理。其目的是使资源得到有效的利用。纸质信息资源的布局、排列是相当重要的，如外文图书混杂在中文图书里就如同海里捞针，而将外文文献归放在少有人去的分馆则会更加减少其利用率。因此，要妥善处理图书馆馆藏布局，合理安排藏书结构，使馆藏得以充分利用。此外，图书馆的电子信息资源也日益增多，为此，图书馆要对购买的数据库资源进行整合，将不同类别的资源加以合理区分，以便用户利用，同时将购买的数据库与自建数据库有机地集成一体，对其内容进行充分揭示，实现跨库检索，提供"一站式"服务，尽可能地为用户信息利用提供便利，并节约其宝贵的时间。

（六）信息资源的共建与共享

进入信息时代，各种信息资源剧增，特别是随着数字化进程的快速推进，电子资源数量激增。数字信息环境下图书馆再也无法凭借一馆之力来满足用户日益增长的信息需求。因此，信息资源共享便成了图书馆的呼声，也是图书馆为之奋斗的最高目标。然而，信息资源共享的前提是信息资源共建。因此，信息资源共建是信息资源建设的一项重要内容。具体地说，数字信息环境下，信息资源共建共享要达到如下目标：通过整体规划与图书馆之间的分工协调，建立起相对完备的信息资源保障体系；形成覆盖面宽、利用便捷的书目信息网络；建立迅速、高效的文献传递系统和便利的馆际互借系统。

第三节　信息资源建设的基本理论与建设原则

一、信息资源建设的基本理论

（一）系统论在信息资源建设的应用

系统论是研究系统的一般模式、结构和规律的学问，研究各种系统的共同特征，用数学方法定量地描述其功能，寻求并确立适用于一切系统的原理、原则和数学模型，是具有逻辑和数学性质的一门科学。

系统论的创立人是美籍奥地利人、理论生物学家 L. V. 贝塔朗菲（L. Von. Ber-talanffy）。他在 1932 年发表"抗体系统论"，提出了系统论的思想，并于 1937 年提出了一般系统论原理，奠定了这门科学的理论基础。但他的论文《关于一般系统论》到 1945 年才公开发表，他的理论于 1948 年在美国再次讲授"一般系统论"时，才得到学术界的重视。确立这门科学学术地位的是 1968 年贝塔朗菲出版的专著《一般系统理论基础、发展和应用》，该书被公认为这门学科的代表作。

系统论的核心思想是系统的整体观念。贝塔朗菲强调，任何系统都是一个有机的整体，系统中各要素不是孤立地存在着的，每个要素在系统中都处于一定的位置，起着特定的作用。要素之间相互关联，构成了一个不可分割的整体。要素是整体中的要素，如果将要素从系统整体中割离出来，就将失去要素的作用。

现代系统论认为，客观世界的一切物质都存在于一定系统中。所谓系统是由相互联系、相互依赖的若干个组成部分结合而成、具有特定功能的有机整体。数字信息环境下系统论对图书馆信息资源建设起着重大作用。图书馆信息资源建设，实际上也是在一种闭合的循环系统中运行，并由采访信息接收系统、采访信息处理系统、订单信息接收与反馈系统、信息资源使用信息反馈系统等多个子系统组成，有效地处理好各系统的关系便能促进信息资源建设工作的开展，并收到事半功倍的效果。

（二）控制论在信息资源建设的应用

控制论是研究各类系统的调节和控制规律的科学，是具有方法论意义的科学理论。控制论自1948年诺伯特·维纳发表著名的《控制论——关于在动物和机器中控制和通信的科学》一书以来，其思想和方法便已渗透到了几乎所有的自然科学和社会科学领域。维纳把控制论看作一门研究机器、生命社会中控制和通信的一般规律的科学。其实管理系统是一种典型的控制系统。管理系统中的控制过程在本质上与工程的、生物的系统一样，都是通过信息反馈来揭示成效与标准之间的差，并采取纠正措施，使系统稳定在预定的目标状态上的。因此，从理论上说，适合于工程、生物控制论的理论与方法，也适合于分析和说明管理控制问题。

从控制论的本质看，控制的过程就是一个信息流通的过程，控制就是通过信息的传输、变换、加工、处理来实现系统高效运转的。由此可见，控制的基础是信息，一切信息传递都是为了控制，进而任何控制又都有赖于信息反馈来实现。信息反馈是控制论的一个极其重要的概念。所谓信息反馈就是控制系统把信息输送出去，又把其作用结果返送回来，并对信息再输出产生影响，起到制约的作用，以达到预期的目的。

当代信息资源增长迅速，数量浩繁，出现了信息涌流的现象，这就是信息流。所谓的信息流是指以科学文献为主要传播媒介的各种信息在人类社会生活各个领域的传播，知识信息量增长之速度，传播之广度，触及社会生活之深度，参与交流、传播之人数都是人们始料未及的，乃至在某些方面使人们对它失去控制。正是信息流的出现及其对人们社会生活的广泛影响，因此，被人们称为"信息爆炸"。

信息流的出现给人们的社会生活带来了重大影响，尤其是给科学和专业工作者的劳动增添了巨大困难。主要表现在三个方面：其一是具有情报价值的新的知识信息被大量价值不大的文献信息所淹没，给人们检索所需信息加大了难度；其二是信息的涌流造成了知识内容的重复；其三是知识信息的有效期缩短，信息的自然淘汰期加速，也给信息的及时利用增加了难度。总之，由于信息的涌流，图书馆用户不得不花去大量时间检索自己想要的信息，而用于创造性研究和思考的时间则变少了，这实际上是对社会最宝贵生产力的巨大浪费。由于信息流的泛滥及用户有效信息获取难度的增加，人们对信息的涌流必然要采取对策，图书馆信息资源建设就是对众多信息资源进行有效的控制。所谓的信息控制是指对信息进行选择，使其具有合理的流向，并定向传播，有效地满足人们的需求。

（三）经济理论在信息资源建设中的运用

信息是一种重要的经济资源，因而信息资源建设必须遵循基本的经济学法则，即用有限的信息成本获取尽可能大的信息报酬。信息成本指的是用于信息资源建设的资金投入。信息报酬指的是信息投资的产出或效益。近年来，我国用于信息资源建设的投入在逐年增长，但无论如何增长也跟不上信息资源数量的迅猛增长和价格的不断上涨。从我国大学图书馆信息资源资金投入现状看，省属重点大学图书馆多在一千万元人民币，国家重点大学图书馆多在几千万元人民币，但信息报酬则平平。严格地说，信息资源投资的效益是指信息资源被利用后引起生产要素增值的部分。但由于这种增值是一个十分复杂的过程，有很多因素在起作用。因此，信息资源效益具有很大的模糊性和难计量性。然而一个十分直观的事实便是信息资源的效益与资源的使用率成正比。从我国目前资源利用情况看，各种类型的信息资源利用率并不高，据统计资源表明，外文文献利用率仅为10%，中文文献利用率稍高些，但也只在30%~40%，因此，图书馆信息资源建设就是运用经济学的有关理论、原理来有效配置信息资源，使其得以尽可能地利用，从而最大限度地提高其效益。

1."二八规则"在图书馆信息资源建设中的运用

经济学中的"二八规则"指的是20%的事物被80%的人所利用，而80%的事物则只被20%的人所利用。这就存在着成本效益比的问题。这一经济法则启示了图书馆信息资源建设要集中财力搞好图书馆的核心馆藏资源建设。图书馆中20%的信息资源被80%的读者（用户）所利用，而这20%的信息资源就是图书馆的核心馆藏，图书馆对核心馆藏应采取"拥有"的模式，而80%的信息资源只有20%的读者（用户）在利用，由于经费的制约，所以图书馆要采取"获取"的模式加以利用。在数字信息环境下，图书馆要广泛地通过馆际互借、文献传递等方式为读者（用户）获取那些利用率不高但有些读者又有需求的信息。

读者在利用文献时存在着集中性和离散性。掌握这一规律对信息资源建设具有重大意义，尤其在外文资源利用的方面，一定要掌握用户对各类信息资源、各学科信息资源利用的集中性，以便准确配置电子信息资源。信息资源建设中运用经济学中的"二八规则"主要是从读者、用户利用信息资源的角度上来搞好信息资源建设。

2."长尾理论"在图书馆信息资源建设中的运用

所谓长尾，是从统计学中一个形状类似"恐龙长尾"的分布特征口语化表述演化而来的。图书出版的"长尾现象"是指某类图书的出版高度地集中在极少数的出版社，而极少数的图书广泛地分散于数量很大的出版社里。这种现象由来已久，这是市场经济作用下出版业繁荣的一种特征。

（四）信息管理理论在信息资源建设的运用

1.布拉德福定律对信息资源建设的指导作用

现代科学不断分化、不断综合的发展趋势，使各学科的严格界限渐渐消失，各学科之间的相互联系逐渐加强，文献的分布呈现出既集中又分散的不均匀现象。这一现象引起了人们的重视。早在20世纪30年代，国际文献学、情报学、图书馆学界就开始对其进行深入的研究。著名的布拉德福定律就是揭示科学论文在期刊中既集中又离散的分布规律的。

英国化学家、文献学家布拉德福（S. C. Bradford）认为，按照科学具有统一性的原则，科学技术的每一个学科或多或少、或远或近都会与其他任何一个学科相关联。因此，才会产生某一学科的文献出现在另一个学科期刊之中的现象。基于这一点，布拉德福经过长期对各学科文献的大量统计调查，发现了文献分布规律。他发现，全部有关电技术的文献约1/3登载在本专业的少数几种期刊上，约1/3登载在数量约5倍的并非直接与电有关的能力学和交通运输等相关学科的期刊中，还有1/3的有关电技术的文献，登载在25倍数量的相邻学科期刊上。布拉德在对书目、文摘等进行大量统计分析的基础上，采用等级排列技术，揭示了文献离散定律。

区域分析方法：该方法依据布拉德福定律把期刊分成三个区域，使每个区域中相关专业或学科的论文数量大致相同，即恰好全部期刊发表的该学科论文总数的1/3，同时各区期刊数量呈 $1 : n : n^2$ 的关系。换言之，期刊总数的3.4%刊载了某学科33.3%的文献；期刊总数的17.2%刊载了某学科33.3%的文献；期刊总数的79.4%也刊载了某学科33.3%的文献。

图像分析法：该方法是按布拉德福定律制图的分析方法，即按等级排列的统计数据绘制坐标图，对曲线进行分析。

布拉德福定律表明，每一学科或专业的文献，在科技期刊群中的分布，总是相对集中在少数专业期刊中，同时又高度分散在数量庞大的相关专业与相邻专业的期刊中。专业核心区期刊，种数不多，但该学科文献载文率高，信息量大，与该学科关系密切，大多是反映了该学科的前沿问题，学术价值高；相关区期刊，种数较多，·该学科载文率中等，信息量次之，与该学科关系较密切，学术价值较高；非专业相邻区期刊，种数很多，该学科载文率低，信息量小，与该学科关系较疏远。总之，核心期刊载文率高，质量上乘，而且读者借阅率高，引用指数较高，是一个学科重要的学术信息源。

布拉德福定律的理论从产生到现在之所以受到图书情报界的重视，得到广泛传播，是因为它在实际应用中具有一定的价值，尤其是对图书馆的信息资源建设具有很强的指导作用。布拉德福定律描述的是科学论文在期刊中的分布规律。其实布拉德福定律还具有普遍性。它不光表现在科技期刊论文分布具有集中性和离散性，图书文献中学术专著的分布也同样具有集中性和离散性。如通过分析各个出版社关于某一学科或专业的专著出版情况，不难看出学术著作的出版也存在着既集中又分散的现象。因此，图书馆应积极运用布拉德福定律原理及方法，测算出每个学科的核心期刊，每个学科的学术专著出版的核心出版社，掌握专著的基本分布规律，了解每个学科的"核心出版社"，从而有的放矢地配置资源。在数字信息资源环境下，各类信息资源如潮水般涌现，而图书馆信息资源购置经费又紧缺，准确确定核心期刊、核心出版社及核心作者对图书馆信息资源建设尤显重要，对准确收藏读者利用率最高的信息资源，指导读者重点阅读，制定信息资源建设政策及优化馆藏等工作都具有重大意义。

2. 文献老化理论与信息资源建设

随着时间的推移，已发表的文献日益变得陈旧、过时，逐渐失效而越来越少或不再被人们所利用，这就是文献的老化。文献的老化是一个普遍的现实问题。探求文献的老化规律，寻求描述文献老化的正确方法和指标，具有重要的理论和现实意义。20世纪40年代许多科学家、图书馆学家对其做了大量的研究。到目前为止，对文献老化速度的量度主要有两个，即半衰期和普赖斯指数。

1958年美国科学家贝尔纳在其发表的《科技情报的传递：用户分析》一文中，借用放射性元素衰变过程中的"半衰期"（Half-life）这一术语来描述文献的老化率。1960年，美国图书馆馆员伯顿（R. E. Burton）和凯普勒（R. Kegler）合作，共同研究科技文献的半衰期。他们对文献半衰期下的定义如下：现有活性文献中一半的出版时间。所谓"现有活性文献"，指的是某学科现在还被读者利用的文献，而半衰期与某学科文献中的半数失效所经历的时间相当，通俗地说文献半衰期就是各学科被利用的文献总量中，一半文献失去利用效率所经历的时间。

伯顿和凯普勒统计了9个学科的文献半衰期，其他人后续补充统计了几个学科，得出的结论是不同学科的半衰期长短差异甚大。如地理学为16.1年，地质学为11.8年，数学为10.5年，植物学为10年，化学为8.1年，生理学为7.2年，而机械工程则为5.2年，社会学为5年，物理学为4.6年，冶金学为3.9年，生物医学为3年，说明了发展较快的学科的文献半衰期较短，如生物医学发展最快，其半衰期仅为3年。由此可见，文献的老化是一个非常复杂的问题，不仅取决于这些文献所属的学科性质，而且还受到文献增长、时代特点、人类需要、社会环境和情报需求等因素，特别是文献的类型和性质的影响，比较成熟、稳定的学科的文献要比在内容或技术上正在经历重大变化的学科的半衰期长；历史较长的学科的文献要比新兴学科的文献半衰期长。某一学科的各种类型文献也有着不同的老化速度。科学专著要比期刊论文、科技报告、会议文献等的半衰期长；经典论著要比一般论著的半衰期长；理论性刊物要比通讯报道性刊物的半衰期长。

与半衰期有着密切联系的另一个衡量各个知识领域文献老化的数量指标是普赖斯指数，即在某一学科领域内，对发表年限不超过5年的文献的引用次数与总的引用次数之比值。其计算公式如下：P（普赖斯指数）=出版年限不超过5年的被引文献量/被引文献总量。一般来讲，某一学科领域文献的普赖斯指数越大，半衰期就越短，其文献老化的速度也就越快。

普赖斯指数与文献半衰期是两个既有联系又有区别的衡量文献老化的指标。它们都是从文献被利用的角度出发，但以不同的方式来反映文献老化的情况。文献半衰期只能笼统地衡量某一学科领域全部文献的老化情况，而普赖斯指数既可用于衡量某一学科领域全部文献的老化情况，也可用于衡量某种期刊、某一机构，甚至某一作者和某篇文献的老化情况。

由于同时有好多个互相制约的因素在起作用，无论是半衰期还是普赖斯指数都未能同时全面考虑诸多因素的影响，有顾此失彼的缺陷，因而有待进一步完善。但是，研究文献老化理论，探索和掌握文献老化规律，对信息资源建设有着十分重要的意义和作用。它有利于信息资源采访原则的制定，有利于图书馆建立科学、合理的信息资源体系，有利于优化馆藏信息资源结构，也有利于信息资源的优化管理。因此，图书馆对半衰期较短的学科，如计算机科学、经济，以及热门图书最好采用现采的方式来配置这些信息资源，因为图书现采的采访模式耗时少，日常的图书订购采访模式实际上是一种期货订购模式，从发送订单到图书到馆最快也得一个多月的时间。再加上图书到馆后的分编、加工、典藏等流程至少也得半个月时间，因此，对半衰期较短的学科信息资源要采取最快的方式来配置。一方面及时发挥其时效性作用；另一方面也可以及时满足读者对最新知识、最新技术及最新热点问题的渴知。在制定各类文献采访政策时，在复本数的要求上，对不同学科的图书应有不同的配置原则，对半衰期较短的学科，复本数相对要少些，品种要多些，对半衰期较长的学科，且图书出版品种原本就少的，复本数相对要多些；同时要加强对半衰期较短的学科信息资源的报道和开展定题服务，尽快为读者提供利用服务；此外，还要根据文献老化的数据，确定文献资源开发架利用年限.合理控制各学科信息资源的流通时间，使有用的信息流及时、准确地流向读者。

二、信息资源建设的原则

信息资源建设原则是信息资源建设客观规律的反映，是信息资源建设实践的科学概括和总结。信息资源建设的实践是随着信息环境的变化、图书馆事业的发展而发展的，同时还会受到社会经济、政治、科技、教育及文化发展状况的影响，因而信息资源建设原则的内涵，也是随着社会的发展而不断丰富和发展的。因此，数字信息环境下，信息资源建设应该遵循实用性原则、系统性原则、特色化原则、协调发展原则以及共建共享原则。

（一）实用性原则

实用性原则是指图书馆要从实际使用需要出发，规划、选择、搜集、整理、组织和管理信息资源，以最大限度满足读者、用户的信息需求。实用性原则首先要求图书馆要根据本馆工作任务的需要进行信息资源建设，如国家图书馆和大型综合性公共图书馆承担着为政府决策和国家的政治、经济、科学、教育和文化发展服务的任务。因此，就要系统收集、保存各学科有价值的信息资源。而中小型公共图书馆的主要任务是为地方经济、文化发展服务，为满足人民群众学习科学文化知识的需要服务，要重点收藏符合地方经济和社会发展的有关科研、生产、管理等方面信息资源，以及地方文献和有关群众学习科学文化知识的信息资源。高校图书馆的主要任务是为本校教学和科学研究服务。那么，高校图书馆既要系统收集有关专业的教材和教学参考书，重点入藏与学校科研任务有关的信息资源，又要广泛而有选择地收藏各种课外读物。科学专业图书馆的主要任务是为科学研究服务，要紧密结合本系统、本单位的研究方向和研究课题的需要，完整、系统地收集本专业的国内外信息资源，有重点地收集相关学科的信息资源，有选择地收集其他学科的信息资源。

实用性原则要求图书馆应根据读者、用户实际需要进行信息资源建设。读者或用户是图书馆的服务对象，图书馆要完成所负担的服务任务，是要通过为读者或用户提供各种信息资源来实现的。图书馆的信息资源如果脱离了服务对象的实际使用需要，就无法实现它的价值。不同的读者、用户对各种类型的信息需求存在着很大的差异。专家型（研究型）读者、用户更喜欢电子信息资源，尤其是网络信息资源，而大众型（学习型）读者、用户更喜欢纸质信息资源；年轻读者、用户更喜欢电子信息资源，年长读者、用户更喜欢纸质信息资源。因此，图书馆信息资源建设要从读者的实际需求出发，了解各种类型读者、用户群的大小，从而掌握各类型信息资源入藏比例。

实用性原则要求图书馆应根据信息资源实际出版、发行情况来配置信息资源。数字信息环境下，无论是信息资源数量、类型都在激增，因此，图书馆要了解时下有哪些类型的出版信息资源，从各类型的信息资源中选择读者、用户最需要的那些信息资源，不能心中无数、盲目或有偏见地只配置某一类型的信息资源，导致有些读者、用户缺少自己喜爱的信息资源。另外，还要关注各类型的信息资源出版数量，在资源配置时从多中选优，而数量少时切不可失去良机，从而造成某些信息资源的缺藏。

总之，图书馆应根据本馆的服务任务，读者、用户的实际需求，以及信息资源的实际发展情况来配置信息资源，改变传统图书馆以书为本、以"藏"为工作重心的文献资源建设观念，转变为数字信息环境下以人为本、以"用"为工作重心的信息资源建设观念。信息资源建设所做的每一件事都要从读者的实际需求出发，不做"假大空"、不切合实际的事情。只有这样，才能建立起符合实际使用需要的信息资源体系。

（二）系统性原则

系统性原则是指在信息资源建设中图书馆要注意信息资源系统各要素之间相互联系和信息资源系统与环境的联系。

首先，科学知识具有系统性。任何门类的科学知识在时间上，从古至今，不断继承、积累，纵向发展，各类知识大量产生，各学科发展日益完善；在空间上从中到外，各门类知识相互渗透、交叉，横向联系，边缘学科、交叉学科、横断学科大量产生，各学科之间的关系越来越密切。这体现了科学知识内容的系统性。此外，其生产具有连续性。例如，各种类型、各种载体类型的文献，其出版发行大多具有计划性和连贯性的特征，尤其是时效性强的报纸、杂志、丛书、丛刊、多卷书等连续出版物。

其次，读者对科学知识的需求具有系统性。信息资源利用的主体，是由不同层次的年龄结构、文化结构、知识结构组成的读者群系统。他们对信息资源的要求和使用，在类别和类型上，在时间和水平上，在范围和深度上，从表面上看好像宽泛杂乱、变幻莫测，但实际上是有一定的专指性和系统性的。尤其是从事系统学习和系统研究的读者群，更表现出循序渐进的阅读需求和专门深入的检索需求。要满足各种读者的系统要求，就必须在信息资源建设过程中始终保持各种类型和载体的比例合理，系统收集，分别组织，做好总体规划，使信息资源的系统性与读者需求的系统性相一致。

图书馆先应根据主要服务任务和读者需要，将某些学科、专业或专题范围的文献作为重点收集的对象。对这些重点藏书，从纵向系统看，要在内容上保持这些学科内在的历史延续性和完整性，反映出学科发展变化的特点和规律；从横向系统看，要广泛收集这些学科各个学派有代表性的专著和有关评论、重要期刊、主要相关期刊和其他类型文献资料。此外，图书馆将长期积累的某些类型的珍贵书刊资料作为特藏。对于特藏书刊，要保持它们的历史连续性和稳定性。

再次，对与本馆服务任务直接相关的多卷书、丛书、连续出版物及重要工具书，要完整无缺，不能随意中断。这类文献无论在知识内容还是在出版发行形式方面，都具有很强的系统性，一旦中断，就会失去其完整性，因而也就失去了价值。目前，这类文献很多已经数字化，并通过网络传递，因此，图书馆要根据实际使用需要和可能的条件，确定这类文献中哪些应该购买印刷版，哪些应该购买电子版，哪些既要印刷版又要电子版。总之，要使这类文献配套，形成相互联系、相互依存的系统。

最后，要注意各学科间相互渗透、边缘交错的内在联系，广泛而有选择地收集相关学科、边缘学科，以及供一般读者学习和阅读的基础书刊。这类书刊涉及学科面广，读者使用面宽，数量大，图书馆应根据需要挑选其中最主要、最有价值的部分入藏，从而形成有重点、有层次的馆藏文献资源体系。

（三）特色化原则

信息资源特色化，指的是一个图书馆馆藏信息资源所具有的独特风格，它体现着图书馆馆藏资源的生命力。社会信息资源是一个整体，每个图书馆的信息资源都是这个整体的一个组成部分。如果每个图书馆的信息资源都具有各自的特色，就能更好地实现地区性，乃至更大范围内的信息资源共享。同时，各类型图书馆，除了共同性的任务以外，还分别担负着为某些方面服务的特殊服务，拥有本馆特定的读者群。因此，图书馆必须根据本馆的性质、任务和读者对象的需要，建设能满足特殊服务任务和特定读者需要的信息资源体系。信息资源特色化原则主要体现在学科特色、专题特色、地方特色、文献类型特色四个方面。

学科特色，即对某些学科、专业的文献有完整系统的收藏，形成自己的特色，学科特色对科学专业图书馆、高校图书馆而言都是至关重要的。科学专业图书馆要围绕自己所服务的科研领域、任务来形成学科特色资源。高校图书馆要根据本校专业设置，尤其是重点学科专业情况，形成专业特色资源。即使是公共图书馆，也要根据本地生产、科研的重要领域，确定本馆资源的学科特色。

专题特色，即围绕某些专题（事物、问题、人物等）较为完整、系统地收藏有关文献，形成专题文献特色。如有些图书馆建立服装文献特藏、陶瓷文献特藏、旅游文献特藏，有些图书馆建立台湾问题研究文献特藏、东南亚问题研究文献特藏，有些图书馆建立起某位名人研究文献的特藏等。这种专题特色是馆藏特色的重要内容。

地方特色，即根据本地区的地理、历史、经济和文化特点，对有关本地的文献完整系统地收藏，从而形成特色。而最具有地方特色的文献就是地方文献。所谓地方文献，是指凡涉及本地区政治、经济、历史、文化、科学等方面内容的文献资料。地方文献记载着从古至今本地区的历史沿革、经济特点、自然环境、风俗民情、文化古迹等情况，为研究本地区的历史和现状提供了第一手材料，对发展本地区的经济、文化、科学事业，特别是发挥本地区的优势，具有独特的使用价值。因此，藏书的地方特色对为地方经济、科学和文化发展服务的公共图书馆来说，是至关重要的。

文献类型特色，即根据图书馆的任务、历史特点、藏书协调组织的统筹安排等，对某些文献类型完整系统地收藏，形成特色，如某些图书馆的标准文献特藏、专利文献特藏、缩微资料特藏、音像资料特藏等。如有些艺术类高校图书馆、国家图书馆或省级公共图书馆收藏的许多音像资料都是很重要的特藏。

信息资源特色化原则除了在资源类型等方面有所要求外，在信息资源数量方面也有所要求。信息资源特色的形成，是图书馆对资源长期积累的结果，因此，一定的信息资源数量是保证馆藏资源特色的基础，数量太少，特色就很难形成。这就要求图书馆对已经确定为馆藏资源特色的信息资源要尽可能完整、系统地收集，在经费上优先分配，使这些种类的文献在数量上得以保证。此外，还要看其是否达到完备程度。

信息资源特色化原则除了在信息资源数量上有所要求外，在质量方面也有所要求。信息资源数量是形成特色的一个因素，但绝不是有了数量就自然形成特色，资源数量要以资源质量为基础，并以质量来控制数量。首先，图书馆收集的信息资源在内容上要有一定的深度，能够体现学科发展的最新动向与发展水平。这对科学专业图书馆来说是毫无疑问的。对高等院校图书馆来说，为了保证馆藏特色，也必须有一定品种数量的符合专业特色的有较高水平和深度的科研用书，包括特藏书、外文原版书、大型成套工具书、特色数据库等。省级公共图书馆除了担负为广大群众提高科学文化水平服务的任务外，同时也负担着为科学研究与生产服务的任务。因此，省级公共图书馆不仅要收藏为普及科学文化服务的书刊，更要注意收集学术性较强的科学专著、期刊及其他类型的资料，否则难以形成特色。其次，特色化要求图书馆对特色信息资源的入藏比例合理，尤其是已形成特色的学科领域的最新文献资料要占有合理的比例。一般说来，公共图书馆新书率应在15%~20%，高校图书馆文科新书率应在20%~25%，理工科新书率应在25%~30%。达到新书率的标准，就能使图书馆提供最新的信息和最先进的知识，使信息资源的特色经得起时间的考验。如果没有新信息资源的及时补充、更新，原有的特色就会衰老和消失。

重点藏书是图书馆信息资源中的精华，图书馆信息资源的特色也主要是体现在重点藏书中。因此，图书馆要为主要服务任务和重点服务对象配备某些学科、某些专业或专题的信息资源，对重点藏书的要求，一是要做好调查研究，使确定的重点藏书真正符合客观实际，有较强的针对性；二是要全面、系统地收集，在纵向上注意其历史连贯性，横向上注意各学科的相互联系性，补充要及时；三是要保持其稳定性，保证购书经费及各类书刊的合理比例，调整其局部变化。

核心期刊信息密度大，内容质量高，论文寿命长，引用率、文摘率和借阅率也都比其他期刊高，代表着某学科、某专业领域学术水平和发展趋势。因此，核心期刊是信息资源特色的一个重要组成部分，图书馆应根据实际情况和读者需要，结合期刊本身的质量（可靠性、权威性、实用性等），慎重确定。一旦各专业核心期刊确定后，就要从各方面给予保证，系统订购，长期保存。

此外，特色数据库建设也十分重要，但须慎重。当一个图书馆的馆藏转化为文献数据库并提供网上信息服务时，其他图书馆再把相同的资源进行加工上网是没有意义的。如果说传统的图书馆作为独立的存在体，它们所拥有的资源相互之间还允许一定程度重复的话，那么在网络上，图书馆作为网络整体的一个节点，它的数据库资源如果被网上其他机构的数据库资源所覆盖，那么它的生命力和存在价值就会大大降低。而只有图书馆拥有的信息资源各具特色、互不雷同，图书馆从网络获取的资源才是丰富而真正有价值的。

（四）协调发展原则

数字信息环境下，不仅信息资源数量激增，而且类型多样。因此，图书馆应根据本馆的实际情况及读者、用户的需求特点进行资源配置，并使之协调发展，以充分满足读者、用户的各种信息需求。数字信息环境下，图书馆首先要注意各学科信息资源的协调发展。各学科信息资源协调发展指的是在兼顾一般学科的基础上主要保证重点学科、特色学科信息资源的持续发展。不要因某类图书出版得多就不加选择地订购，而是要根据学科建设的需求情况而定。其次要注意各语种信息资源的协调发展。读者、用户对外文信息资源需求量是不同的。中文信息资源一直是我国读者、用户利用的主要信息资源，但近年来，读者、用户对外文信息资源的需求量逐年攀升。但并不是说读者、用户对外文信息资源的利用都均衡。一般说来，读者、用户对外文科技类信息资源需求量较大，对社科类外文信息资源需求量较小。因此，信息资源建设语种上协调发展，也要根据读者、用户对各学科信息资源的实际需求情况来发展。再次要注意各种载体的信息资源协调发展。近年来，用户对电子信息资源需求量越来越大，其中需求量最大的是中文全文电子期刊，其次是外文全文电子期刊；用户需求面也越来越宽，不仅对书目数据库、电子期刊数据库有需求，对电子图书数据库、专题数据库、各种教学视频库等也有需求。一方面，要注意根据用户对各类型电子资源的实际需求情况来配置电子资源；另一方面，注意纸质信息资源与电子信息资源的配置比例，从而促进各种信息资源的协调发展。

（五）共建共享原则

共建共享原则是指一个地区、一个系统、一个国家，乃至全球的图书馆之间建立广泛的合作关系，科学规划，分工协作，共同建设互为利用、互为依存的信息资源联合保障体系。数字信息环境下，信息资源共建共享变得更为必要和迫切。信息技术的发展和网络环境的形成也为信息资源共建共享提供了强有力的技术支持。海量的信息存储系统、高速和成本低廉的传输手段、联机联合目录及各种电子化的检索工具等，都为信息资源共建共享创造了有利条件。因此，图书馆要从整体目标出发，信息资源建设要进行统筹安排、科学规划、合理布局。各图书馆要在服从整体目标的前提下，建立本馆有重点、有特色的专门化信息资源系统。各图书馆之间通过分工协作、联合采集、优势互补建立起相对完备的信息资源联合保障体系。同时，通过建立于现代信息技术基础上的馆际互借和文献传递系统，各馆的资源相互提供利用，从而实现广泛的信息资源共享。

数字信息资源环境下，信息资源建设的五项原则是一个相互联系、不可分割的统一体。其中，实用性原则是基本原则，系统性原则、特色化原则和协调发展原则既要以实用性原则为前提，又是实用性原则的保证。共建共享原则把信息资源建设的实用性、系统性、特色化和协调发展从微观领域带入宏观领域，丰富了这些原则的内涵，同时也使信息资源建设真正成为一项社会性的事业，并对促进社会的发展和进步起到重要的作用。

第三章　图书馆档案信息化管理

第一节　档案信息化管理概述

一、档案信息化管理的优点

现代社会的科学研究、国防军事、地质气象、企业管理、金融经济，乃至人们的生活娱乐等领域，都离不开计算机技术，计算机科学技术的发展不断促进着社会的发展进步。同样，对档案进行信息化管理的技术早已实现，档案管理信息化成为档案管理的新途径。采用信息化对档案进行管理有诸多优势，具体如下：第一，档案信息化管理的效率和正确性都较高，相对于人工而言，信息化管理具有不可比拟的效率优势，有效减轻了管理人员的工作压力；第二，档案信息化管理可以根据客户需求，快速检索资料信息，提高了管理人员为客户提供服务的效率，进而提高客户体验；第三，档案的信息化管理可以将图书等资料信息数据有序整理，工作人员可以根据管理系统整理后的数据合理地利用馆藏空间，提供高图书馆的空间利用率，避免不必要的空间浪费；第四，根据图书馆环境与条件，建立一个专供内部工作人员使用的局域网，让档案信息管理系统的数据得以共享，让图书馆的信息管理、档案管理等相关人员可以及时交流沟通，从而方便快捷的为客户服务。

二、档案信息化管理的现状

档案是人类文明的记录者，档案记载着人类长久以来的社会发展、文明延续、科学进步、生产提高等信息。人类文明的某一历史时刻、政治决策等，如中国首颗卫星发射成功、中国共产党的成立、《红楼梦》的完结、中国古代货币的出现、印刷术的发明、奴隶社会的覆灭等信息都可以在档案中得以反映。并且随着科技的进步，档案记录的方式不再限于纸质馆藏，现在很多的科技信息、文化成果等数据都可以以电子档案的方式加以记录，这就形成了档案载体形式的新颖与多样性。同时，档案还记载着不同时期、不同地点及不同领域的信息，种类繁多、数量巨大，这给传统的档案管理带来了巨大的挑战。因此，档案的保管与使用要满足社会需求，就必然要走上信息化、现代化管理。

在一般人眼中，档案管理往往被认为是简单的书籍条目信息管理，其实这样的认识是狭隘的，至少是不全面的。数量庞大、种类繁多的档案信息，在如今综合运用计算机与多媒体等现代技术的方式方法，将不同类型或格式的档案，如音频、视频、文字和图像等文件整合在一起，对这些图、文、声、形进行技术处理，形成有效且可用的电子数字化文件，进一步利用各种不同的方式进行保存。经过这种方式处理过的档案具有可长期存储、易于保存、方便利用的特点，进而达到长期稳定、海量存储、资源共享的目的。目前，我国的档案管理还不能完全地实施信息化管理，有客户需求、人员配置、资金支持等方面的原因，人们无法实现将某一个单位或说是图书馆的全部馆藏信息进行信息化处理。退而求其次，现阶段人们可以有选择地，依照"价值性、实用性、精练性、特色性"等原则，将部分馆藏资源进行信息化，一点一滴的建立具有自身发展特点的档案管理与服务体系。

目前，已经陆续着手开展档案信息化管理的各企事业单位的档案管理部门，和各级图书馆，因各种原因的限制，对档案的收藏不及时全面，档案基础差、卷宗质量低的现象普遍存在。并且没有统一的、完善的、具有普遍适用性的档案信息化管理标准，档案信息化管理标准仅局限于某一领域或某一专业系统。再加上各企事业单位的档案部门内部的人力配备程度、资金支持程度、科技参差不齐，及一些其他自身原因的限制，使档案信息化管理出现了"各有长短、各有侧重、秩序混乱"的局面。现在档案信息化管理的当务之急就是严格规范档案信息化管理标准，确立档案信息化管理普遍适用的基本原则，并加大各档案管理部门推广执行力度。

三、档案信息化管理的发展趋势

（一）档案管理规范化

档案管理的一个重要手段就是档案管理规范化，只有规范的管理方法，才能提高档案管理工作的效率，也是反映一个单位档案管理是否有成效、有意义的重要标志。在信息化时代，信息资源共享不全面、不及时与信息孤岛问题日益突出，其根本原因是缺少具有统一性、一致性和互操作性的档案信息化管理标准。要想保障档案信息化顺利开展，达到档案信息共享的目的，就要实现档案管理的规范化与标准化，而实现这些的前提就是制定档案信息管理标准体系。

在实际的档案管理工作中，《中华人民共和国档案法》和《中华人民共和国档案法实施办法》等法律法规要彻底的贯彻落实，政府机关要重视档案规范化管理工作，要将其提到日常管理工作的重要日程上来，让档案规范化管理与政府机构、企事业单位其他工作具有同等地位，将档案规范化管理列入政府考核的内容中，有效部署和实施档案规范化管理，实实在在地解决档案管理工作中的问题，做到问题早发现、早处理。同时，要明确档案管理工作的负责人，建立岗位责任制；吸收培养档案管理的专业人才，提高管理科技水平；完善档案管理相关活动（如交接、存储、研究、使用、统计等）的管理规范和工作制度；做好档案转移记录，让档案状态（出借、保存、展示等）有迹可循；结合各门类档案，制定档案归档范围和保管期限管理标准等。档案管理工作要做到分门别类、井然有序，做到档案的每一个状态、动作都有记录，监察、分析并保存档案利用实际效果与其作用大小等。同时，加强公文制作规范化管理，针对各企事业单位不同情况，制定一系列的档案管理规范化的技术标准与管理标准。除了要注重科技，落实标准以外，不能忽略管理是以人为本的，人才是管理的主体，因此要提高工作人员档案规范化管理的意识，培养档案管理工作人员的管理技能，提高档案管理人员的能力水平，进而实现档案管理规范化的目的。

（二）档案管理精细化

档案中最普遍为人知晓的就属学生档案了，档案是一个人或是一个组织从出生发展到当前在生活实践中形成的具有完整记录作用的信息，这些信息是记录已发生的事迹，所以它是固化的，是可以清晰的、确定的反映一个人或是组织发展变化过程的重要信息资源。档案的特性表明它具有原始凭证性，为保证档案的终身质量，就要求在从建立档案开始就必须精细地管理。档案管理的现状是有很多企事业单位的档案管理工作并不规范，没有标准，专职档案管理人员配置不到位，稳定性差。还有些单位的档案整理工作没有专职人员负责，采取的方式是雇佣临时员工或者干脆业务外包，给档案的保存、保密等带来了不确定性。只有制定精细化的、行之有效的管理措施，才能让档案管理工作高质量地完成。现代化、信息化的管理是档案管理的必然趋势，现实的档案管理流程是设计和实现高效档案信息资源管理系统的实际依据，和重要参照，这就要求档案管理工作流程要不断细化，工作制度和工作标准要不断地完善。

档案管理工作需要顺应事物发展的客观规律，按照规律章程办理，这也是档案管理工作走上科学发展道路上的客观要求。实行科学的精细化管理是科学发展档案管理工作的必然选择，要实现精细化管理要遵照以下几个原则：第一，要实行岗位责任制，人员的安排部署、责任的明确、监督检查的适时公正等是岗位责任制的关键内容。第二，档案管理工作在制定分类方案、归档范围和划分期限上要细化，保证档案馆的每份文件的使用、存储及销毁都有据可循。第三，将档案管理工作流程化，按照规章规则，按部就班地安排工作内容，各司其职、各负其责。关于各方面的文件、图纸、照片、音频、视频等形式的文件和资料很多都需要归档保存，这行都将成为档案管理的一部分，每一份需要留存的文件和材料生成后，从归档、移交到档案室再经过鉴定、电子档案的载体有效性测试和复制、整理、系统分类、著录、编目、数字化、信息化、装订、上架存储等一系列过程，还有在档案的查询与使用，档案的编辑与研究，以及档案的日常维护与安全管理等，都需要有精细化的工作流程与明细表格，要明确每一步工作执行的质量和标准、重点与难点、进度和完成时间等。对于档案管理工作人员实行岗位责任制，就需要有监督制度、考核标准，明确的检查与考核的方法和奖惩措施也是对档案管理工作人员的督促与激励，同时这也是档案管理监督工作的保障。

（三）档案管理集成化

在档案管理信息化的过程中，档案信息资源的集成统一管理是一个必然趋势，因为档案信息资源的集成管理可以提高信息服务与决策支持的质量，是档案信息资源高效管理的有效手段。档案信息资源的集成管理是一种思想，是通过集成的方式、方法，将档案的各项管理要素优化整合，而不是将档案信息简单地集中或叠加。集成管理档案信息资源将不同或相近档案信息资源之间联系得更加紧密，使人们的使用更加方便，检索更加便捷，使档案发挥其最大效用，从而实现效益的最大化。档案资源集成化管理主要有以下几点内容。

1.数据和信息集成

数据和信息集成是指将分布在某一信息资源系统中自治与异构的数据（这些数据大多来自多处局部数据源）信息进行有效集成；在多个应用系统之间，实现数据的分类与信息共享；针对部分原有信息系统中那些不一致的某一系统自治的数据库，要进行集成并建立主题数据库，是这些信息统一共享。

2.应用系统功能集成

应用系统功能集成是在保障集成系统整体功能的统一框架的基础上，分享和开发各个应用系统的功能协议、标准或规范，加强各系统功能之间的相互调用、通信等功能，加强各系统之间的耦合性，使之成为一个多功能、一体化的档案管理系统。比如，文档、业务与数字信息资源管理系统的集成，更好地发挥出了集成化信息系统的功能。

3.过程集成

简单地说，过程集成就是将档案管理工作的业务流程集成。过程集成主要包括文件与档案管理工作流程的集成、文档管理系统与服务系统集成，以及档案管理部门对档案资料来源单位职能活动前端性介入干预过程的集成管理。

4.技术集成

技术集成就是将计算机网络技术、多媒体技术、数据库技术，以及云计算等其他前端的信息技术与硬件条件的综合利用和合理配置。

（四）档案管理智能化

一方面，人工智能是现在计算机科学发展的一个分支，是前沿科技的发展趋势，计算机管理系统的智能化将成为计算机管理系统的优势和发展趋势，是科技发展的重点内容。另一方面，智能化就是现代科技发展的重要标志，是网络化和信息化进一步发展的途径，在这样的社会发展进程中，档案信息化管理也应该逐渐实现自动化与智能化。在设计文件和档案管理信息系统时，要努力向前沿科技靠拢，依靠科技的发展提升文件和档案管理信息系统的功能实用性，进而提高档案管理工作的质量与效率，使档案高效管理成为可能。

当今的档案管理自动化的软件产品并不尽如人意，虽然科技发展支持软件研制开发机构研发自动化软件，但这些软件的功能却不能完全满足人们的需求。许多标榜自动化的管理软件，在实际应用中，不是"自动化"管理的效果不明显或太差，就是功能上不完善，档案管理工作人员使用起来并不方便，有时还会因为复杂的操作流程而影响工作效率，让人无法完全寄予信任。在面对复杂的问题时，能够具备一定的判断推理能、逻辑处理的能力，是高效的档案管理对文件和档案管理信息系统的基本要求。自动化、智能化的档案管理信息系统要能够给工作人员以提示，如档案室的库存是否受到威胁、利用是否合理，使用频次高的档案是否需要采取特别的保护措施，外借不在馆的文件或档案是否及时回收等提示；自动化、智能化的档案管理信息系统要能够真正实现自动化，如自动判别档案类别、档案保密级别、档案保管期限、归档单位及数量等；自动化、智能化的档案管理信息系统要有监控管理工作的功能，如是否进行了规范管理，文档档案的借阅是否符合规定流程，工作人员的系统权限级别是否合理、配置是否正确，档案收集是否齐全完整、内容是否真实有效等。一般的管理信息系统都有在线学习和帮助功能，自动化、智能化的档案管理信息系统也应该提供此项服务，让档案工作者可以在线学习各种业务知识，如各种档案法律法规、相关制度规范等。自动化、智能化的档案管理信息系统应具备能够研究分析出档案信息中有价值的信息进而影响当前决策的功能，如自动分析全宗简介、目录、著录、全文等信息推理出与经济发展工作相关的档案资料等。

总之，从公文书中的自动催发、自动转发，到档案的自动归档、自动组卷、自动标引，甚至自动著录、自动鉴定和自动销毁等都是档案管理智能化的表现，是现代新型档案管理信息系统发展的趋势。

四、档案信息化管理的意义

（一）档案信息化使档案管理工作更加的便捷高效

依靠人工的档案管理工作对档案资料的收集整理、分类归档、应用管理等都需要人工完成，工作量大、工作内容杂乱不说，还无法保证档案分析整理的正确率。一方面，在办公自动化的环境下，依托于计算机科学计算的现代化档案信息化管理，可以自动将电子资料档案自动分类、随时归档或者定期进行统一归档，完全可以减轻人工整理归档的工作负担，同时也提高了工作的正确性。即使电子归档出现了错误，档案信息化管理也可以根据检索编号或归档日志等途径及时纠正。另一方面，档案部门可以利用网络来传输档案信息资料，快速获取信息，方便快捷地使用研究档案资源，同时使档案管理工作人员更加高效地提供信息服务，大大减轻了档案管理人员的工作量，节省时间，提高工作效率。

（二）改变了档案储存的唯一性

档案信息化管理改变了档案储存的唯一性，档案信息电子化，可以大幅度提高档案资料的保存率与资料的完整性。传统纸质档案很难做到每份档案都备份，一些珍贵资料一旦损坏就无法挽回，档案信息化电子化存储就有效解决了这些困扰档案部门的难题。档案信息化管理具有诸多优势，如在节省保存空间、保管费用、延长保管期限的同时，还可以降低档案管理的成本。

（三）档案信息利用更为便捷

网络信息时代，档案管理信息化使档案信息利用更为便捷。在以往的纸质档案管理中，要想找到一份资料，可能要检索很长时间，甚至会因为某些原因，在耗费了大量的时间与精力之后，也查询不到。而且，为保护珍贵的档案资料，查询的权限常常受到限制，查阅的流程也相当的复杂。档案信息化管理，可以将资料以电子文件的方式进行存储，人们可以通过网络共享档案资料，同时只要在相关的数据库中检索就可以方便快捷地得到想要的资料信息，这是人工检索无法比拟的优势，节省了时间和人力。

第二节　档案信息化管理存在的问题及策略

一、档案信息化管理存在的问题

档案信息化管理是档案管理的必然发展趋势，信息化技术给档案信息化管理带来的革新，但同时档案信息化管理也存在着诸多问题。

（一）技术支持还不全面

档案信息化管理的前提是计算机网络技术的支持，档案信息化管理建设与管理需要先进的技术保障。万事开头难这句话同样适用于档案管理信息化建设中，在档案管理信息化初期，首要完成的任务就是将传统的纸质档案转化为电子档案，这就需要扫描仪等电子设备。目前，多数是档案管理单位采用的都是价格便宜的平板扫描仪，虽然它兼顾了经济效益，但工作效率却很低，无法快速将纸质档案快速转化成电子文档，使这项工作成为长久任务，拖慢了档案管理信息化的进度。但是，如果购进先进的扫描仪器，虽然提高了工作速度，但其软件配置与使用维护所需要资金也相对较高，且在此项任务完成后，这样先进的扫描仪器所面临的结果很有可能就是闲置，造成资源浪费。在长久看来，此项投入的性价比并不高，经济效益和长期效应并不理想。

（二）规范体系还不完善

档案管理的信息化需要标准的规范给予保障。现行的法律法规已经不能全面规范档案管理信息化的快速发展，无法保证档案管理信息化健康、合理的迅速发展。法律标准规范的制定在一定的程度上有其周期性，而且需要长时间的制定过程，导致出现了缺乏相应的信息安全、信息伦理，以及信息政策等人文的管理手段，无法保障电子信息资源的法律地位，使以电子方式为现代化、智能化的档案信息管理只要载体的档案文档，得不到法律的承认，致使电子文件的真实性、可靠性备受质疑。

（三）安全制度尚不健全

由于资金、技术等方面的限制，档案信息化管理在数据安全上受到了较大的威胁，制约着档案管理信息化的发展进程。因为电子档案需要计算机科学技术的支持，但随着计算机系统的不断更新换代和网络的快速发展，其本身就存在安全隐患。在硬件方面，计算机硬件不仅可能遭受自然灾害的影响，也无法抵御人为的恶意损坏，同时计算机硬件使用寿命也是有限的。在软件方面，软件需要不断升级更新，也需要投入大量的资金进行系统维护，以避免遭受病毒的侵扰和破坏。另外，毕竟档案管理人员不是专业的信息技术人员，其内部的安全管理措施、工作人员的安全意识等都相对欠缺，这就给可能造成安全漏洞，给网络黑客以可乘之机。

（四）人员配备存在不合理现象

人才是实现档案信息化管理的主体，管理人员的综合素质决定了档案信息化管理的质量与效率。具有较高的知识和先进技术水平的现代化管理人才不是单单熟练操作计算机，会使用管理软件就可以胜任的。优秀的档案管理人才不仅在计算机科学技术上有较高的造诣，在档案管理方面也一定要是专业的，同时还要具备较高的网络安全意识。但就目前来看，有些档案管理人员懂得先进的科学技术，可以灵活应用计算机技术，但其档案管理的专业知识不过关；而另一部分具有专业的档案管理的知识基础，但对信息技术知之甚少。这样面面俱到的全面型档案管理人才十分稀缺，需要引起社会的关注。

二、档案信息化管理发展策略

（一）提高电子文件归档管理的信息化水平

各种信息资料在移交档案馆后，或档案馆收集到档案信息后，工作人员需要对这行档案资料进行分类后，在信息化的档案管理系统中将其转换为电子数据，这包括将用纸记录的信息转化成电子文档、将照片输入系统转换成电子图片，将录音、录像输入系统成为可供系统读取的音频、视频，然后对系统中的这些信息资源进行价值的鉴定、分类和归档等处理，并提炼出有价值的信息，确保其在原有的完整性、真实有效性的基础上，要保障其使用性。档案馆本身也要依据有关法律法规出台适应自身档案信息化管理的规则、标准，促进档案信息化管理的发展，保障档案信息化管理的顺利进行，提高档案信息化管理应用的效率。

（二）提高档案工作人员从业素质

人才是发展的基础，提高档案工作人员从业素质，培养高素质人才是档案信息化管理发展的保障。档案管理信息化建设，要求档案管理工作人员具备专业的档案管理知识的同时，还要有较强的计算机软件应用技术，了解网络安全技术，具备较强的安全意识与保密意识。任何发展建设的主体都是人，只有人的综合素质提高了，才能使档案工作顺利、有序地进行，档案管理长久稳定发展需要人才的支持。因此，在目前档案管理工作人员素质发展不全面的现状下，加强档案管理工作人员先进技术的培训，是档案馆开展档案管理信息化建设的当务之急。统一的技术知识培训、档案管理知识宣讲、自主学习等都是提高工作人员综合素质的有效手段。还有让工作人员在工作实践中，理解档案管理知识，熟练工作技巧等，在信息化技术环境下，在实践中不断提高自我创造性，一个人的提高，促进整体的进步，进而推进档案管理信息化建设进程。

（三）改变传统管理模式，加强信息化管理手段，实现信息共享

档案管理信息化的目的是优化档案信息化管理手段，实现档案信息资源共享，要想将这一目的变成现实，就需要提高档案信息化的应用效率，让档案管理信息化落到实处。提高档案信息化的应用效率需要改变传统的档案管理模式，改变服务态度，扩大档案信息服务的范围，转变那些不适合档案管理发展的思维模式，

加强反应能力与自动为人民服务的意识，提高档案管理效率与服务质量。在信息技术不断发展、知识不断更新、消息迅速扩散的时代，档案管理的工作人员要学会洞察先机，加强热点信息收集整合的能力，利用各种现代化的科学技术，建立信息共享中心，让档案信息真正方便、快捷的为人所用，实现档案信息化管理的作用。同时，还要提高档案信息检索的效率与准确性，并保障档案管理系统及系统中的信息安全、规范，保障档案信息资源的使用价值。

（四）领导者更新观念，提高认识，重视档案信息化的管理建设

档案部门的领导是档案管理工作者的领头羊，领导的管理观念直接影响着档案信息管理的发展方向，档案管理信息化首先要领导者更新观念，认识到档案管理信息化的重要性。档案是反映人类社会的发展进步不可或缺的珍贵资料，是研究人类文明、社会变迁等问题的重要依据，其发挥的作用也越来越重要。档案管理领导者要清楚地认识到档案管理的重大意义，在改变自己观念的同时，也要让档案管理部门的所有人员深刻了解档案工作的重要性，让自己与其他工作人员一同投身档案的信息化建设当中。加大资金投入力度，加强人才培养，为档案工作创造良好的发展平台，加强对档案工作的领导等都是重视档案信息化管理建设的表现。

档案管理工作人员是档案管理工作的具体实施者，是影响档案信息化管理进程的重要因素之一。档案管理工作人员要强化档案意识、理解档案管理工作的重要性，在具体的工作中，改变传统的工作方式，重视并积极配合档案管理信息化建设。档案管理工作人员要转变以往档案管理与服务的模式，强化信息观念，传统的档案管理做到的只是接管档案，并没有形成档案信息的交流与共享。在新的社会需求下，各个档案管理部门要加强交流与合作、取长补短、学习其他兄弟部门先进的管理技术与科学的管理理念，积极发展档案管理的信息化，走出一条具有自己特色的档案管理信息化之路。

（五）加大资金投入，确保档案信息的安全

档案信息化管理建设的必要保障之一是大量的资金投入和加强档案管理基础设施建设。档案信息化管理建设的硬件基础条件之一的计算机是普遍需要的，计算机及其应配备的设备，以及日常设备的维护，都需要大量的资金投入。在系统软件方面，要紧跟科技发展的步伐，不断更新计算机和网络技术，架设高效实用的档案管理平台，实现对档案的多角度、全方面、多功能的综合化、现代化管理。档案信息资源的共享需要具有完善的、多功能的档案信息网络的构建，以供各信息网络之间信息的传递与交流，让更多的人可以通过网络查阅自己所需的档案信息，实现档案服务的现代化、大众化目标。

档案信息化管理建设的必要保障的另一方面就是对档案信息的安全管理，加强档案信息安全管理是保障档案信息的安全的必要手段。一方面，档案管理工作人员要提高档案信息安全意识，区分制定保密级别，设置安全防护权限，制定安全管理行为准则，提高各项规定的执行力度，重视管理系统，并实时更新安全防护软件，提高管理系统的安全性。另一方面，技术支持是网络安全的有效保障，加大技术支持力度，建立健全信息资源安全管理技术标准并严格执行，进而避免档案资源的真实性与有效性受到威胁，保障管理系统安全。

（六）转变档案工作方式，变实体管理为信息管理

由于传统的档案信息管理依靠的是人工，对纸质实体档案的管理模式，档案管理针对的是纸质实体，人的能力有限，不能将全部的档案信息资料整理归纳，因此就造成了相当一部分的档案信息资源被闲置浪费，更有甚者被丢失损坏的不良后果。而档案信息化管理终结了这种局面，档案信息化的本质就是信息，档案管理的各项工作都是围绕着信息展开的，信息成为档案管理的主要对象。档案管理的工作人员将纸质实体档案转化为电子档案，建立电子档案管理数据库，并对这些档案信息数据加以分析与维护，变实体管理为信息管理。在这种管理模式下，档案管理的很多工作都是由计算机实现，减轻档案管理工作量的同时，增加了档案管理的效率与质量，使档案服务更加高效，提升了客户的体验，促进了信息的交流与共享。

第三节　电子文件管理与电子文件中心

一、电子文件管理

（一）电子文件的概念

电子文件是法定的责任者在其职能活动中形成的能被计算机系统识别、处理，并能够按一定格式存储在 U 盘、存储器、光盘等介质上，同时可以在网络上传送的数字代码序列。电子文件包括文本文件、图形文件、图像文件、影像文件、声音文件和多媒体文件。

（二）电子文件的基本特征

第一，电子文件的本质是文件，是文件的一种存储类型。既然是文件，那么电子文件就同样具有规范体式，它的生成同样需要经过制作和审批流程，并应具有与文件同等的法律地位和现实执行效用等文件所具有的各种属性；第二，电子文件是以"数字信息"的方式存在的，是"数字信息"和"文件"的集成，因此"数字信息"所具有的易检索、易删除、易修改、易复制、易传输等优势特点，电

了文件都应具有。这是电子文件的两大基本特征。概括来说，电子文件是通过计算机技术生成和处理的，具有文件特征的数字信息，并且电子文件是以最底层的二进制数字代码存储和表示的，因此也常常被称为"数字文件"。

（三）电子文件管理原则

1.制度保障原则

制度是实施管理所应该遵守的章程或行为准则，是有效管理的保障。加强和完善相关电子文件管理制度建设，严格执行制度政策是电子文件有效管理的保障。制度的建立主要是为规范人的行为，为人的工作提供标准或依据。所以首先一点就是建立一套完善的、合理的用人制度，严格挑选可用人才，对于现有的电子文件管理人员同样需要对其提出严格要求，并明确具体的奖惩措施。另外就是要确定各岗位相关人员的工作职责，严格执行岗位责任制，做到各司其职，各负其责。

2.完整性保障原则

整体上完整性保障原则是指要保证电子文件的数量齐全；对于单一文件来说，完整性保障原则是指要保证每一份电子文件的信息完整。为确保电子文件具有价值，电子文件的内容完整，可供人们研究使用，就要保障其完整性。因此，工作人员必须要熟知电子文件生成原则与规律，电子文件的分布状况，同时要具备收集并有效保存电子文件及其相关数据，并确保电子文件的完整性。

3.前端控制原则

要实现电子文件全程管理，就要在实现电子文件全程管理之初进行控制，而前端指的就是电子文件生成的过程。前端控制原则是确保电子文件真实可靠的有力保障，是优化电子文件的管理功能的必要条件，同时也是提高电子文件管理效率的基本原则。

4.全程管理原则

全程管理是指包括对电子文件的流程、管理规则、管理方法以及管理质量的要求等多个方面，全方位的管理体系。在电子文件生成、使用、收集、累积、分析、归档、再利用的每个过程，以及每个过程涉及的管理规则、方法、质量等节点的结果和具体过程都是全程管理原则所需要重视的。具体表现在电子文件形成过程中的具体过程和整体效应；力求利用管理系统中的各种资源，使信息资源效益最大化的方式方法。电子文件的全程管理也是一种过程管理，电子文件从开发利用到归案留存，会经历很多的环节，这些环节中不论哪个环节出现问题都有可能对电子文件的完整性、原始性及真实性带来威胁。因此，要确立全程管理原则，对电子文件的每一个过程，每一步的具体操作方式方法和效果都要进行监控。电子文件的管理人员要明确自己的岗位职责，才能不断调整管理策略，及时发现并纠正工作失误，进而确保电子文件的有效价值，保障电子文件流程的畅通、使用的高效以及管理的精确与全面。

5.真实性保障原则

相较于电子文件，纸质文件一旦形成，其文件的内容和形式特征就固定了，并且不易更改，即使有更改的痕迹也会被识别出来，所以纸质文件在一定程度上保障了文件信息的原始性。而电子文件的存在形式会通过电子文件的载体、格式的转换而改变，所以，电子文件在形成和使用的过程中，电子文件的内容也可能出现变动，这就破坏了电子文件的原始性，从而影响电子文件的真实性。因此，在电子文件形成使用的全过程中，有建立电子文件使用日志，详细记录电子文件形成、使用、管理的全部过程，建立完善的监管制度，确保电子文件流程的每一个环节都有据可查，进而确保电子文件的原始性与真实性。

6.安全保密原则

安全保密原则就是指按照国家有关法律法规和规范标准的要求，采取有效技术手段和管理措施，确保电子文件信息安全，不受侵害。

（四）电子文件管理方式

不同业务范围，不同的应用领域，电子文件的种类和内容也存在正巨大的差异。因此，在电子文件管理的方式方法上，不同组织机构都会有自己的管理方案，但总的来讲都有以下两种管理特点。

1.实行统一管理

根据有关规定，组织机构文秘管理部门负统一管理电子文件、电子档案的责任，这一规定在拓展了文秘管理部门职能的同时，也提高了其地位。为确保电子文件信息资源的原始性、完整性、安全性及有效性，负责电子文件管理的文秘管理部门应制定统一管理制度和标准，并有推行监管这些制度和标准顺利有效执行的责任。统一管理、统一开发利用保障了电子文件的安全性，提高了使用效率，降低了电子文件的管理成本，同时优化了电子文件流程，良好协调了机关业务流程的有效运行。

2.文档一体化管理

随着时间的推移，与组织机构的发展进步，电子文件有了大量的积累，其长期保存的要求促使文档一体化管理不再止步于提倡阶段，而是逐渐的推行。电子文件和电子档案在计算机系统中的区别并不明显，很难界定，是二者分别管理的瓶颈，是一个较难解决的问题。一体化管理不仅是对电子文件与电子档案的统一管理，还要对电子文档进行全过程管理，这要求在电子文档形成开始就要考虑到电子文件管理系统的软硬件配置、网络节点与安全设置、电子文件载体格式、应用数据库结构设计，以及索引编制的方式方法等。电子文件的归档、整理、鉴定、著录、生成元数据等档案管理性工作也需要在文件的形成或运转阶段进行。所以说，文档一体化管理是电子文件管理的必然趋势。

二、电子文件中心

（一）电子文件中心的定义

电子文件中心是指将归档前的文档与归档后的文档相结合，进而对电子文档和档案进行持续管理的组织或工作方式。有些称为文档中心、电子文件中心、文档中心或其他名称。

（二）电子文件中心的功能

1.电子文件管理功能

电子文件中心创建的主要目的是管理电子政务中形成的电子文档。电子文件中心的工作重心是监督指导电子文档的形成和归档，并规范电子文档的全过程管理。根据文件接收的范围和要求，对电子政务中形成的电子文档进行实时接收和集中存储，并由党委、政府及其职能部门的电子政务平台对各种电子文件进行科学管理，实现电子文档的安全存储与有效使用，实现文件的全面、统一管理，确保电子文件和档案的真实性和完整性。同时，它解决了信息化建设中重复投资和冗余建设的问题，指明了集约化、专业化发展的方向。

2.政府信息公开功能

电子文件中心的建立，在对电子文件起着科学管理的作用的同时，其实质是对政府信息的公开。电子文件中心存储着大量政府机关电子政务中心的文件信息，这些文件在电子文件中心一体化管理的前提下，被有效利用的同时，也在向社会公开。

《中华人民共和国政府信息公开条例》要求各级人民政府要在档案馆设置政府信息查阅场所，为公民、法人或其他组织获取政府信息提供便利。政府机关电子政务中心形成的电子文件被电子文件中心及时收集管理，并出现了"随时形成、随时收集、随时发布利用"的良好现象。电子文件中心是各级政府机关共享信息资源的中心，是政府机关通过档案馆向社会公开政务信息的渠道，是政府紧密联系群众、服务人民的新窗口。

3.电子文件归档功能

因为电子文件中心的地位尚未能得到统一的认可，对电子文件中心地位认识的差异致使对其电子文件归档功能的理解也有所不同。主要形成了以下两种观点：

第一，电子文件中心具有较为广泛的、相对稳定的政府电子文件收集网络，建立了有效的运行机制，电子文件中心收集政府机关电子政务形成的文件，使大量而分散的电子文件在电子文件中心长久保存。同时，电子文件中心的集中管理与存储保障了电子文件的原始性、完整性和真实性，保证了电子文件的使用价值和信息共享。

第二，根据电子文件的最终归档单位，很多人判断电子文件中心是一个档案过渡机构，它的作用是将从电子政务收集到的电子文件统一收集，最后移交到数字档案馆。以这个观点来看，电子文件管理中心不仅要收集管理电子文件，同时还负有将这些文件移交数字档案馆的义务。电子文件中心的优势在于，电子文件中心可以屏蔽档案馆提前接收电子文件在制度层面上限制，优化了接收流程，是国家档案馆能够更好地履行科学整合管理各类档案资源职能的助力。但也有人认为电子文件中心的建立弊大于利，电子文件中心这样过渡性机构的存在，势必会耗费一定的人力物力，同时在电子文件归档的流程上也增加了不必要的环节，在这些环节中会增加电子文件丢失、损毁或失真的可能性。因此，调整电子档案中心的中间机构的角色地位的提议得到了普遍的认同，让电子文件中心真正起到长久保存，并合理利用电子文件的功能。

（三）电子文件中心的安全策略

1.制度规范

电子文件中心的安全保障，要有严格的规则与制度支持。根据有关法律、法规和国家政策，制定电子文件中心计算机管理制度和电子文件管理系统操作手册，制定详尽的日常工作规程，编制应急工作处理预案，加强工作人员的安全培训，养成良好的工作习惯，提高安全意识和保密意识。

2.网络安全

网络安全是电子文件安全技术保障之一。《关于加强政府上网信息保密管理的通知》中明确规定涉密信息网络必须与公共信息网实行物理隔离。这是加强政府机关、与涉密的组织机构上网信息的保密管理，保证国家信息安全的策略之一。电子文件中心的建立依托于政务专网，是政务信息系统成员之一。电子文件中心实施并设置在政务网中，需要遵照《关于加强政府上网信息保密管理的通知》中的要求与其他公共信息网实行物理隔离。同时，借助政务网的网络安全体系，保障了电子文件中心的网络安全。

3.数据安全

数据安全技术主要是对传输中的电子文件信息采取数字认证和加密等方式保障电子文件数据的安全性。电子文件中心在接收文件的过程中，运用 PKI（Public Key Infrastructure，公钥基础设施）技术对传输数据中的版权和认证信息加以处理，在不篡改原始数据的情况下，制成可嵌入原始数据的数字水印，为原始文件设置数字认证信息。在日后要使用电子文件数据时，子文件中心通过一定的算法检验数字认证信息的真伪，进而判断电子文件数据信息是否被非法篡改，电子文件是否还具有其原始性和完整性。密钥加密技术是保障电子文件在传输过程中安全性和隐秘性的重要技术手段之一，也是最常用的方式之一。在电子文件发送之前，采用对称或非对称的密钥加密方式对文件进行加密，在接收读取电子文件信息时，在用相对应的密钥技术解密处理，从而保证电子文件的传输安全。在电子文件数据保存方面，要重视备份的重要性。至少要做到双机备份或异地备份，以避免在遭到人为损毁或自然灾害时可能出现的数据篡改和损毁。

4.系统安全

第一，在电子文件管理系统的访问控制方面，要采用身份认证和权限管理两种系统安全措施。系统管理员要在系统中预设安全访问规则，制定访问权限级别，在用户登录系统时，监测是否为合法用户等。采用访问控制、制定访问规则的办法，有效控制用户的操作对系统没有侵害性，从而保护系统不受非法用户和非法操作的威胁。第二，在系统软件防护方面，要做到每台计算机都要安装杀毒软件、防木马软件，定期对系统进行安全病毒查杀，并及时更新杀毒软件，安装系统补丁，对软件进行升级维护等。

第四章　智慧图书馆建设的管理

第一节　智慧图书馆管理的基础概念

一、图书馆管理概念的相关研究

（一）图书馆管理的内涵

图书馆管理是引导人力资源、财力资源、信息资源和物质资源进入动态的图书馆以达到图书馆的目标，即使其服务对象——读者获得满意，并且使服务的提供者——馆员亦获得成就感的活动。图书馆管理包含对人力资源、财力资源、信息资源和物质资源的引导。图书馆管理者必须平衡四者之间的关系，不能厚此薄彼。图书馆的动态性在这个定义中得到了体现。图书馆的运营是处在变化的环境之中，因为信息技术在变化，读者在变化，信息产品和信息服务在变化，馆员也在变化。因而，图书馆也必须变化。那些随时准备适应环境变化的图书馆被称为"动态图书馆"，正如在定义中所阐述的那样，图书馆管理涉及将人力资源、财力资源、信息资源和物质资源引导进入一个动态图书馆中去。

达到目标是这一定义不可分割的组成部分，没有目标就没有图书馆或丧失图书馆存在的意义。衡量达到图书馆目标的绩效度量是其所服务对象的满意程度。读者是图书馆服务的对象，对于成功的图书馆管理需要注重的是读者的满意程度。一些图书馆对读者持一种消极的态度，从长远的观点看，这种态度会使图书馆步入困境。不论一个图书馆是处在一种高度竞争的环境中还是处在一种非高度竞争的环境中，所关注的焦点都应当是读者的满意程度。因此，图书馆管理就是为了达到使读者满意的目的，而将人力资源、财力资源、信息资源和物质资源引入到动态图书馆中。

定义中的最后一个部分是关于图书馆员对成就感的阐述。而这种成就感是因馆员提供信息服务而获得的，馆员从工作中所获得的成就感和满意程度对图书馆达到目标以及为读者提供满意的服务具有很大的影响。

（二）图书馆管理的特点

作为一种特殊的社会实践活动，图书馆管理具有一般社会实践所共有的客观性、能动性和社会历史性等特性，不过这些特性在图书馆管理中有具体的表现形式。整个实践的特性对于不同的实践活动来说是一种共性，而具有这种共性的各种实践活动又表现出不同的特性。图书馆管理具有以下几个主要特征。

1.综合性

所谓图书馆管理的综合性，从空间来说，它贯穿于图书馆活动中，存在于图书馆活动的各个方面和领域，有图书馆活动的地方，就有图书馆管理存在。

在中国商代，不仅有藏书之所、掌书之人，而且有管书之法。商代设史官掌管藏书，虽然这一时期尚未形成书籍分类和编目体例，但对藏书的管理已存在一定之法。商代史官在甲骨片编联成册之后，为便于查找，在储藏中采用标签形式将其标示。因此，在图书馆发展的长河中，管理是无处不在、无时不有的一种社会活动，它在图书馆系统中横贯各个层次、具有综合性。

2.依附性

图书馆管理都必须依附于一定的图书馆业务工作，它的实际内容和具体形式离开了其他的业务活动就不能单独存在，图书馆管理总是对某种业务活动（文献采选、分类编目、书刊借阅、参考咨询、文献检索、情报研究等）的管理。

图书馆管理的这种依附性主要表现在：图书馆管理的目标必须依托于具体的业务活动才能实现，图书馆管理的过程总是伴随着其他业务活动的进行而展开，图书馆管理的结果则总是融合在其他业务活动的成果之中。也就是说，图书馆管理必须以其他某一种、某几种或全部业务活动作为自己的"载体"。

3.协调性

所谓协调性，是指调节和改造各种管理对象之间的关系，使它们能相互适应，按照事物自身固有的规律性在整体上处于最佳的功能状态。

图书馆管理与其他业务活动不同在于以下两个方面。

（1）从活动的对象来看。一般业务活动总以某个特定的具体事物作为自己的对象，如文献采选以图书馆未收藏的新书、新刊、新报、新光盘等文献载体为对象，分编工作以图书馆已采购回来的新文献为对象，咨询服务以读者为对象等。但是，图书馆管理在一定意义上却是以图书馆系统的各种业务活动为自己的对象，是对这些业务活动之间的关系以及这些业务活动内部的各种要素之间的关系进行协调的活动。因而与各种业务活动相适应，就有协调这些活动的采访管理、分编管理、借阅管理、咨询管理等形式，这些管理活动是通过协调各种业务活动而间接地对它们起作用，从而改变它们的存在状态。

（2）从活动的任务来看。一般的业务活动都有自己特定的具体任务，它们或者是为了购回本馆读者所需要的文献；或者是为了改变文献的形式特征；或者是为了将读者所需要的文献传递给读者；或者是对读者进行信息检索技能培训；或者是为读者提供咨询课题的解答方案等。图书馆管理的主要任务是协调人们之间的关系和利益，协调人们活动的状态和过程，使图书馆各种业务活动的要素建立某种有序的优化结构。

所以，图书馆管理是一种柔性的社会活动，图书馆管理者一般并不直接从事信息产品的生产或信息服务活动，他们主要是通过协调各种业务活动的内外关系，特别是馆员之间的关系、馆员和读者之间的关系，使各种要素、各个环节在共同目标——最有效地满足读者的信息需求的指引下，消除彼此在方法、时间、力量和利益上存在的分歧和冲突，统一步调，使图书馆的各种业务活动实现和谐运转，结合成一个有机的整体。

4.组织性

图书馆管理的组织性，一方面指的是图书馆管理活动总是通过一定的组织（如学校图书馆、科学图书馆、企业图书馆、公共图书馆、工会图书馆等）进行的，这种组织是由进行管理活动的人所组成的一个有序结构。组织既是管理的主体，因而图书馆管理是由一定的组织机构（即特定的图书馆）去进行的。同时，组织又是管理的对象，因为图书馆管理都是对一定组织（即特定的图书馆）的管理，孤立的个人，离开了一定组织的人，是无所谓图书馆管理的。另一方面，图书馆管理活动本身就是一种组织活动，这种组织活动将分散的资源如人力、物力、财力、信息等资源组合起来，形成一个稳定的，能够不断根据客观环境的变化而进行调整的物质和社会双重结构的过程。

这种组织过程既把各种离散的、无序的事物结合成一个相互联系、相互制约的管理组织系统，这是图书馆管理活动得以进行的物质和社会实体。同时又能不断地根据变化的外部和内部情况，对管理活动的各种要素之间的关系进行调整，以寻求相适应的最佳物质与社会的匹配关系，使图书馆系统朝着管理的目标运动。

前者指的是静态的组织性，它表现为一种有序的组织形式。后者指的是动态的组织性，它表现为一种能动的组织职能。图书馆管理的组织性是图书馆管理最基本的特征，也是其他特征的内在根据和机制。

5.变革性

管理在本质上是变革活动，是使人获得真正自由的活动。"管理的特点就是变革——迅速的、不断的、根本的变革。唯一不变的事就是变革。"图书馆管理也不例外。从现象上看，图书馆管理有保守的一面，它要维持图书馆系统一定程度的稳定，要用一定的原则、规章制度约束图书馆的成员。但是，保守性、束缚性只是使图书馆获得发展、使个人获得真正自由的手段，因而是暂时的、相对的。稳定是运动的一种特殊状态，因为图书馆系统中的人、财、物、信息等要素是不断变化发展的，图书馆系统外部的经济、政治、文化、科技等环境也在不断变化。要实现对图书馆的真正有效管理，目标和计划就要反映对象的变化。协调活动就要使系统内外因素的配合在变动中趋向合理，要不断通过信息反馈实现对图书馆的动态控制，要根据图书馆的发展改变失去合理性的规章制度。可见，图书馆管理的变革性是由图书馆本身的运动决定的，具有客观性。图书馆管理的变革性更重要地表现为其发展演化。图书馆管理是一种主观见之于客观的活动。它不仅要反映图书馆的变化，还要反映图书馆现时的变化；不仅要反映图书馆变化的趋势，还要反映趋势的转变。这只有通过科学预测、设立目标、制订计划、完善组织、实施控制等一系列动态管理活动反复循环才能实现。

6.科学性

图书馆管理的动态特性并不意味着图书馆管理没有规律可循。尽管图书馆管理是动态的，但还是可将其分成两大类：一是程序性活动。二是非程序性活动。所谓程序性活动，就是指有章可循。照章运作便可取得预想效果的管理活动，如制定读者服务工作中的各种规章制度，制定人员管理工作中的录用、奖惩、培训等方面的条例，制定行政管理的各种规章制度，制定后勤管理的各种规章制度，等等。

所谓非程序性活动，就是指无章可循。需要边运作边探讨的管理活动，如建造新馆、建设图书馆自动化系统、图书馆组织机构的调整、复合图书馆的设计等。这两类活动虽然不同，但又是可以转化的。实际上现实的程序性活动就是以前的非程序性活动转化而来的，这种转化的过程是人们对这类活动与管理对象规律性和科学性图书馆管理的科学性在这里得到了很好的体现。

7.艺术性

由于图书馆管理对象分别处于不同系统（如科学院系统、文化系统、教育系统、工商企业系统等）、不同部门（如采访部、编目部、流通阅览部、典藏部、参考咨询部、研究辅导部、信息技术部、特藏部等）、不同环节（如出纳台借还、书库整理）、不同的资源供给条件等环境中，这就导致了对每一个具体管理对象的管理没有一个有章可循的模式，特别是对那些非程序性的、全新的管理对象更是如此。因此，图书馆具体管理活动的成效与管理主体管理技巧的娴熟程度密切相关。

事实上，管理主体对管理技巧的运用与发挥，体现了管理主体设计和操作管理活动的艺术性。一方面，由于在达成图书馆资源有效配置的目标与现行责任的过程中，可供选择的管理方式、手段多种多样。另一方面，如何在众多可供选择的管理方式中选择一种合适的用于现实的图书馆管理之中，也是管理主体进行管理的一种艺术性技能。

8.经济性

众所周知，图书馆存在着以资源稀缺性为核心的经济问题，如社会对图书馆的投资应该达到什么样的水平才能充分发挥图书馆的各项社会功能？为了节约社会投资，提高图书馆的投资效益，对图书馆的社会投资应如何分配给各种不同类型的图书馆才能使图书馆资源达到合理配置？怎样选购和组织藏书才能使有限的购书经费发挥最大的效益？

要有效地解决上述问题，就必须对图书馆的人力、物力、财力、信息等资源进行配置。而资源配置是需要成本的，因此管理就具有以下三种经济特性。

（1）图书馆管理的经济性反映在图书馆资源配置的机会成本上。管理者选择一种资源配置方式是以放弃另一种资源配置方式为代价而取得的，这里有机会成本的问题。

（2）图书馆管理的经济性反映在管理方式方法选择上的成本比较。在众多可帮助进行资源配置的方式方法中，因费成本不同，故如何选择就有经济性的问题。

（3）图书馆管理是对资源有效整合的过程。因此选择不同资源供给和配比，就有成本大小的问题，这是经济性的另一种表现。

（三）图书馆管理的职能

管理过程学派认为，管理是由一系列管理职能所构成的。但是，管理究竟有哪些职能？不同的人认为管理有不同的职能。不仅如此，管理的职能还有多种称谓。譬如，有人将管理职能称为管理内容，有人称为管理过程，有人称为管理程序，有人称为管理的基本手段，还有人称为管理的表现形式，这种状况自然也影响到了人们对图书馆管理职能的研究。关于图书馆管理的职能，至今也是众说纷纭，图书馆管理的职能分为一般的和专门的两种，一般职能是各种类型图书馆的领导人员应履行的职责，包括计划、公务和劳动的组织、各部门联合活动的协调和协作、干部的教育、统计和监督。专门职能又分为两种具体职责。一种职责是属于所有大型图书馆和中心图书馆系统的，包括：负责方法工作，制定各种组织、工艺流程和说明性文件，以提高工作的专业水平和巩固工艺流程的纪律。另一种职责仅仅属于各个独立的图书馆，具体包括：挑选和分配干部，负责图书馆的业务和技术服务、行政总务和财务活动以及公文处理。

就目前来看，图书馆管理的职能主要有下列五项：计划、组织、领导、控制和评价。

计划是指对未来的行动以及未来资源供给与使用的筹划。计划指导着一个图书馆系统循序渐进地去实现目标，计划的目的就是要使图书馆适应变化中的信息环境，并使图书馆占据更有利的信息环境地位，甚至进入一个完全不同的信息环境。计划在图书馆中可以成为一种体系并有内在的层级，如战略计划是高层次的、总的长远计划，职能计划与部门工作计划则是中层的操作性较强的计划，而下级的工作计划则为近期的具体计划。从计划的定义、目标及其功能来看，计划无非是一种降低图书馆在资源配置过程中的不确定性的一种手段。

事实上，无论是战略计划还是职能部门计划，对未来行为的一种筹划就是希望通过事先的安排有准备地迎接未来，或按照设定的目标循序渐进地工作，从而减少未来不确定性对图书馆的冲击，减少未来工作过程本身可能产生的不确定性。计划职能涉及如下因素：有助于达到目标的政策。管理人员将要实施的项目。管理人员将会采用的过程。管理人员必须按时完成的时刻表。将会涉及的预算方面的因素考虑。

组织是管理者建立一个工作关系构架从而使图书馆成员得以共同工作来实现图书馆目标的过程。组织的结果是组织结构的产生，即一种正式的任务系统和汇报关系系统。通过这种系统，管理者能够协调和激励图书馆成员努力实现图书馆的目标。

组织结构决定了图书馆能在多大程度上很好地利用其资源创造信息产品和提供信息服务。组织职能包含的要素如下：将图书馆各项业务活动进行合理的组织，使之具有一定功能和位置。为了有效地发挥其职能，管理人员必须进行一定的授权。管理人员必须在其下级之间建立关系和联系，使这些下级能够相互提供完成工作所必需的信息。管理人员必须仔细检查自己所在部门与其他部门之间的关系及其对图书馆经营运作的影响。

领导有两重含义：其一是领导现象，指人群中存在的追随关系，其本质是影响力。其二是领导行为，指群体中的某些成员为了促使领导现象的出现或加强而实施的各种行为。在领导过程中，管理者要向员工描述一个清晰的愿景，调动图书馆成员的积极性，使他们理解在实现图书馆目标过程中自己所起的作用。

管理者利用权力、影响、愿景、说服力和沟通等技能来协调个体和全体的行为，从而使他们的努力能够得到充分的展现和利用。领导所产生的效果就是图书馆成员所表现出来的高度积极性和对图书馆的承诺。

领导涉及以下方面的功能：及时根据外界环境的变化，指示图书馆内成员与资源配合去适应环境并采取适当的行为。调动图书馆内成员的积极性，激励他们奋发努力，给他们创造发展的机会。有效地协调图书馆内的人际关系，使图书馆内有一个良好的工作氛围，从而降低内耗。督促图书馆内成员按照既定的目标与计划做好自己专职范围的工作。

控制是指根据既定目标不断跟踪和修正所采取的行为，使之朝着既定目标方向运作并实现预想的结果或业绩。由于现实行为往往会受各种不确定性因素的影响，故每一种行为都有可能偏离预定要求，从而可能使既定目标或业绩难以达成，显然这是图书馆所不愿看到的。为了防范这种状况的产生，控制就非常必要。

通过实施控制这一职能，管理人员能够做到在图书馆偏离目标太远之前就将其纳入正确的轨道之内。控制职能包括以下内容：首先，将实际效果与预测进行对比。其次，将已获得的结果与目标要求、项目要求和计划要求进行对比。最后，将实际成本与预算成本进行对比。

评价是指图书馆管理实施过程结束之后，根据管理的成效，对图书馆管理过程的各项活动进行全面的检查、比较、分析、论证和总结，从中得出规律性的启迪，以达到不断提高管理水平，取得更好的管理效益，实现管理良性循环的一项管理活动。

图书馆管理过程结束之后，需要对所获得的管理成绩和效果进行相应的评价，从中汲取经验和教训，为下一轮的管理循环提供依据，打好基础，以便不断提高图书馆管理工作的水平。因此，评价既是图书馆管理过程的归宿，又是图书馆管理过程的出发点。它对于加强图书馆管理工作，提高图书馆管理水平有着至关重要的作用。

二、图书馆管理原理的相关研究

原理是指某种客观事物的实质及其运动的基本规律。图书馆管理原理是对图书馆管理工作的实质内容进行科学分析总结后形成的，是对图书馆各项管理制度和管理方法的高度综合与概括。因而对图书馆管理活动具有普遍的指导意义。社会组织都是由人、财、物和信息组成的系统，管理是对系统的管理，没有系统，也就没有管理。系统原理不仅为认识图书馆管理的本质提供了新的视角，而且它所提供的观点和方法广泛渗透到人本原理、能级原理、动力原理和效益原理之中，在图书馆管理原理的有机体系中起着统率作用。

（一）系统原理所蕴含的基本概念

1.系统与要素

一个具体的系统必须具备三个条件：一是系统必须由两个以上的要素（元素、部分或环节）所组成。二是要素与要素、要素与整体、整体与环境之间存在着相互作用和相互联系。三是系统整体具有确定的功能。这三个条件缺一不可，否则就不能构成一个具体的系统。要素始终是和系统不可分割的。要素是构成系统的必要因素，即组成系统的各个部分或成分，是系统最基本的单位，因而也是系统存在的基础和实际载体。

要素在系统中的情况一般可分为三种：一是不同数量和不同性质的要素可构成不同的系统。二是相同数量和相同性质的要素由于结构方式的不同，也可构成不同的系统。三是相同性质的要素由于数量的不同，也可构成不同的系统。

系统和要素是对立统一的关系。首先，系统通过整体作用支配和控制要素。其次，要素通过相互作用决定系统的特性和功能。最后，系统和要素在一定条件下相互转化。

2.结构与功能

所谓结构，是指系统内部各组成要素之间的相互联系、相互作用的方式或秩序，也就是各要素之间在时间或空间上排列和组合的具体形式。贝塔朗菲把结构称为系统的"部分的秩序"。

所谓功能，是指系统与外部环境相互联系和作用过程的秩序和能力。系统功能体现了一个系统与外部环境之间物质、能量和信息之间的输入与输出的变换关系。结构与功能之间的关系主要表现为如下几种情况：首先，由不同要素组成的不同结构的系统具有不同的功能。其次，由相同要素组成的不同结构的系统也具有不同的功能。再次，组成系统的要素和结构不同，可以具有相同的功能。最后，同一结构的系统可以具有多种功能。总之，由于客观世界的复杂性和无限性，系统的结构和功能的关系是多样的，变化是无穷的，在一定条件下是可以转化的。

3.环境与行为

所谓环境，是指系统存在的外部条件，也就是系统以外对该系统有影响、有作用的诸因素的集合。在一个大系统中，对于某一特定的子系统来说，其他的子系统可以看成是它的环境。环境实际上是同某一特定的系统相关的其他系统（或事物）的统称。

所谓行为，是指系统对环境的影响和作用的反应，即在系统与环境的相互作用中，环境对系统施加影响和作用后系统对环境的反作用。

系统行为是由系统环境和系统内部状态两个因素引起的。其中，环境是产生系统行为的诱因或外部条件，系统内部状态是系统行为的根据或决定因素。系统行为归根结底决定于系统的内部状态，而系统的内部状态又取决于系统结构的优化程度。

可见，系统行为实际上是系统的外部状态，即系统本质规定的外部表现。因此，在一定环境下，可以通过改变系统的内部状态来调节或改变系统的行为。也可以通过系统行为的研究来考察一个系统的内部状态，即系统要素及其结构方式。需要注意的是，系统行为和系统功能是两个相近但又不完全相同的概念。系统的功能虽然也是在系统与环境的相互作用中表现出来的，但它只是着重描述系统与环境的相互作用中，系统对外部环境施加影响和作用的能力。系统行为则不然，它着重描述系统与环境的相互作用中，系统自身的外部活动状态以及状态变化的过程。因而不能把系统行为和系统功能混为一谈。

（二）系统原理的内容

系统原理是有关系统的基本属性、共同特征和一般规律的理论概括，主要体现在系统与要素、要素与要素、结构与功能、系统与环境、系统与时间等关系。

1.系统整体性原理

系统整体性是指系统诸要素相互联系的统一性。整体性是系统最本质的属性，因而'整体和''系统'这两个概念经常被同义使用。在这个意义上，贝塔朗菲指出，"一般系统论是对'整体'和'完整性'的科学探索。"因此，整体性原理是系统原理的一个最基本的组成部分。

系统的整体性根源于系统的有机性和系统的组合效应。系统整体性原理的基本内容有：要素和系统不可分割。系统整体的功能不等于各组成部分的功能之和。系统整体具有不同于各组成部分的新功能。

系统整体性原理对图书馆管理工作具有重要的指导意义。

（1）根据图书馆管理目标，把管理要素组成为一个有机的系统。图书馆管理的目的就在于把图书馆中诸要素的功能统一起来，从总体上予以放大。从这个意义上说，图书馆管理是一门把图书馆中的各种要素或各个部分协调起来，使之达到某种组织目标的学问。

（2）把不断提高要素的功能作为改善图书馆系统整体功能的基础。由于组成图书馆系统的要素是决定其整体功能状况的最基本的条件，因此改善图书馆系统的整体功能一般应从提高其组成要素的基本素质入手。

图书馆系统作为一个整体，一般由采访、分编、典藏、流通等部门或环节组成。任何一个部门或环节的功能素质不健全或相对削弱，都会在一定程度上影响图书馆的整体效应。因此，必须按照图书馆整体目标的要求，不断提高各个部门特别是关键部门或薄弱部门的功能素质，并强调局部服从整体、保证整体，以保证图书馆系统最佳的整体功能。

（3）保持图书馆系统要素的合理组合。系统整体性原理告诉我们，整体功能不守恒的实质在于结构是否合理。因此，改善和提高图书馆系统的整体功能，不仅要注重发挥每个要素的功能，更重要的是调整要素的组织形式，建立合理的结构，从而使图书馆系统整体功能优化。

2.动态相关性原理

系统都处在不断地发展变化之中，系统状态是时间的函数，这就是系统的动态性。系统的动态性取决于系统的相关性。系统的相关性是指系统的要素之间、要素与系统整体之间、系统与环境之间的有机关联性。它们之间相互制约、相互影响、相互作用，存在着不可分割的有机联系。

正是由于系统内部诸要素之间、要素与系统整体之间、系统与环境之间的相互作用和相互联系，才构成了系统发展变化的根据和条件。动态相关性原理的实质是揭示要素、系统和环境三者之间的关系及其对系统状态的影响。

从上述内容可以看出，动态相关性原理和系统整体性原理是紧密联系的。整体性原理是系统思想的核心，动态相关性原理则是整体性原理的延续和具体化。

动态相关性原理对实际的图书馆管理工作具有重要的指导意义。

（1）图书馆系统中的存在和有效运行的要素都与其他要素相关。图书馆系统中某个要素发生变化，就会引起其他相关要素的相应变化。

例如：图书馆藏书规模的扩大，必然要求增加工作人员和书库空间；图书馆新馆舍的建成，必然要求对工作人员、藏书、设备等要素重新进行布局；图书馆自动化系统的更新，必定要求对馆员进行培训；图书馆经费的缩减，必定会影响设备的更新与维护、工作人员的福利待遇、藏书建设水平等方面。

因此，在图书馆管理实践中，当我们想要改变某些不合要求的要素时，注意考察与之相关要素的影响，使这些相关要素得以相应地变化。图书馆系统中各要素发展变化的同步性可以使各要素之间相互匹配，从而增强协同效应以提高图书馆系统的整体功能。

（2）图书馆系统内部诸要素之间的相关性不是静态的，而是动态的。要素之间的相关作用是随时间变化的，由此决定了系统整体的性质和状态也是不断发展变化的。因此，必须把图书馆系统视为动态系统，在动态中认识和把握其整体性，在动态中协调部分与部分、部分与整体的关系。

（3）图书馆系统的整体功能存在于图书馆与环境的相关性之中。如果说要素之间的相关性形成系统的结构联系，使系统成为具有一定结构的整体，那么系统与环境的相关性则形成系统的功能联系，使系统具有某种整体功能。

系统有一定的整体功能，表明系统与环境必须按照一定的规律进行物质、能量和信息的交换，才能保持系统整体的性质，产生一定的整体效应。如果系统与环境的输入和输出关系遭到破坏，系统整体的性质和整体效应就会受到影响以致丧失。因此，一定要在图书馆系统和环境的相互联系和相互作用中认识并改善图书馆系统。

3.层次等级性原理

一个系统的组成要素是由低一级要素组成的子系统，而系统本身又是高一级系统的组成要素。这种系统要素的等级划分，就是系统的层次等级性。

层次等级性原理的基本内容有：层次等级结构是物质普遍的存在方式。处于不同层次等级的系统具有不同的结构，亦具有不同的功能。不同层次等级的系统之间相互联系、相互制约，处于辩证的统一之中。

系统层次等级性原理对图书馆管理工作具有重要的指导意义。

（1）系统层次等级性原理可以指导人们合理设置图书馆管理层次。管理组织系统划分层次等级的主要原因在于管理对象的复杂性与管理者个人能力的有限性之间的矛盾。尽管现在的管理者比以往的管理者在能力和手段上有了普遍提高，但现在的管理对象要比以往复杂得多。管理对象的复杂化，使管理组织系统的规模日益增加。

对于规模较大的图书馆系统来说，合理划分管理层次，建立等级结构，可以削弱系统规模和对象复杂性之间的联系，缓解管理对象复杂性和管理者能力之间的矛盾。这是因为，把一个较大的管理组织系统划分为不同的层次等级，按照层次等级进行分级管理，可以使处在不同层次的管理者所直接联系的人数（包括上级和下级）大体相当，从而使他们的管理能力和管理对象相适应。

（2）系统层次等级性原理可以指导人们科学地分析图书馆目标。图书馆系统的层次等级是科学分解目标的组织基础。一个图书馆系统总是要根据自身的基本任务、上级的指令、当前的状况、发展的需要和各种内外条件来确定系统的总体目标，然后按照图书馆系统的层次等级将总目标分解为不同层次、不同部门的分目标。分目标要保证总目标，总目标指导分目标，从而形成前后衔接、上下贯通的目标体系。这样建立起来的目标体系，在组织上能使目标由上而下层层具体、层层落实，由下而上层层负责、层层保证。在内容上既能明确本级系统的基本任务，又能反映分目标和总目标的关系，便于处理局部和整体的矛盾。

在明确每一管理层次、每个部门以至每个人的目标责任的基础上，授予相应的权力，进而建立起目标责任权体系，使整个图书馆管理工作走上系统管理的轨道。

（3）系统层次等级性原理可以指导人们按图书馆系统的层次实施层级管理。图书馆系统中的每一层级所处的地位不同，因而性质和功能也不同。每一个管理者都有自己相应的管理层次，处于不同层次的管理者各有不同的目标责任和要求。一般来说，同一层次各子系统的横向联系应由他们之间全权处理，只有出现不协调或发生矛盾时才提交上一层次的系统来解决。

上一层次系统的任务有两个：一是根据本系统的目标向下一层次发出指令，并检查监督指令执行的结果。二是解决下一层次中各子系统之间的不协调或相互之间的矛盾。当每一层次的任务明确以后，各层次的分系统均须围绕着本层次的中心任务开展工作并通力协作，上一层次一般不宜干预下一层次的工作，这样就形成有序的层级管理。

4.系统有序性原理

系统有序性原理是指构成系统的诸要素通过相互作用，在时间和空间上按一定秩序组合和排列，由此而形成一定的结构，决定系统的特定功能。系统有序性标志着系统的结构实现系统功能的程度。因此，系统有序性原理的实质在于揭示系统的结构和功能的关系。

系统有序性原理的基本内容有：一是系统都有特定的结构。结构合理，系统的有序度高，功能就好；反之，结构不合理，系统的有序度低，功能就差。二是系统由低级结构转变为较高级的结构，即趋向有序；反之，系统由高级结构转变为较低级的结构，即趋向无序。三是系统必须保持开放性，才能使系统产生并且维持有序结构。

系统有序性原理对图书馆管理工作的指导意义表现在：第一，掌握系统有序性原理，有助于深入理解图书馆系统对外开放和对内搞活政策。图书馆系统应该是一种具有活力的耗散结构系统。耗散结构系统的存在和发展必须具备两个条件：一是对外开放。二是内部要有活力。只有对外保持图书馆系统的开放性，才能从外部环境中吸收负熵流，以抵消内部的熵增。使图书馆系统处于非平衡态或远离平衡态，即形成图书馆系统向有序发展的外部条件。对内要有活力，就是要保持图书馆系统内部的非平衡态。这是因为，一个图书馆系统如果处于无差异的平衡状态，就意味着其内部不存在势能差。根据耗散结构理论，无势能差的平衡系统服从势能最小原则，因而必然是一个低功能系统。图书馆管理体制改革之所以要打破"平均主义"和"大锅饭"，引进竞争机制，目的就是设法增大图书馆系统内部的势能差，形成非平衡态。第二，掌握系统有序性原理，有助于提高图书馆管理的有序度。要提高图书馆管理的有序度，必须科学地安排图书馆系统诸要素的秩序，使之协调匹配，以减少内耗而求得统一的整体功能。

为此，主要应使以下三个方面有序：首先是目标体系有序。其次是目标实施过程有序。最后是组织系统有序。

（三）图书馆管理的人本原理

在管理学的整个发展过程中，"人"始终是一个最基本的概念。管理理论都是依据对人的一定看法而提出来的，各种管理理论的区别大多可以归结为对人的理解不同。

1.人本原理的含义

所谓人本顾名思义就是以人为根本。概括地说，图书馆管理的人本原理是指在图书馆管理活动中，坚持从人出发，以调动和激发人的积极性和创造性为根本手段，以达到提高管理效率和人的不断发展为目的的原理。

该原理具体包含以下几层含义。

（1）人的因素第一的观念。所谓人的因素第一，就是在观察事物、处理事情、解决问题时，把人的因素看成是首要因素、关键因素、决定性因素，既不是重物不重人，也不是见物不见人。

（2）尊重知识、尊重人才的观念。尊重知识和尊重人才是统一的。这是因为，知识是人才的基础，人才又是知识的人格化。但图书馆管理中的人才观念是指广义的人才，而不仅仅是指少数典型或代表人物。

（3）以人的不断解放和全面发展为最高追求目标的观念。

（4）"人和第一"的观念。在图书馆管理中树立"人和第一"的观念，既包括管理者之间即领导班子的团结合作，管理者与被管理者的团结合作，上下同心同德，也包括团体或组织内良好的人际关系、团体或组织外良好的社会关系。

2.在图书馆管理中贯彻人本原理的主要途径

（1）把图书馆管理建立在对人的本性的科学认识之基础上

从人本原理来看，图书馆管理主要是人（图书管理人员）对人（普通馆员和读者）的管理。因此，建立管理制度，制定管理措施，都必须对人的本性有一个准确而科学的认识。

通俗地讲，就是首先明确所管理的人是什么人，然后再研究管理制度和管理方法，即如何管理的问题。这样就能使所制定的管理制度和措施有较强的针对性，使之建立在科学而实际的基础上，从而在根本上起作用。

（2）在图书馆管理中正确运用激励机制

人的需要是人普遍存在的自然本性，管理应运用激励机制，通过满足人的合理需要来调动人的积极性。需要决定动机，动机产生行为，这是人的行为产生发展的规律。在图书馆管理活动中，通过认识和引导人的需要去实施对人的管理具体包括三个方面的内容。

①通过认识人的需要去实现对人的管理。在图书馆系统中，每个人都有着多种多样的不尽相同的愿望、利益和追求。这些个人的愿望和利益，有些是同图书馆利益相一致的，或是兼容的，也有些是不符合甚至背离了图书馆的需要。

图书馆管理实际上就是通过认识人的需要，并在这种认识的基础上，鼓励、支持和强化个人符合图书馆的需要，为图书馆所要求的愿望和追求。限制个人那些不符合图书馆需要、为图书馆条件所不许可的愿望和追求，甚至对满足后一种需要的行为实施必要的惩罚。

②通过促进人的需要去实现对人的管理。人的行为归根结底都是为了满足自身需要的活动。管理就是要预测作为被管理对象在一定环境下会怎样行动，要了解是什么引导着他们工作，什么激励着他们前进，说到底，也就是要知道他们需要的是什么。所以，解决个人需要与集体需要之间的矛盾，是管理者的重要职责。

图书馆管理者要把读者的需要、馆员的需要和图书馆的需要紧密地结合起来，保证图书馆成员合理的个人需要得到满足，极大地调动馆员完成图书馆任务的积极性。

③通过唤起和促进馆员的需要，实现更为积极主动的图书馆管理。在某种意义上，能否唤起被管理者的需要，是管理活动有效、成功与否的"测量器"。

管理者都希望通过对被管理者施加信息影响，唤起他们对集体的有关活动的兴趣。这时，被管理者对执行图书馆活动不是出于强迫，而是出于个人内在需要。

（3）重视人的精神追求、价值观的实现。

随着社会的不断进步和人们物质文化生活水平的不断提高，人的精神追求、价值观的实现和思想政治因素在管理中发挥的作用越来越大。因此，图书馆管理应重视文化建设，加强思想政治工作，以使图书馆系统有明确的追求目标，形成良好的共同价值观和强大的精神凝聚力。精神凝聚力是最根本的凝聚力，图书馆形成了强大的精神凝聚力，就能充分发挥人的"自动自发"功能，能经得起艰难困苦的考验，无往而不胜。

（4）创造能充分发挥人的聪明才智

图书馆中所存在的种种影响人的才能和积极性充分发挥的因素，如领导作风、运转机制、管理制度、精神风貌等，大多是人为原因造成的。因此，要想提高图书馆管理水平，增强图书馆系统的活力，就必须大胆地清除影响人的才能和积极性充分发挥的各种障碍。

图书馆可通过实行民主管理，建立平等竞争机制，制定公开、公平和公正的分配制度与干部培养、选拔、任用和考核制度，以及贯彻目标、责任、绩效和利益等措施，来促进人才成长的优良环境。

3.图书馆管理的能级原理

在图书馆管理的活动过程中，人是决定性因素，所以要"以人为本"。但仅仅认识到这一点还远远不够。因为图书馆成员的知识水平、年龄、职称、学历学位、社会阅历各异，也就是说不同的人具有不同的能量，所谓"因人制宜""量才录用"即是出于这种考虑，这就牵涉到了能级原理。

（1）能级原理的基本含义

人、机构和法规都有个能量问题。能量既有大小，就可以分级，就可以建立一定的管理程序、规范和标准体系。管理的能级是现代化发展的必然产物，正是它构成了现代管理的"场"和"势"，使管理得以有序进行。

图书馆管理的任务之一，就是要建立一个与其要素的能量相对应的具有不同层次及能量的合理的结构体系，使图书馆的各要素及其行为动态地纳入相应的能级中，形成图书馆系统得以良性运行的"场"和"势"，进而达到优化图书馆系统整体功能的目的。这就是图书馆管理能级原理的含义。

（2）图书馆能级的结构优化

优化图书馆的能级结构是图书馆能级动态优化的基础和保证。若对图书馆的能级结构形态做几何学考察，则一个稳定的图书馆能级结构应呈正三角形态。其特点是：上面（战略规划层）最小，中间（战术计划层）稍大，下面（技术操作层）最大。

管理组织的正三角形态属于全稳态能级结构系统，是现代图书馆管理较理想的能级结构形态。其典型特点是：决策层令行统一，政出一门，执行层有章可循，有据可依，从而保证管理的路线、方针和政策能长期稳定地持续下去。能满足管理智力和权力在质上递增、在量上递减的原则。符合现代管理的投入与产出法则，可做到以小投入实现大产出。便于发现各管理能级故障，职责明确，有利于克服官僚主义、遇事推诿等弊端。

4.图书馆管理的动力原理

在图书馆管理系统中，确立了"以人为本"的观念，对人也划分了能级，这是否就意味着图书馆管理活动一定会一帆风顺呢？未必。因为人缺少了动力就不可能充分发挥其潜能，更不可能积极主动地为实现图书馆的目标而奋斗。因此，动力原理也就应运而生。

（1）管理动力原理的基本含义

动力的管理学含义是指推动管理活动向特定方向运动的力量。管理动力具有如下特征：

一是不仅有大小、方向，而且有直接作用的目标。二是它不仅是一种力量，还是一种强有力的制约因素，促使管理组织按特定方式、以特定速度和规模向特定方向运动。三是它形成管理组织有序运动的主要原因，是维持管理组织存在、发展和完善的必要前提。

现代管理强调，管理活动必须有强大的动力，尤其要求管理者要正确地运用管理动力，从而使管理能持续有效地进行下去，并趋向管理组织整体功能优化。这就是管理动力原理的基本含义。

（2）管理动力原理的基本形态

我们认为，激发图书馆系统的高效能，推动图书馆管理行为趋向图书馆整体目标，基本的动力是物质动力、精神动力和信息动力。

①物质动力。图书馆管理的物质动力，是指通过一定的物质手段，推动图书馆管理活动向特定方向——最有效地满足读者的知识信息需求运动的力量。对物质利益追求而勃发出来的力量是支配人们活动的原因。

实践证明，忽视对图书馆系统个体要素的物质激励，否认个体要素合理而正当的利益追求，搞绝对平均主义、吃"大锅饭"，是许多图书馆管理活动失败的主要原因之一。

②精神动力。精神动力既包括世界观、人生观和价值观，也包括精神鼓励（如奖状、信任、关心、先进称号等），还包括日常的思想工作。

精神动力作为一种推动图书馆管理活动趋向优化目标的重要力量，已被越来越多的人所认识。这是因为，作为推动图书馆管理活动的精神力量，一方面依赖于物质力量，并以物质动力作为其存在和发挥作用的前提。另一方面，不仅能大大地影响并制约物质动力的方向，决定物质动力发挥的速度、范围、持久性等，而且一旦精神动力转化成每个人员要素的内心信念，就会对个体要素的行为产生深远而持久地影响。这些都是精神动力的独特作用之所在。

值得一提的是，日常思想工作也是精神动力的一项重要内容。对图书馆管理活动而言，更要引起高度重视。

③信息动力。信息动力是图书馆管理的本质，从某种意义上讲，就是信息输入、存储、加工和输出的活动过程。信息作为动力，同其他动力一样，从特定的角度、以特定的方式推动着图书馆管理活动趋向特定的目标。信息量在迅速增加，而科学知识的老化周期则日益缩短。知识的反向运动及其趋势对图书馆管理提出了特殊的要求。

一个图书馆系统为了维持自身的存在和发展，不仅要输入、处理和输出各种信息，而且应不断地加大有效信息的输入和输出效率，这样才能立足于先进管理之列。图书馆的生存前提，既取决于它的信息加工能力和信息更新周期，也取决于它在向外部环境提供信息质量和数量的基础上所获得的用户市场。当然，我们在图书馆管理活动中既要正确区分有用信息、无益信息和有害信息，还要注意保持信息量的度。

5.图书馆管理的效益原理

效益是管理的永恒主题，图书馆管理自然也不例外。

（1）图书馆管理的效能、效率和效益

图书馆管理的效能是指图书馆管理系统所具备的实现目标的能力，它直接取决于图书馆管理系统的目标是否明确、结构是否合理以及图书馆人的积极性发挥得是否充分。

图书馆管理效率包括两层意思：一是指图书馆管理行为趋向系统目标的速度，即单位元时间内图书馆管理系统所完成的工作量。二是指图书馆管理系统完成单位工作量所需消耗的劳动量（包括知识和物化劳动等）。

图书馆管理效益是指图书馆管理系统为一定的目标、以一定的效率发挥其效能的结果或效果。

（2）图书馆管理效益的根据

①生产方式。从根本上来看，图书馆管理效益是由生产方式决定的。一个社会的生产方式是这个社会劳动者与劳动资料的结合方式，它既是人与自然之间发生物质变换的方式，也是人与人之间的物质交往方式。在这两个方面都伴随着管理活动。

在某种意义上，图书馆管理活动是生产方式的外在表现，有什么样的生产方式就必然会有什么样的管理活动。所以，生产方式既决定着图书馆管理的性质，也决定着图书馆管理的方式。图书馆管理具有什么样的性质和以什么样的方式存在，又直接决定着图书馆管理的效益。因而，生产方式从根本上决定图书馆管理的效益。

②管理者。管理者是管理主体，在图书馆管理活动中居于支配地位，起核心作用。管理者的思想观念、行为方式对图书馆管理效益的影响是十分明显的。这是因为，管理者的思想观念在管理活动中往往表现为管理的指导思想，这种指导思想又会支配管理行动，使其表现出特定的管理行为方式。管理者的思想观念、行为方式对图书馆管理效益的影响，是通过对图书馆管理活动的计划、组织、领导、控制和评价等职能和环节而实现的。

③管理对象。图书馆管理对象是由人力、财力、物力、信息资源等要素组成的一个有机体系，其中，人力是最重要的。尽管财力、物力、信息资源等要素的组合对提高图书馆管理效益具有不可忽视的作用，但这种作用只有通过人的活动才能实现。人的素质水平、工作责任心、主观能动性发挥的程度，往往决定着其他管理对象作用发挥的程度。

④管理环境。图书馆管理效益是通过有效的管理活动实现的，而管理活动又是在外部客观环境的影响下进行的，因此。管理环境也是影响管理效益的一个重要因素。影响图书馆管理效益的环境因素包括政治环境、经济环境、科技环境和社会心理环境。

政治环境是指一个国家的政治形势、法律制度、路线方针政策以及国际局势。经济环境是指图书馆系统之外的经济发展状况，如市场、投资、银行信贷、税收、物价等，这些因素通过价值规律等方面的作用影响图书馆管理的效益。科技环境是指图书馆系统外部科学技术（尤其是信息技术）的发展状况，它通过影响劳动生产率来影响图书馆管理的效益。社会心理环境是指图书馆系统外部的各种社会心理现象，主要包括社会态度、社会期望、社会舆论、消费心理、从众心理等，它们通过对图书馆的精神文化、人际关系以及图书馆成员的心理行为产生影响进而影响图书馆管理效果。

三、我国现代图书馆管理体系建设研究

（一）我国现代图书馆管理建设

1.现代图书馆管理的内涵

众所周知，概念是组成判断的基本要素，而推理和论证又是由判断组成的。所以，概念是思维形式最基本的单位。概念所反映出的事物本质属性（或特有属性）的思维形式，是人们在实践的基础上，经过感性认识上升到理性认识而形成的。概念是用词或短语表达的，是词和短语的思想内容，而词和短语是概念的语言形式。一般情况下，概念有内涵和外延之分。

概念的内涵是指概念所反映的事物的特殊性或者事物的本质特征，它反映概念质的方面，说明概念所反映的对象是什么样的。

概念的外延反映出包含在概念中的不同种类的事物，它反映概念量的方面，即概念的适用范围，它说明概念反映的是哪些对象。因此，鉴于概念在基础理论研究的重要性，我国的一些学者对于图书馆管理都给出了自己的定义。

图书馆的管理概念是因各学者或组织的出发点及角度的不同而产生的不同看法。但依据管理的基本原理来看，其内涵都具有一定共同之处，只不过是将管理的基本原则同方法、技术、手段混为一谈，而产生了一些偏颇。因此，有必要对这些主要的图书馆管理概念相互关系加以分析，对其概念中所具有的内涵加以理解把握。具体可以从以下几个方面入手。首先，图书馆管理是管理学的基本原理在图书馆领域的具体表现，如图书馆管理中重视人力的作用，是管理学基本原理中人本原理的运用。不仅使人力、财力、物质等资源在管理活动的影响下发挥出最大作用，还是系统原理和效益原理的充分体现。对图书馆管理活动进行计划、组织、指挥、协调和控制是动态原理的适用。其次，图书馆管理中要注意把管理学中的各项人本原理、系统原理、动态原理和效益原理等相关理论有机地结合起来，尽量避免因为认识上的偏差而使它们在实际运用中人为地割裂开。

最后，在实际图书馆管理工作中，要使管理的基本原则同管理的方法、技术、手段等有机地联系起来，在基本原理的指导之下，针对图书馆管理工作中出现的新情况、新问题而采取相应的方法、技术和手段。所以，图书馆管理是图书馆在正常运转过程中为了实现图书馆的工作目标，完成图书馆的工作任务，而对图书馆系统内的各种资源进行的活动。

2.现代图书馆管理的特点

图书馆管理是一种存在于社会中的特殊的实践活动，是在对文献信息资源的搜集、整理、储藏、利用过程中形成的管理活动。因此，图书馆管理除了具有一般社会实践活动的客观性、能动性和社会历史性等共性特征外，还具有自己的特点。

（1）综合性

管理是用科学的方法改进管理工作，充分调动人的积极性的一种行为。它主要是以人为中心的管理行为作为对象，发现活动规律，并通过合理的组织和配置人力、财力、物力等因素，提高企事业单位中的工作效率，达到提高生产力的目的。图书馆服务工作的主体是读者，以读者为中心，图书馆的管理者维护图书馆服务工作的正常运行和发展，要解决好人与环境、人与人之间各种关系问题。所以说，图书馆管理实质上是围绕管理和服务进行的，是多种综合的结果。

（2）理论性

图书馆的管理是一项特殊的管理活动。在管理的实际运行中，可以借鉴多种基础理论的研究成果，如管理学、图书馆学、情报学、经济学、心理学等一系列学科。这些学科的某些优秀成果与图书馆管理相结合，并具体运用到实际管理中，使图书馆的管理以深厚的理论为基础，以便能更好地推动图书馆事业的发展，提高图书馆在社会中的地位和作用。

（3）科学性

图书馆管理是一项具有科学性的活动，从图书馆产生之初，人们就知道采用一些方法查找文献信息。因此，在图书馆管理的过程中，人们发现了很多的方法管理和利用文献信息资源，这些方法逐渐形成了图书馆管理工作的规定，有些甚至上升成标准和法律。

（4）组织性

随着图书馆事业的发展，图书馆已经逐渐形成了规模化，图书馆管理活动也复杂起来。管理活动中涉及的各种资源也越来越多，人力、物力、财力、文献信息等资源交织起来影响着图书馆的管理活动运行。对这些资源管理的好坏直接影响着图书馆的正常运行，所以在图书馆管理中要有计划、有目的地去进行管理，图书馆管理是一项系统的、有组织的管理活动。

（5）动态性

管理活动的本身就是要在不断变化的环境中进行。为了应对不同的读者需求，图书馆管理活动要变化，为了文献信息的形式改变管理活动要变化，为了改变的社会环境管理活动也要变化。所以，图书馆管理是一项要随着服务对象、工作环境和社会环境等因素变动而进行改变的活动。只有跟上时代的变化，随时适应影响图书馆发展的各项因素，才能使图书馆符合社会发展的需求，不被时代所遗弃。

（6）协调性

图书馆的管理涉及图书馆各项业务活动和行政管理活动等方面具体的活动。这些具体活动直接影响着图书馆管理能否正确、正常和有序地进行。图书馆管理就是要使这些具有关联性的各种业务活动和行政管理活动中的人际关系、利益关系处于一种和谐、平衡的状态，消除管理活动中的各项不利因素，从而减少内耗、降低摩擦，发挥组织的协同作用，使图书馆有限的人力资源、信息资源发挥出最大的效用。

3.现代图书馆管理环境

（1）图书馆管理的外部环境

①一般环境。一般环境是图书馆管理的外部环境之一，又称为宏观环境，是指对图书馆管理活动产生的影响。一般环境对图书馆的影响虽然不是直接的，但有可能对图书馆产生某种重大的影响。具体包括以下几个方面。

第一，政治环境。政治环境的稳定是图书馆发展的基础因素，国家对图书馆的重视程度直接决定着国家对图书馆的宏观调控政策，财政对图书馆的支持和图书馆管理的对外交流情况。

第二，经济环境。包括社会经济结构、经济发展水平、经济体制和宏观经济政策等几个方面，它们构成图书馆生存和发展的社会经济状况及国家经济政策。

第三，法律环境。图书馆相关的社会法制系统及其运行状态。当前，我国将图书馆和图书馆管理纳入法制化管理渠道，为图书馆的发展提供了稳定发展的基础和保证。

第四，科技环境。是指图书馆所处的社会环境中的科技要素及与该要素直接相关的各种社会现象的集合，包括社会科技水平、社会科技力量、国家科技体制、国家科技政策等。因为科技环境对图书馆的影响巨大，现代图书馆的快速发展与科技发展密切相关，所以关注科技环境有利图书馆的发展。

第五，社会文化环境。包括一个国家或地区的人口、文化教育、传统风俗及道德和价值观念等。这些因素影响着图书馆的数量、文献信息资源的收集方向以及图书馆的服务对象等方面。

②特殊环境。特殊环境又称微观环境，或任务环境。它是指图书馆的组织目标产生和实现直接影响的外部环境因素。特殊环境与一般环境因素相比，对图书馆的影响更频繁、更直接。

第一，读者或用户。是指利用图书馆文献信息资源的人群，是图书馆服务的对象，是图书馆存在的必要条件，对图书馆的影响起着决定性作用。

第二，文献信息资源的供应者。包括出版社、图书馆经销商、数据库的开发者和经营者、信息设备的开发和生产，当然也包括各种信息、技术和服务等。这些供应者提供的产品或服务的数量、质量和价格直接影响着图书馆的文献信息资源的保存程度、质量。

第三，图书馆的竞争者和合作者。网络信息服务使图书馆的发展面临着巨大的困难，它的方便、灵活、丰富性影响着传统图书馆的管理，为此，图书馆的管理要向网络信息服务的管理模式借鉴，以及调整自身的战略目标。同时，与网络信息服务合作，发展自身特色的网络信息服务平台，促进自身发展。

第四，业务主管部门。图书馆与主管部门良好沟通，是保证图书馆朝着既定目标前进的基础之一。

以上这些环境因素构成了图书馆管理的外部环境。外部环境的不确定性和复杂性使图书馆在存在和发展过程中要不断密切关注这些环境的变化，建立一定的缓冲机制和弹性机制，以适应这些因素的影响。

（2）图书馆管理的内部环境

图书馆管理的内部环境一般包括图书馆的文化建设和图书馆的基础条件两部分。图书馆的文化建设是处于一定经济、社会、文化背景下，在长期的发展过程中逐步产生和发展起来的日趋稳定的价值观，以及以此为核心而形成的行为规范、道德规则、群体意识、风俗习惯等。一般可分为三个结构层次。

表层文化即物质文化层次。包括馆舍、馆貌、工作条件、设施配备情况等，是图书馆表层文化的物质体现和外在表现。

中层文化即制度文化层次，是指对馆员和图书馆自身行为产生规范性、约束性影响的部分。主要包括工作制度、责任制度和其他特殊制度等，是图书馆物质文化和精神文化的中介。

内层文化即精神文化层次，包括用以指导图书馆开展读者服务活动的各种行为规范、价值标准、职业道德、精神风貌及馆员意识等。

以上这三个结构层次的文化互相联系、互相依赖、互相影响和互相转化，构成图书馆文化的统一体。对图书馆的管理起到了导向功能、凝聚功能、激励功能、规范功能以及渗透功能。

4.图书馆管理的职能

图书馆作为一种提供信息服务的社会机构，对人类社会文明的贡献是巨大的。17世纪德国的哲学家莱布尼茨就将图书馆归结为人类的"百科全书"，甚至称誉它是"人类灵魂的宝库"。图书馆无论在历史上、现今社会还是未来社会中，都是对人类文明的进步和发展起着不可替代作用的组织。

图书馆管理的职能指的是管理在图书馆的业务、政务管理和职工生活管理过程中所发挥作用，是管理职能在图书馆的具体执行和体现。

（1）决策职能

决策是行动的先导，是最重要的管理职能。一般说来，这项职能是图书馆领导机关的主要功能。当然，为了在图书馆管理的过程中最大限度和最有效地发挥决策职能，还应该实现管理决策的科学化、民主化，还必须建立健全民主决策制度，注重信息的公开化。因为决策不仅仅是方案的一次性选择，实际上行政决策贯穿于图书馆管理过程的始终，管理的其他各项职能都离不开决策活动，整个管理实际上是一系列决策的总汇。可以说，管理就是决策。

（2）计划职能

计划职能是指图书馆各个部门为了实现既定的行政决策目标，对整体目标进行科学分解和测算，并筹划必要的人力、物力，拟定具体实施的步骤、方法以及相应的政策、策略等一系列管理活动。具体包括计划的制订、计划的执行和计划的检查监督等环节。其目的是使图书馆的各项工作能够有计划、有步骤、有方法地进行，以杜绝领导工作的随意性，避免对图书馆管理的消极影响。

（3）组织职能

图书馆管理组织职能的目标就是具体落实和实现决策和计划，是实现管理目标和管理效能的关键性职能。组织职能具体包括：对图书馆各种工作机构的设置、调整和有效运转；对各机构职权的合理划分；对全馆工作人员的选拔、调配、培训和考核；对资金、固定资产和其他物品的安排和有效利用；对执行活动中的各项具体工作进行的督促、检查和指导等。

（4）协调职能

图书馆管理中的协调职能，是指对图书馆行政部门、业务部门以及全体工作人员之间的各种工作关系进行调整和改善，按照分工协作的原则，互相支持、密切配合，步调一致，共同完成本馆内预定的任务和工作。

现代图书馆管理，是专业化协作的管理，没有协调要达到共同目标是不可能的。因此，协调是管理运行过程中的一项职能，具体内容包括：协调行政管理机构之间，业务管理机构之间，行政管理和业务管理机构之间，工作人员之间，工作人员与行政管理部门，业务管理部门之间，与本单位之外的政府、企事业和其他组织之间的关系。

（5）控制职能

控制职能是指管理按照行政计划标准，衡量计划完成情况并纠正计划执行中的偏差，以确保计划目标的实现。图书馆管理的控制职能贯穿于行政管理的各个方面和全过程。

做好控制职能一般要注意以下几个方面。

①确立控制标准。使各项工作有可衡量的指标，以采取正确的纠正措施。

②对管理行为的偏差进行检查和预测。对图书馆管理工作的实际结果与质量标准监测，获取管理工作的偏差信息，为下一步采取控制措施提供依据。

③采取相关措施对图书馆管理工作的行为和过程进行调节。即判断管理行为偏差的性质和层次，确定偏差的程度和范围，找出产生的原因，制定相应具体的纠正措施。

④实行有效的监督。即根据行政目标、计划和控制标准，监察、督导行政过程的正常发展和行政系统的有序运转。

总之，图书馆管理的职能是图书馆各个机构设置和改革的重要依据，也是管理运行的必需环节，科学地认识、确定管理各方面、各阶段的职能和保持它们之间的有机的联系，并适应环境和形势的变化及时地转变职能，对图书馆进行有效地管理，具有十分重要的意义。

第二节　智慧图书馆管理的目标管理

一、图书馆目标管理的内涵

（一）图书馆目标管理的定义

图书馆目标管理是指图书馆中的上下级一起参与图书馆目标的制定，由此决定上下级的责任和分目标，并使其在目标实施中实行自我控制，并把这些目标作为图书馆经营、评估和奖励每个部门和个人贡献的标准，以努力完成目标的一种现代管理方法。

对图书馆目标管理的概念可以从以下四个方面来理解。

第一，图书馆目标管理是一种参与形式的管理。目标的实现者同时也是目标的制定者，即由上级与下级共同确定目标，上下级共同协商，制定出图书馆各部门直至每个员工的目标，用总目标指导分目标，用分目标保证总目标，形成一个目标手段链。因此，应强调自我控制，通过对动机的控制达到对行为的控制，对权力下放的过程进行管理。

第二，图书馆目标管理力求将图书馆目标与个人目标紧密地结合在一起，以增强员工在工作中的满足感，调动员工的积极性，增强图书馆的凝聚力。

第三，图书馆目标管理层次包括：图书馆整体发展战略目标、图书馆年度目标、各部门目标和馆员个人目标。目标管理以图书馆战略目标为前提，以图书馆年度目标为依据，将各种任务、指标层层分解到各部门和每个人。

第四，图书馆目标管理实施的关键要事先制定图书馆合理的任务指标体系、考证因素分值体系和奖罚标准体系，事中进行过程管理，检查考评目标的执行情况，事后按工作绩效和约定的奖罚标准及时兑现奖罚。

（二）图书馆目标管理的特点

1.图书馆目标管理是面向未来的管理

目标是一定时期内个人或集体活动预期要达到的结果（效果）。这就决定了目标的未来属性。当然，面向未来进行管理，不是否定图书馆过去的历史经验，不是不重视现实情况。而是不被传统的经验所束缚，不为现实的情况所困惑，把注意力和工作重点放在对图书馆未来的谋划上（即选择和确定目标）。

2.图书馆目标管理是系统整体的管理

有组织的集群活动之所以比个人的力量大，之所以能完成个人无法完成的任务，把分散的个体结合为一个整体——组织系统，而图书馆管理活动是在组织系统内进行的。由于图书馆管理活动的这种系统特性，就决定了必须以共同的目标来统一全体人员的思想和行动，实行系统整体管理，才能获得好的绩效。

为什么说图书馆目标管理是一种系统整体的管理？

第一，目标是图书馆系统功能的集中体现，是评价管理绩效的根本标准，因而抓住了目标也就把握住了整体。

第二，图书馆全体员工参加了管理活动。通过目标制定与分解过程，把图书馆内全体人员动员起来参加管理活动，参与对未来的谋划。这样既有利于使全体人员明确图书馆的共同目标，加强整体观念，又有利于明确各部门、各个人为实现共同目标所应承担的任务和目标以及在图书馆系统中所处的地位和作用，从而达到运用目标系统实施系统整体管理的目的。

第三，明确了目标也就明确了工作重点，有利于按"保障重点，兼顾一般"的指导原则对全部工作进行统筹安排，指导图书馆各部门和各个人的行动，防止"各唱各的调"的现象发生，从而达到保证整体和提高管理绩效的目的。

3.图书馆目标管理是重视成果的管理

获取尽可能好的成果，是人们从事各种活动的共同愿望。然而，对于图书馆管理活动，怎样才能获得尽可能满意的成果？为此，首先必须搞清楚什么是图书馆管理活动的成果。

由于图书馆管理是有组织的集群活动，所以图书馆管理活动的成果是指图书馆的目标水平和目标达成度，即目标成果。目标水平高、目标达成度高，图书馆管理活动的成果就大，反之就小。那么，什么是图书馆的目标成果？目标成果是由图书馆的基本任务——最好地满足读者的知识信息需求决定的，即将基本任务转化为目标的那部分成果。如果抓不住目标成果，就是本末倒置了。

4.图书馆目标管理是重视人的管理

人是管理的核心和动力，没有积极性是不能把事情办好的。人既是图书馆系统的管理者，也是被管理者，只有建立良好的人际关系，才能使图书馆管理产生好效益。

然而，怎样调动图书馆人的积极性，协调好图书馆人的人际关系？图书馆目标管理强调的内容包括以下三个方面。

第一，目标要经过上下级充分协商以后由下级自己制定目标，不要强行指定任务，并且上级还要为下级创造实现目标的条件，以提高下级实现目标的信心和主动性。

第二，用目标指导行动，要求上级少干预下级的工作，发挥下级自主管理能力，以创造施展才华的环境。

第三，明确目标，使图书馆员在从事某一项活动之前，就知道活动的目的和要取得的具体成果，使"软"的管理变成可以看得见的"硬"管理，既增加压力，又增加动力，以激励图书馆员为实现目标去奋斗。

二、图书馆目标管理的基础工作

图书馆目标管理作为一种管理制度和管理思想，是以目标为中心来进行的一系列有组织活动。它与其他管理制度一样，需要建立在一定的基础工作之上。

（一）图书馆目标管理基础工作的概念

何谓图书馆目标管理的基础工作？简单地说，图书馆目标管理的基础工作就是为建立图书馆目标管理制度打根基的起点性工作。从管理学角度分析，可以理解为建立目标管理制度和发挥各项专业管理的作用而提供的必不可少的经常性工作。由于图书馆类型和规模不同，不同类型和规模的图书馆担负的任务也有差异，因而不同类型、不同规模的图书馆实施目标管理所需要的基础性工作也各有侧重。但是，它们共同的基础工作应包括基础知识教育、标准化、责任制和信息工作四项。

不管什么类型、什么规模的图书馆，只要实施目标管理，这四项工作都必须先期做好。其中，基础知识教育是先导，标准化是依据，责任制是核心，信息工作是纽带。它们组成一个有机的整体，缺一不可。

（二）基础工作与图书馆目标管理的联系

1.基础知识教育与图书馆目标管理的联系

基础知识教育是指为提高馆员的基本素质而进行的有关本职业、本岗位的职业道德、技术业务和纪律教育，其主要内容包括履行岗位责任制的应知应会教育、职工守则、馆规馆纪、安全卫生知识教育、目标管理基本理论和方法教育等。基础知识教育是图书馆推行目标管理的先导。

2.标准化与图书馆目标管理的联系

标准化是以制定和贯彻统一的标准为核心的一系列活动过程，它是现代图书馆管理的重要手段。没有标准化，就没有专业化和高质量，就会给图书馆系统造成混乱。

标准化与图书馆目标管理之间具有密切的联系。

有些标准可以纳入目标体系，成为重要组成部分。图书馆目标是在一定时间内预期达到的目的和成果的综合反映，具体表现形式包括目标方针、目标项目和目标值三部分。其中大部分目标值实质上就是标准，或者说是将那些符合主观条件的标准转化成为目标值。

3.责任制与图书馆目标管理的联系

责任制是以提高图书馆管理效益为中心，以正确处理图书馆、读者和馆员三者之间的利益关系为基本原则，明确规定图书馆系统内部各个部门及各类人员的职责和权限的一种管理制度。

责任制与图书馆目标管理的内在联系表现在以下两个方面。

第一，两者都是一种重要的管理制度，都要以正确处理图书馆、读者和馆员三者之间的利益关系为基本原则，以提高图书馆管理效益为出发点和归宿，以充分调动馆员的积极性为基本手段。第二，图书馆目标展开、分解以后，必须将目标责任落实到人，这就要以责任制作基本保证。正因如此，责任制是图书馆目标管理基础工作的核心内容。

4.信息工作与图书馆目标管理的联系

信息是管理的最基本要素之一，管理活动离不开信息。同样，图书馆目标管理也离不开信息，确定目标需要获取大量信息为依据，展开目标需要加工处理信息，实施目标需要不断反馈和分析信息，评价目标需要整理和存储信息。

图书馆目标管理的过程就是信息的传递和变换过程。因此，信息工作是图书馆目标管理基础工作的重要内容，是使图书馆目标管理得以正常运转的纽带和桥梁。

（三）图书馆目标管理基础工作的特点

图书馆目标管理的基础工作主要具有以下三个特点。

1.先行性、连续性和稳定性

基础工作大多建立在各项专业管理之前，并贯穿于整个图书馆管理活动过程。本书以标准化为例进行论述。标准化就是制定标准和贯彻标准的一系列活动：在推行目标管理时，确定目标应以标准为依据，实施目标和绩效审核也同样离不开标准，所以说它既具有先行性，也具有连续性。此外，尽管随着形势的发展和认识的深入，基础工作在内容和方法上要不断发展，但在一定时间范围内一般会保持相对稳定性。

2.空间上的低层次性和群众性

基础工作一般发生或作用于较低层次，属于很具体的工作，往往牵涉许多一线员工。它们是图书馆各项专业管理职能发挥作用的前提和依据，所以必须围绕图书馆系统总目标踏踏实实地去做，应设置相应的组织机构或专职管理人员，做到基础工作的扎实可靠。

3.内容上的多维性和多层次性

多维性是指基础工作包括多种不同的角度和多个方面，它们相互交叉、相互渗透，又能各自单独地发挥作用。多层次性则是指其工作内容涉及图书馆系统的各个层次、各个岗位、各类人员。因此，图书馆全体人员必须共同努力才能做好基础工作。

三、图书馆目标管理的方法

图书馆目标管理过程依序涉及三个环节，即图书馆目标的设定、图书馆目标的实施和图书馆目标成果的考评，图书馆目标管理就是围绕这三个环节的循环来运行的。

（一）图书馆目标的设定

设定目标是图书馆目标管理的第一步工作和关键环节。目标是图书馆目标管理的依据，只有制定出既符合图书馆实际情况又有利于图书馆长远发展的目标，才能使图书馆目标管理活动收到好的成效。

1.设定图书馆目标的依据

确定目标是图书馆内外条件统一的过程，即馆内条件与馆外因素的有机结合。因此，按"充分、必要"的原则处理好目标与条件的关系，是正确设定目标、保证图书馆目标管理绩效的基础。

（1）馆内条件

确定目标时的馆内条件包括图书馆的人力、财力、物力、信息力等实力情况，图书馆人员素质与管理水平、上期目标或任务的完成情况等。这些条件是确定目标的内在基础，其中，人力、财力、物力、信息力等实力是确定目标的资源基础。人员素质和管理水平直接关系到资源的合理使用和作用的充分发挥，而上期目标或任务的完成情况在一定程度上代表了图书馆的基础和人员水平。

（2）馆外因素

首先是图书馆主管部门的要求。主管部门的要求包括：上级下达的目标、上级下达的任务和指令性计划，这是图书馆确定本馆目标的基本依据。

其次，还有一些政治、经济、法律、技术和自然的因素。政治因素是指国家制定的有关科学、教育和文化事业发展政策，尤其是图书馆事业发展政策。经济因素是指国内外经济形势（如书刊价格走势、通货膨胀率、图书进出口贸易等）法律因素是指知识产权法（尤其是著作权法）和图书馆法的立法状况。技术因素是指科学技术的发展水平，尤其是新型信息技术的开发与应用状况。自然因素是指气候、地理位置等自然环境条件。

这些因素都是确定图书馆目标的约束条件和客观基础，必须对它们进行深入的调查研究和分析。

2.设定图书馆目标的要求

（1）关键性与全面性结合

确定目标时，既要从图书馆的基本任务出发，全面考虑，又要突出重点和关键性工作。所谓全面性，是指目标要能反映图书馆的全面工作，体现图书馆的基本任务，使下属的各个部门乃至各个人都有目标。所谓关键性，是指目标不能包罗万象，不能把全部工作都列入目标，必须突出重点，抓主要矛盾。这样才不至于造成人力、财力、物力的过于分散与领导精力的过于分散。在有多个目标的情况下，要区分目标的主次，从资源分配上优先保证重点目标。

（2）灵活性与一致性结合

系统原理告诉我们，构成系统的各要素之间必须有合理的结构、有序的联系，才能使系统的整体功能得以发挥。因此，确定图书馆目标时，必须使本级目标同上级目标保持一致，使分目标与总目标保持一致，以保证上级目标和总目标的实现。同时还要从本级的实际出发，使目标具有一定的灵活性，要发挥本级的优势和长处，使目标有一定的弹性，能够适应未来的发展和信息环境的变化。

这种灵活性与一致性的结合，既能保证上级目标的实现，又能充分发挥本级的主观能动性，提高图书馆管理绩效。

（3）可行性与挑战性结合

图书馆目标是激发和调动人们积极性的动力。目标没有挑战性，不用付出多大努力就唾手可得，就没有激励作用，也无助于提高馆员的能力。但如果目标定得过高，经过努力也无法达到，既会使人感到可望而不可即，又会使人们丧失信心，挫伤人们的积极性。只有把可行性与挑战性恰当地结合起来，才能发挥目标的激励作用，鼓舞和团结人们为之奋斗。

（4）具体化与定量化结合

图书馆目标不应该是一句空洞的口号，应该是"看得见、摸得着"，使人们在实施目标的过程中努力有方向，检查有依据，考核有标准。为此，目标应该明确、具体，尽量用定量的指标描述。对于难以量化的目标，也应该尽量具体化，定出衡量的标准，便于实施和考核。例如，对于阅览室的工作人员，一般不宜用进阅览室的读者人次来衡量其工作业绩，但可以借助书刊丢失率、书刊破损率、环境卫生状况、书刊归架准确度、读者投诉人次等指标来间接考核其工作业绩。

（5）指令性与民主性结合

设定目标是图书馆领导者的重要职责，应由领导者决策。而且目标一旦确定，就要贯彻实施，务求实现，不允许有背离目标，同目标方向不一致的行动。这是设定图书馆目标过程中的指令性一面。

但是，设定图书馆目标不是领导者一个人的事。领导者个人的能力、经验、智慧都是有限的，要顺利而正确地设定目标，必须依靠群体的智慧与才能。这既包括发挥智囊机构的作用，也包括发动下级管理者和广大群众参与目标的制定，走群众路线。

3.设定图书馆目标的程序

一般来说，图书馆可按以下步骤来设定目标。

（1）正确理解图书馆的整体目标，并向下属传达目标与方针

目标管理的指导原则之一是每个管理人员都要承担帮助上级实现目标的责任。换句话说，图书馆每一个管理人员在他的上级目标中，都有他的一部分活动。为了达成图书馆的整体目标，首先应由图书馆决策层确定目标和方针，然后下属由此决定自己的目标。

如果图书馆决策层不能向下属明确传达整体目标和方针，那么下属因不了解图书馆的目标，不仅工作的积极性会受到挫折，而且在理解部门目标及制定个人目标时可能出现偏差。

（2）在设定自身目标前，充分进行横向讨论

下属设定目标前，应注意理解上级的目标及方针，并与横向的关联人员进行充分讨论。只有经过充分讨论，明确了相互之间的关系，才算真正做好了设定自身目标前的准备工作。

（3）下属设定自身的目标（部门或个人目标）

经过上面的步骤后，下属就可以开始设定自身的目标了。但下属在设定自身的目标时，一定要注意自己的目标必须与上级的目标相关联，不能是孤立的。只有这样，图书馆目标管理才会因目标的实现而取得预期的效果。在设定目标时，如果需要上级的支持，也应该同时向主管明确表示。

（4）进行纵向讨论，检查是否与上级目标一致

虽然目标最后由本人自主设定，但这并不是说目标设定了以后就可以一劳永逸。不光自己要时时检查设定的目标与上级目标是否一致，上级也要时时检查各个目标是否与整体目标相关联。

如果设定的目标不切实际，上级还要与该员工进行深入而诚恳的讨论，并在相互了解的基础上加以调整。

（5）列出可能遇到的问题，并找出相应的解决方法

这一步骤容易被忽略，但实际上它对于图书馆目标的顺利达成很重要。所谓有备无患，制定目标时应该具备风险意识，也就是对目标在实施过程中可能出现的问题，障碍制定应急预案。

（6）列出实现目标所需要的技能和知识

在所有影响图书馆目标实现的因素中，人的因素始终是第一位的。但这并不是说每个人都能胜任实现目标的工作，实现目标离不开必要的技能和知识。就像打仗的时候我们需要列出必备的武器一样，在这里我们列出所需要的技能和知识，然后有针对性地去加以补充，两者的道理其实是一样的。

（7）列出为达到目标所必需的合作对象和外部资源

图书馆活动并不是孤立进行的，而是在与许多外部组织发生相互作用的过程中展开的，如出版社、图书公司、书店、科研部门、企业、主管部门等，就常与图书馆发生联系。

有时，图书馆的目标直接来自相关部门（如企业委托咨询课题），因此要达到目标，必然少不了相关部门的合作与支持，甚至要利用一些必要的外部资源（如馆际互借）。

（8）确定目标体系

整理图书馆整个目标体系，不但易于明了各目标之间的关系，也便于让图书馆管理人员做调整。同时也可以对各个目标的关系位置一目了然，提升员工个人的参与感。

（9）确定目标完成的日期并对目标予以书面化

目标制定的关键之一就是目标完成日期。在目标制定之后，还要用书面形式确定下来，这是图书馆目标管理规范化的一种表现。目标加以书面化以后，不仅不会引起疑虑和争论，而且有利于目标检查和工作考核，也便于目标的修订。此外，目标书面化一定要落实到专人专项，最好是让下属将最终确定的工作目标进行整理，做成两份正式的书面材料，一份留给自己，作为后续工作的参考，另一份交给上级主管，以此对员工的工作进行检查。

（二）图书馆目标的实施

1.图书馆目标实施的内涵

目标实施是实现图书馆目标的过程。在实施图书馆目标之前，应将图书馆总体目标分解成若干阶段工作目标，对每一阶段的工作目标都应制订详尽的工作计划。在实施目标的过程中，图书馆领导或部门负责人应与员工沟通，了解目标的完成情况，诸如项目进行到什么地步了？项目是否按规定的时间、质量完成？领导者应了解员工在目标完成的过程中需要哪些支持，并督促其完成项目。

图书馆目标实施包括：设计目标完成各阶段时间表、质量记录文本等内容。过程要点的检查监督与记录以及阶段评估。目标执行过程中的调整，检查反馈沟通记录。

2.图书馆目标实施的影响因素

（1）对图书馆目标的期望强度

人们对目标的期望强度基本决定了实现目标的可能性，因为人们对目标的期望强度决定了为实现目标而付出的努力。期望强度越高，人们的付出就越多，积极性和动力也越大，目标实现的可能性越高。

（2）对图书馆目标的认同感

一般来说，人们总是对自己不认同的那些目标缺乏兴趣，相应地实施该目标的动力也不足。同样，目标只有获得了管理者的认同，才会得到支持而顺利实现。组织目标与个人目标的紧密结合，可以增强员工的满足感、积极性和凝聚力。

（3）图书馆目标实施过程中的自我评估

在达到目标的过程中，不断进行自我评估，不但有利于提高自己的能力，还能帮助员工掌握进度，对目标的执行进行有效的控制。

（4）图书馆目标实施情况的反馈

反馈是组织中常用的激励策略和行为矫正手段，目标与反馈结合在一起更能提高图书馆绩效。目标给人们指出应达到什么样的结果，同时它也是个体评价自己绩效的标准。反馈则告诉人们这些标准满足得怎么样，哪些地方做得好，哪些地方尚待改进。在图书馆目标实施过程中进行反馈，有利于目标的顺利实现，防止实际情况与目标发生偏离。

（5）对图书馆目标实施过程的多点控制

在图书馆目标的实施过程中，通过上下级共同制定目标、共同监督，可以对目标进行调整并对目标的实施情况进行控制。这不但可以保障目标按照预期的方向顺利实现，而且可以提高上下级对工作的控制管理能力。

3.图书馆目标实施过程中的控制

（1）制订工作计划

制订工作计划包括两个方面：一是确定完成任务的各阶段工作计划。二是检查完成各项工作计划所需的资源。

（2）明确目标实施过程中的授权

授权就是分配他人具体任务以及完成这些任务的权力，同时双方对如何评估任务结果的方法达成一致意见。制订好目标的工作规划及确定完成任务所需的资源后，要根据目标的规划及资源状况进行授权并分配相应的责任。通过授权，让图书馆每个部门直至每位员工能更有效地实现自己的目标任务。

（3）进行目标跟踪

在执行图书馆目标的过程中，对目标的跟踪有以下几个方面：一是衡量工作进度及其结果。二是评估结果，并与工作目标进行比较。三是对下属的工作进行辅导。四是如果发现严重的偏差，找出原因并加以分析。五是采取必要的纠正措施，后者变更计划。

（三）图书馆目标成果的考评

1.图书馆目标成果考评的原则

所谓目标成果考评，是指图书馆管理者在目标管理实施过程结束后。将所取得的工作成果与之前确定的目标项目标准进行比较，从而对目标的实现情况进行衡量，并总结目标管理活动的经验教训，然后以此为依据对图书馆成员进行适当的奖励和惩罚，以便在更高的起点上开始新一轮的目标管理循环。

图书馆目标成果的考评对于充分发挥目标管理的导向作用和激励员工具有重要作用，它关系图书馆目标管理是否做到善始善终，以及能否在新的起点上开始更高水准的循环。因此，必须确保成果考评的科学性和准确性。这就要求我们在目标成果考评过程中，必须严格遵循以下主要原则。

（1）目标性原则

成果考评的基本尺度就是目标本身。因此，必须按照目标所给定的各类定性和定量的项目指标对目标成果进行考评，切不可偏离目标，以免考评成果失去原来的意义。

（2）客观性原则

在目标成果考评过程中，图书馆考评人员应该从实际情况出发，实事求是，不能弄虚作假。作为考评工作负责人，必须客观地评价每一个下级的目标实现情况，做到一视同仁，避免由于掺杂个人感情而造成的主观偏见。作为执行目标的人员，则要做到不夸大成果和实施困难，通过成果考评，客观地认识自己，找出自身的缺点和不足，以便正确树立开展下一轮循环的态度。

（3）激励性原则

成果考评的目的，是通过对整个图书馆推行目标管理活动的考评来检查图书馆成员的工作能力与绩效，并以此为依据进行奖惩，以激发图书馆成员的工作热情和拼搏精神。为此，在考评活动中，必须严格按照评价标准分清功过是非，充分运用考评的结果，达到奖勤罚懒、鼓励先进、鞭策后进，推动图书馆成员整体素质、士气和工作水平不断提高的目的。

（4）自我考评与上级考评相结合的原则

自我考评和上级考评是图书馆目标成果考评的两个方面，它们既有联系，又有区别。所谓联系，是指两者的内容和方法基本相同，目的一致。所谓区别，是指两者的角度和要求不同。自我考评只是站在个人和局部的角度对成果进行评价，上级考评则是从较高的层次和全局性的某个角度来对成果进行评价。由于角度不同，往往对成果考评的结论也就不尽相同。

在两者的结合中，要坚持以自我考评为主，辅之以上级考评。只有这样，才能充分调动双方的积极性，特别是可以促使下级积极参与成果评价，使成果考评比较符合客观实际，从而提高整个图书馆目标成果考评工作的效用。

2.图书馆目标成果考评的内容

图书馆目标成果考评的内容包括目标状况、实施手段和工作态度三个方面，又可细分为目标的实现程度、目标的实现进展、目标的难度比较、实施手段的优劣和工作态度的考评等具体指标。

（1）评价目标的实现程度

目标的实现程度是以目标值作为考评尺度的。目标值是目标的具体形式，在考评阶段将实际成果与目标值加以比较，就可知道目标的实现程度。正常情况下，原定的目标值到目标实施过程结束不会发生什么变化，自然要成为成果考评的主要依据。

但在目标实施过程中，有时会出现一些新的情况，最初提出的目标值会因为外界条件发生变化，而直接或间接地影响目标完成。这些变化造成的影响，有的可以通过目标执行者的努力来消除，有的则是主观能力难以消除的。为了正确地反映目标状况，就有必要根据外界客观条件的变化，适当地调整目标值并加以最后确定。

（2）评价目标的进展情况

目标是一个向量，不仅有质与量的要求，还有时间的要求。特别是对于那些工作过程有前后联系和逻辑顺序的部门或个人来说，对预定目标的进度要求往往很高。因此，在图书馆目标成果考评中，有必要对目标的进度加以评定。

（3）目标难度的比较

目标难度是指根据目标任务的性质、客观条件和外界因素等的不同，为实现预定目标时所付出的代价和努力的大小不同。图书馆不同的工作部门、不同的岗位，目标的难度往往各不相同，如参考咨询工作和流通阅览工作相比，其难度就大不一样。

因此，在图书馆目标成果的考评过程中，只注重目标的实现程度而不考虑目标难度的做法，并不能全面衡量目标执行者的业绩和能力。只有把目标实现程度和目标难度结合起来考虑，才能对目标成果做出较为全面地评价。

（4）评价实施手段的优劣

实施手段是实现目标的工具和方法，也是实现目标的基本保证。没有实施手段，图书馆目标任务就不能实现。一项好的实施手段，不仅能保证和促进图书馆目标的实现，而且能使目标执行者取得更大成果，充分反映出目标执行者的智慧和才能。

一般来说，对实施手段的评价主要涉及三个方面：一是评价其在技术上的先进性。二是经济上的合理性。三是内容上是否具有创造性。

（5）对工作态度的考评

工作态度是指在图书馆目标推行过程中，目标执行者个人的积极努力和发挥主观能动性的情况，它反映了人的精神风貌。对工作态度的考评，应从工作热情和协作精神两个方面着手。饱满的工作热情是实现图书馆目标的重要保证，也是图书馆具有活力的基础。协作精神是指目标执行者在工作过程中，能否主动协助他人解决困难，以及是否主动为共同目标执行者或相关人员实现目标创造良好的环境。

第三节　智慧图书馆建设知识的管理

一、图书馆知识管理的内涵

知识管理是开发知识价值的工具和保障，也是知识创新体系的内在动力。因而知识管理成为一种备受社会推崇的管理思潮。这种态势巩固了知识作为社会战略资源的地位，增强了社会开发利用知识的信心。

知识管理不同于信息管理，信息管理是实现组织目标，满足组织要求，解决组织的环境问题，从而对信息资源进行开发、规划、控制、集成、利用的一种战略。从狭义上讲，指对信息加以管理，信息是被管理的对象；广义还包括与信息有关的人、机构、设备、环境等。信息管理的目标有效满足信息需求，并通过资源的配置来实现其目标。而知识管理则是组织开发必要的环境和条件来推动社会知识的创造和传播。

通过知识共享，运用集体的智慧提高应变和创新能力。信息管理是知识管理的基础，知识管理是信息管理的延伸和发展，与信息管理相比，知识管理在管理对象、管理方式和技术以及管理目标上均有所拓展和改进。

（一）图书馆知识管理的基本内涵

图书馆作为一个从事知识与信息的搜集、选择、组织、储存、分发和服务等知识管理领域工作的组织，如何在新环境下更新传统管理观念，积极吸收现代知识管理理念，开展知识创新服务，充分实现知识的价值，已成为图书馆发展的关键。

1.知识管理的定义

关于知识管理的定义众说纷纭，有人认为"知识管理是通过重用组织的智慧和经验来推动革新的过程"，有人提出"知识管理是一个以整套及协作方式来促进信息资产的创造、捕获、组织、获取和使用的一种学科"，美国俄亥俄大学图书馆李华伟博士认为："知识管理是把有关及有用的知识通过确定、组织、合并、综合和创造性使用的过程。"其基本含义是：知识管理是对知识进行收集、加工、组织、传播并创造性使用的行为。

知识管理是一种致力于将组织的智力资源——记录信息和员工头脑中的智慧转化为更大生产力、竞争力的信息管理策略与理论，它通过对知识系统化、组织化的管理，强化企业集体知识的获取、开发管理、知识再造及自主学习意识和水平，通过提高知识生产率来提高劳动生产率。图书馆的知识管理，就是通过对显性知识和隐性知识的管理，运用集体的智慧提高创造能力和应变能力，提高知识服务的效率和能力，是在知识经济时代以人为本的管理。图书馆实施知识管理的最终目标是向所有需要知识的人们提供最有效率和效益的服务。

2.知识管理的主要内容

图书馆知识管理是通过对图书馆所拥有的包括信息、各种知识要素在内的所有智力资本进行组织和开发，实现知识创新、知识扩散和知识增值的过程，其主要内容包括以下三个方面。

（1）知识创新

知识创新是一个民族的灵魂，是一个国家兴旺发达的不竭动力。在知识经济时代，国家的创新能力是决定一个国家在国际竞争和世界总格局中的地位的决定性因素，一个拥有持续创新能力和大量高素质人力资源的国家，将具备发展知识经济的巨大潜力，因此，世界各国都把鼓励知识创新作为发展科技和经济的基本国策。

发展图书馆学必须进行知识创新，用创新思维对图书馆学进行学科更新和重建，现代图书馆根植于现代信息技术的土壤，是一种网络环境下的全新形态，具有与传统图书馆完全不同的理念追求、运作方式和管理模式，要有效地从事图书馆工作实践，必须有相应的理论指导。因此，在新的实践基础上，开展图书馆学研究，发展和创新图书馆学便成为现代图书馆知识管理的重要内容。

（2）知识组织与开发

知识组织是指把知识客体中的知识因子和知识关系表示出来，以便人们识别和理解。对图书馆来说，知识组织就是在信息获取和信息处理的基础上，通过知识挖掘，对信息进行精简、提取，发现隐含在信息中的有用知识，并对其进行集合组织的过程，知识组织是图书馆知识管理的基础内容。

图书馆的知识开发是在知识组织的基础上，根据读者的要求和图书馆发展的特定目标，通过知识重组和知识再造，形成读者决策所需要的知识解决方案或适合需求的知识产品的过程。

（3）知识服务

知识服务是图书馆连接读者的纽带。在知识经济时代，直接支持读者知识应用和知识创新过程的知识和能力，成为图书馆的核心智力，基于这种核心能力的知识服务是图书馆实现其社会价值、参与知识市场竞争的有效手段，在图书馆知识管理中占有重要地位。

（二）图书馆知识管理是图书馆管理的创新

1.理念创新

图书馆知识管理是通过运用知识管理的手段和理念，对图书馆的各种资源信息进行科学合理的使用和配置，使图书馆在满足用户综合需求的同时，提升图书馆的各项功能。知识管理与传统的管理模式存在以下区别：

（1）理论基础有区别，以往的图书馆管理是以管理学为理论基础，而图书馆知识管理是以知识管理理论为基础。

（2）管理对象有区别，传统的图书馆管理对象通常为书籍信息、技术手段、费用、设备、建筑、人员等，而知识管理的对象则是技术、物资、人力、知识、信息等组成的知识管理体系。

（3）管理侧重点有区别，图书馆管理工作一直都是秉承以人为本的管理理念，可是很少有图书馆能够落到实处，导致图书馆管理工作沦为普通的事务性管理。而图书馆知识管理可以充分体现以人为本的管理理念。

2.内容创新

（1）知识创新管理，对传统的图书馆管理学的概念以及理论进行革新。现代图书馆管理必须要以知识流为主线，对业务流程进行重组和创新是管理工作的关键，研究如何从文献采访转变成知识搜集的途径和方法。

（2）知识应用管理，图书馆要满足用户的需求，为科研机构、社会团体、政府机关、企业建立信息中心或者虚拟图书馆，为用户开拓深层次、多样化服务。

（3）知识传播管理，加强促进知识源同知识寻求者、知识提供者同知识寻求者之间的联系，保证知识匹配的、准确的、及时的传送。

（4）知识服务管理，现代化图书馆要帮助用户运用知识和开发知识，使图书馆可以更全面、更关键、更直接、更高层次的支持用户完成知识的创新和知识的应用。

（5）知识产权管理，现代图书馆要充分研究在网络环境下遇见的知识产权保护问题，并且提出解决新方法以及新策略。

3.职能创新

图书馆管理工作具有控制、协调、指挥、计划、组织、决策等六种主要职能，图书馆知识管理实现传统管理模式的职能创新，具体体现在：

（1）外化，以外部储存库的形式来存储知识，根据分类的标准或者框架组织知识。

（2）内化，发现与需求有关联的知识结构，从外部储存库提取知识，用合理的方式进行信息展示或者重新布局，通过信息过滤查找出用户想要的知识或者信息内容。

（3）中介，主要指将相关领域的知识和人联系到一起，通过文件管理、工作流、内部网以及群件进行固定、明确的知识传送和匹配。

（4）共享，帮助管理人员在知识库中提取有用的知识，或者从中获得智慧和启迪。

（5）学习，帮助个人解决学习中遇见的问题，包括学习方法、学习程度、学习内容，涉及知识的共享、积累、整理以及收集，激励员工不断更新知识存储量，将图书馆打造成学习型组织。

（6）创新，通过中介、外化以及内化实现知识的创新。

4.原则创新

以往的图书馆管理强调效益原则、动力原则、民主管理人员、集中统一原则以及系统原则、而图书馆知识管理打破这些条条框框，具体原则如下：

（1）开放性。通过建立开放式的知识管理平台，用户都可以在管理平台上添加新知识，同时利用和吸收外部知识，使知识库更加丰富。

（2）共享性。图书馆用户在完成知识共享的过程中，其知识储备量也在不断增加，知识共享是一个需要接受者和转让者一起参与的过程，因此，用户在转让知识的同时，也能使知识深化，获取新知识。

（3）激励性。图书馆建立激励系统，包括知识奖惩制度、知识绩效制度、知识明晰制度以及知识运行制度，针对不同员工采用不同的激励方式。

（4）挖掘性。图书馆要充分认识知识的价值，挖掘知识的价值。

（5）协作性。图书馆团队协作至关重要，通过团队活动可以充分挖掘知识资本，并加以资本化和形式化，知识在共享后，知识拥有者才能和知识相对独立，当图书馆管理员离开后，知识才能继续留在图书馆。

（6）增值性。知识具有价值递增的特征，管理员通过实现知识共享，分享个人经验和知识，减少其他人的学习时间，将知识增值性充分放大。

（7）创新性。要以知识创新的理念来构建知识管理理论，加强文化建设、制度建设以及组织建设。

二、图书馆知识管理的核心

（一）图书馆知识管理的管理核心

图书馆引入知识管理模式是知识经济发展对图书馆服务提出的要求，也是图书馆发展所经历的必然阶段。随着知识经济的到来，要求为人们提供接受知识服务的平台，于是各种知识服务机构如雨后春笋般涌现出来，这无疑是对传统图书馆的信息核心地位提出了挑战。图书馆的核心竞争能力主要源于它在一些领域的垄断性服务，以及拥有一批具有专业技能的能熟练提供信息参考咨询服务的图书馆馆员。

目前，由于信息技术的进步，商业信息服务机构日趋庞大，它们的服务手段及内容已延伸到图书馆的各种服务领域。图书馆长期形成的垄断性服务及其优势正在逐渐丧失。然而图书馆馆员多年积累的丰富经验和相应的专业知识，却是图书馆最具竞争力的资源。因此，为适应知识经济社会的发展，图书馆必须实施知识管理。而管理的核心就是对图书馆馆员的智力知识资源进行深入开发，因为人是构成知识体系的基础，它既是承载知识最为积极、主动的宿体，又是知识加工、形成的唯一场所。人与知识是不可分割的统一整体，这在图书馆员身上亦不例外。以人为本，充分开发图书馆员的智力知识，是图书馆知识管理的核心和提供知识服务最为有效的切入点。

（二）图书馆知识管理核心的特征

智力知识属于隐含知识，它具有许多特征，归纳起来主要表现为层次性、经验性、科学性、发展性、阶段性、分散性、重复性、失效性。

智力知识主要同人的生活、工作环境密切相关，不同的生活空间会积累不同层次的知识，不同的工作性质会总结出不同的经验，从而决定了知识所具有的层次性和经验性特征；而知识只有具备科学性和发展性，才能促进社会的进步而成其为知识。同时，人在形成知识的过程中也会受到外部环境的影响。人为满足社会发展各阶段的需要而产生的知识必然具有阶段性的痕迹；而不同的发展地域、不同的知识环境决定了智力知识发展的分散性；由于知识传播渠道的畅通，为知识的共享提供了条件，从而使智力知识的重复性和失效性速度加快。知识的层次性、经验性、科学性和发展性是由知识的载体与知识的内涵所决定的，属于知识的内部特征；知识的阶段性、分散性、重复性与失效性取决于知识所起作用的外部环境，属于知识的外部特征。

智力知识的层次性和经验性要求在对其管理时，保存对知识使用者学习有用并能帮助知识使用者有效地学习和获取的知识，去伪存真，实现隐性知识的显性化；智力知识的科学性和发展性，是知识的本质部分，也是知识与信息的最大区别之处，这决定了智力知识的管理是不同信息管理（对创新能力没有提出特殊要求）的高级管理方式，它需要建立以知识创新为最终目的的创新组织文化；智力知识的阶段性和分散性要求有一种动态的团队式管理模式。在知识生产过程中给予全面保障和促进，即提供相互交流和学习的机会。在知识成熟后，促进其被广泛地利用、共享。智力知识的重复性和时效性决定了对智力知识的管理必须要有紧迫感，在智力知识失效和广泛扩散之前，加以充分地利用和开发，缩短隐含知识显性化的周期，提高图书馆知识管理的水平。智力知识的管理所具有的综合性、创新性、动态性、紧迫性等特征，不是以独立的形式存在的，而是相互交叉，互为促进的。它们共同构成了智力知识管理的特征。

对智力知识管理特征的研究，有利于图书馆在智力知识的管理过程中寻找到最为有效的方法，从而使这种最先进的管理理念在图书馆实践中产生最大的效力。

（三）人力资源管理实施策略

1.人力资源管理——图书馆知识管理的核心

图书馆知识管理是"以人为本"的管理，所谓"馆员第一"，就是要"以人为本"对图书馆进行管理。所以，从这个意义上说，"馆员第一"是符合图书馆知识管理"以人为本"的管理思想的。因为，图书馆管理中，无论是对信息资源管理，还是对其他资源客体（如设备等）的管理，离开了对人（即"馆员"）的管理，将一事无成。如图书馆的信息资源建设，其采编人员是主力军，对信息资源的管理，其核心应是对采编人员的管理。因为采编人员的素质（文化素养、政治素养、信息素养、分编技巧等）是直接影响信息资源建设质量的关键因素。所以，笔者认为，人力资源管理是图书馆知识管理的核心部分。

2.人力资源管理的内容

（1）人力资源的信息管理

人力资源信息的管理是人力资源管理的基础性工作，只有把图书馆有关人力资源的信息掌握清楚，才能对图书馆工作人员（以下称"馆员"或"职员"）进行分类指导和有的放矢的管理，才能使人力资源管理取得最好效益。人力资源的信息管理包括人力资源信息的搜集、加工和贮存。

①搜集。搜集的内容包括：人员基本情况（年龄、工作年限、从事专业、学历、职称等），人员的工作业绩、科研信息、思想政治状况、特长等。搜集信息要全面、可靠，信息搜集要经常、主动、系统、连续。

②加工。上述原始信息必须经过一定的加工处理才具有可用性。信息加工，就是将搜集来的信息按照一定的程序和方法进行分类、分析、编制、使之成为一份真实的、规范的信息资料，以利于传递、贮存、使用和进一步开发。为使加工的人力资源信息具有较强的可用性，必须保证信息的客观性，加工信息时必须坚持从原始的真实材料出发，而不能主观臆断，不能随意修改信息数据。

③信息贮存。人力资源信息的贮存，是指将已收集整理并加工处理完毕的信息资料，通过计算机或各种媒介以文字、图表、图像以及光信号、磁信号等形式记录贮存下来，以便日后利用。

（2）人力资源激励管理

人力资源激励管理是指通过各种有效的激励手段，激发人的需要、动机、欲望，形成某一特定目标并在追求这一目标的过程中保持高昂的情绪和持续的积极状态，发挥潜力，达到预期的目标。人力资源激励过程包括如下三方面：目标、追求目标的积极性和能力投入、激励手段。图书馆的知识管理是以人为本的管理，或者说是对人的个性的管理（人性管理）。在这种人性管理中，以调动人的积极性为主旨的激励是进行人力资源开发与管理的基本途径和重要手段。

（3）人力资源的学习管理

人力资源的学习管理是建立适应知识经济时代的学习型组织，以实现知识创新，向所有需要知识的人们提供高效率和高效益的知识服务。知识创新是图书馆实现可持续发展，在竞争中立于不败之地的灵魂。知识创新要求图书馆组织转变为学习型组织，要求图书馆职员变为"学习型人才"。而人力资源管理主要是对人的头脑的管理，为实现知识创新，必须加强对人的学习管理。如上所述，对图书馆职员的激励，促进了职员的学习意识的加强，"不学习就会下岗"，这在知识经济时代已不是危言耸听。图书馆管理改革所建立的竞争机制，使每一个图书馆职员感到了巨大压力，而承受压力的最好办法就是学习。学习不仅成为职员竞争从业的重要手段，也是职员自我更新、自我实现的最重要途径。所以，从这个意义上说，对图书馆人力资源的管理，实际上是对职员的学习管理。

人力资源的学习管理主要有以下几方面：

①建立激励机制。如竞争上岗、奖惩严明等，促使职员由被迫学习转变为要求学习、主动学习、自觉学习。

②制订计划。包括图书馆整体学习目标和个人学习目标、计划。

③实施计划。包括"干中学"、各种培训、送出学习、请进专家传授、各种自学方式（自考、夜大、函授等）。

④图书馆要为职员学习创造良好氛围。尽力提供各种便利条件。

⑤定期检查学习效果。

三、图书馆知识管理的实施

（一）知识管理在图书馆管理中实施的必要性

1.图书馆知识管理符合知识经济时代的要求

当今知识经济时代，是一个以知识为核心资源核心动力的新社会经济时代。这意味着知识将成为推动社会发展和进步的最主要资源之一，同时人们的观念也不再停留于对劳动力、资本和自然资源的合理配置上，开始逐渐重视对新资源——知识与信息的收集、获取、整理、利用及创新，更加依赖解决快速收集处理海量信息知识的信息技术。为满足整个社会对信息需要的日益增加，作为国家知识基础设施重要组成部分的图书馆应以全新的视觉审视和研究知识管理理论及应用方法，认清新形势新趋势，及时转变自身管理方式，有效运用知识管理相关原理方法，强化其知识传播功能、服务功能和教育功能，并用知识来提高整个图书馆、特定的组织以及员工的应变能力和创新能力，优化知识资源和人力资源的合理组合，使之适应知识经济和创新时代的要求。

2.图书馆知识管理符合其自身发展的需要

伴随着知识经济的到来，高校图书馆的外部环境发生着巨大的变化，传统管理模式所产生的隐患也日益突出。在当前知识经济时代的大背景下，图书馆管理的外部环境发生了巨大的变化，传统的图书馆管理方式存在着种种的误区和难题。比如传统的图书馆管理的重心依旧停留在提供纸质馆藏资源，而对如何运用互联网上的免费信息资源更是缺乏研究。又如目前图书馆的管理偏重于经验管理，缺乏完善科学的管理方式和手段。知识管理在图书馆管理过程中的应用能够克服传统图书馆管理中存在的种种困境，创新其管理理念，转变其管理方式，以符合知识经济时代大背景下图书馆管理更好服务公众、创新知识资源的多种需求。

（二）知识管理在图书馆管理中的具体实施应用

图书馆知识管理的主要目的在于不断加强图书馆员工之间的知识交流，提高员工的创新意识与学习能力，使知识最有效地应用于图书馆的业务活动，激发馆员的学习热情与学习能力，使其与获取知识和创新之间形成良性循环。因此，知识管理的主要实现思路在于传统理念的转变、组织结构、人力资源制度的合理设计，再加上现代化的知识管理系统的构建，从而建立一种交流、灵活、创新和学习的新型组织体系。

1.转变传统管理理念，形成知识管理的思考方式

知识管理在图书馆管理中的应用首先表现在图书馆管理过程中自觉运用知识管理的思想、理念来指导日常管理工作。图书馆的知识管理的核心思想在于无论对显性知识还是隐性知识，最终都要实现以服务为中心实现知识的价值。因此，在图书馆管理过程中推行知识管理就必须首先理清思路，走出传统图书馆的管理误区，形成知识管理的思考方式，提高文献资源的利用率，为读者提供主动的、高层次的服务以及独特的信息产品，以满足全社会对全方位的、综合的知识信息需求，提供以人为本的知识服务。

2.改革图书馆传统组织结构，构建学习型组织

传统的图书馆组织结构具有严格的等级制度，信息的传递十分缓慢，员工之间交流十分有限，这导致了传统的图书馆组织结构缺乏活力、创造力，已经无法很好地适应当前瞬息万变的时代环境。推行图书馆知识管理要求其组织结构必须从传统的等级模式向扁平的网络模式转变，简化信息的传送机制，以实现有效的知识共享。需要特别指出的是，组织结构模式的改革本质是通过实施知识管理，使图书馆构建起学习型组织，通过不间断的"终身学习"始终保持活力。

3.建立知识管理系统，实现知识的有效共享

立足于知识管理的共享性，图书馆可以通过建立知识管理系统，积累和保存信息和知识资产，加快内部信息和知识的流通，实现组织内部知识的有效共享。知识管理系统是实现知识管理的工具，是一个有助于知识收集、组织和传播的管理技术的集合，是使知识可以脱离个体而具备专家性、综合性、完备性和系统性的软件系统。

知识管理系统还可以通过知识对人产生作用，达到对人的管理，为图书馆员工提供创新条件和创新机制，最大限度地发挥图书馆员工的知识潜力，从而提高服务质量和水平。图书馆知识系统最主要的特征是"以人为本"，其目的就是寻求信息处理能力与人的知识创新能力的最佳组合，在整个管理过程中最大限度地实现知识共享，以便达到将最恰当的知识在最恰当的时间传递给最恰当的人。

4.创新人力资源管理模式，实现以人为本

传统的图书馆人力资源管理模式缺乏必要的人员流动机制、激励机制和竞争机制，这不仅导致了员工缺乏必要的创新意识和学习能力，而且更重要的是导致整个组织毫无活力，图书馆服务质量不尽如人意，文献资源的利用率也有待提高。知识管理的最本质特征是"以人为本"，图书馆知识管理的主体是人，对人力资源进行有效的管理是顺利推行图书馆知识管理的前提。

（三）图书馆知识管理实施的策略

1.更新观念，建立创新机制

更新观念，建立创新机制，对图书馆的发展至关重要。图书馆要更新观念，如知识价值观、人力资源观、知识资源系统观等，这些观念的更新影响到图书馆的价值取向。图书馆要具备持续发展能力，就必须建立创新机制，如人才第一机制、知识主管机制、多元服务机制、知识开发研究机制、知识共享、交流和应用机制等。当新观念和新机制有效地结合在一起时，图书馆的组织结构和组织管理创新将成为可能。

知识管理在图书馆管理中的应用，首先表现在图书馆管理过程中自觉运用知识管理的思想、理念来指导日常管理工作。图书馆的知识管理的核心思想在于无论对显性知识还是隐性知识，最终都要实现以服务为中心实现知识的价值。因此，在图书馆管理过程中推行知识管理就必须首先理清思路，走出传统图书馆的管理误区，形成知识管理的思考方式，提高文献资源的利用率，为读者提供主动的、高层次的服务以及独特的信息产品，以满足全社会对全方位的、综合的知识信息需求，提供以人为本的知识服务。

2.改革图书馆传统组织结构，构建学习型组织

立足于知识管理的共享性，图书馆可以通过建立知识管理系统，积累和保存信息和知识资产，加快内部信息和知识的流通，实现组织内部知识的有效共享。知识管理系统是实现知识管理的工具，是一个有助于知识收集、组织和传播的管理技术的集合，是使知识可以脱离个体而具备专家性、综合性、完备性和系统性的软件系统。

3.树立以人为本的思想和观念，加强人力资源管理

传统的图书馆人力资源管理模式缺乏必要的人员流动机制、激励机制和竞争机制，这导致了不仅员工缺乏必要的创新意识和学习能力，而且更重要的是导致整个组织毫无活力，图书馆服务质量不尽人意，文献资源的利用率也有待提高。知识管理的最本质特征是"以人为本"，图书馆知识管理的主体是人，对人力资源进行有效的管理是顺利推行图书馆知识管理的前提。实践表明，只有充分激活"人"与"技术"这两大管理要素并实现其有效结合，才能成功实施图书馆的知识管理。特别是要在"人"这一核心要素的激活上下功夫。

在知识经济时代，图书馆必须重视馆员的职业培训和终身教育，不断提高馆员的科技知识水平、获取知识和创新知识的能力，并充分尊重人的价值，开发馆员的智慧和潜能，将其头脑中的知识资源转化为现实的劳动生产率。因此，全面提高馆员素质和定位人的价值就必然成为图书馆知识管理的重要目标。

4.建设内容丰富的信息知识资源库

建设内容丰富的信息知识资源库是实施图书馆知识管理的基本条件之一，同

时可以为馆员提供知识共享的平台。

（1）开发馆藏及网络资源

图书馆拥有大量的馆藏文献资源及丰富的网络资源，建设信息知识资源库就必须对其进行积极开发，并源源不断送上信息高速公路，实现资源共享。首先，要充分开发馆藏文献资源，既要建设好本馆书目数据库，又要对文献内容进行归纳整理和系统分析，形成有较高价值的知识产品。其次，开发馆藏特色资源，对特色馆藏进行全文数字化，建设独具品牌的资源库。最后，开发网络资源。网络资源大多庞杂无序，良莠不齐，需要专业人员对其进行分析、鉴别、选择、整理加工，使之有序化。

（2）挖掘馆员隐性知识

传统图书馆严重忽略了对蕴藏在馆员头脑中的隐性知识的管理。其实，在长期的工作实践中，图书馆积累了丰富的学科知识、经验、技能等隐性知识，图书馆应努力挖掘这部分知识，鼓励隐性知识转化为显性知识，促进馆员的知识水平和创新能力的不断提高。

5.充分依赖现代信息技术

现代信息技术以其大容量的存储、快速的传输、智能化的组织数据单元及无时空限制的交流方式等突出优势，为知识管理人员获取、存储、组织、检索、利用知识提供了有力支撑，为实现知识共享、知识交流、知识传播及知识产权保护提供了技术保障。因此，图书馆知识管理的实现必须以先进的信息技术为技术支撑，建立支持图书馆知识管理活动的现代信息技术设施。总之，21世纪是图书馆形成社会知识中心的世纪。图书馆将充分利用现代化信息技术，有效发挥知识导航的功能，成为馆内服务与网上服务相结合的高度现代化的知识网络。在数字化领域，图书馆将更加重视知识管理，在资源配置中的应用，图书馆将进一步展示其知识管理的功能。

四、图书馆知识管理系统

（一）图书馆知识管理系统的含义

所谓知识管理系统（Knowledge Management System，KMS），是指将知识系统、信息系统以及组织学习等组合在一起并进行功能的优化，目的是使知识不断得以共享及创新，最终满足社会、顾客、组织及员工等各种团体成员的需要的系统。从知识管理系统的定义可知，图书馆作为知识集合的重要阵地，非常适合将知识管理系统应用于图书馆的建设之中。对于图书馆知识管理系统而言，它是应用信息技术构建的全方位的获取、开发以及应用知识的决策系统，并可以对信息资源进行智能化（smart）管理，最终可以实现信息的远程交流、智能采购以及读者服务等多元化的功能。通过图书馆知识管理系统，可以增加图书馆工作人员之间的交流，激发工作人员在实际工作中的各种创新管理能力，不断丰富图书馆的知识资产，最终使图书馆在知识链中完成对知识增值的目标。

（二）图书馆知识管理系统的构成及特点

1.图书馆知识管理系统的构成

图书馆知识管理系统主要由以下几部分组成：第一，内部局域网。内部局域网主要是基于因特网技术基础之上的内部网络系统，通过对一般因特网工具的使用，不仅可以在业务流程上实现信息的交流以及传递，更重要的是可以实现图书馆组织内部的合作。第二，数据仓库。由于图书馆知识管理系统都是基于因特网技术基础之上的，因此图书馆知识管理系统必然会包括数据仓库。第三，动态知识管理系统。组织能够动态地获取图书馆所提供的各种知识。第四，文本及文档管理。第五，读者知识的管理。

2.图书馆知识管理系统的特点

由上述关于图书馆知识管理系统的构成可知，图书馆知识管理系统内部各组成要素之间相互影响、相互依存、相互作用，使得图书馆知识管理系统具有如下特点：

第一，同步性。图书馆知识管理系统必须与本图书馆的具体业务流程相匹配，只有这样方能提供数据流、分析工具、知识仓库以及网络等信息技术的运用，对业务流程加以优化，对机构设置加以改善。

第二，开放性。由图书馆知识管理系统的含义及结构可知，图书馆知识管理系统必须是一个开放的系统。

第三，简便易用性。图书馆知识管理系统对图书馆显性知识以及潜在知识都比较重视，管理系统的构建应充分体现易用性原则，使人们能够很容易地掌握该系统的操作，使读者能很顺利地使用知识管理平台，从而实现真正意义上的知识共享。

（三）图书馆知识管理系统的构建

1.构建知识管理系统的必要性

（1）知识管理是知识经济时代对图书馆的管理要求

知识管理（Knowledge Management）的概念起源于20世纪80年代的美国，是伴随知识经济而产生的一种新的管理理念。知识经济是经济全球化的产物，是以知识为基础，以知识和信息的收集、生产、分配和使用为内容，以知识创新为最终目标的经济。知识经济时代，知识将代替自然资源成为推动社会发展和进步的主要资源，人们对资源的管理也不再局限于对劳动力、资本和自然资源的合理配置和高效使用上，对知识与信息的收集、组织、挖掘、创新及将隐性知识转化为显性知识并利用信息技术提供共享和便利的服务，成为资源管理中的重要课题。由于信息量的激增和人们对知识信息依赖的进一步强化，社会对信息的需求增加，作为国家知识基础设施重要组成部分的图书馆理应担负起对知识进行高效管理和创新的重任。但面对海量信息和人们对信息需求的更加个性化，传统的图书馆管理已不再适应经济时代的要求，首先兴起于企业界的知识管理系统以其先进的管理理念、完善的信息应用技术和对时代得更为有效的应变和创新目标引起了业界的普遍关注，在理论研究领域，图书馆知识管理已成为社会组织知识管理不可缺少的重要组成部分。

（2）复合图书馆的服务需要知识管理系统

知识管理系统（Knowledge Management System）就是利用计算机和信息管理等现代化技术实现知识管理的软件系统，是实现知识管理的工具。是通过知识系统、信息技术系统和组织学习等方面的协同运作，以实现知识的不断创新和共享，最终满足顾客（读者）、社会、员工和与组织相关的各种团体的需要的系统。"复合图书馆"一词，指一个包含纸质文献、数字资源及提供本地服务与远程服务的集成式图书馆，业界许多专家认为它是一种传统图书馆向数字图书馆的过渡形式，但也有许多学者鉴于数字保存技术的稳定性和数字安全技术的不完善、纸质文献在保存人类文化遗产方面的优势等因素，认为数字图书馆最终会代替传统图书馆的说法不尽准确，复合图书馆将是现阶段和以后长期的一种图书馆存在形式。既然复合图书馆中既拥有大量的物理资源（纸质和缩微资料等），又有许多的数字资源，同时还可提供海量的虚拟资源，图书馆就不应该只为用户提供共性导引性信息服务，而应当为读者提供个性化的知识服务。这就需要以知识收集、组织、挖掘和创新为内容的知识管理体系。

（3）图书馆管理需要以人为本的知识管理系统

图书馆的管理应以人为本，这是业界不容置疑的定论，只是在最近的研究中，对其中的"人"究竟代表读者还是馆员颇有争议。笔者认为，其实这并不矛盾，在以藏为主向、以用为主转变的过程中，图书馆管理以为读者提供优质的服务为目的，当然以"读者"为本；到了数字化时代，以图书馆向读者提供深层次的个性化服务产品，最大限度地满足读者需求为目的，开发知识产品的馆员当然应当成为图书馆管理中的"本中之本"。

从20世纪六七十年代开始，世界各地的图书馆开始实施现代化管理，许多图书馆建立了信息管理系统。但如笔者以上所述，信息管理系统不包含以人为本的管理内容，因此不能达到鞭策和激励的作用，达到最优化管理的目的。知识管理系统以建立一种创新、交流、学习和应用知识的环境和激励机制为目的，在系统中将员工业绩考评和满足客户需求充分考虑进来，体现了以人为本的管理思想。

2.图书馆知识管理系统的构建

（1）加强图书馆知识管理系统信息无障碍建设

加强图书馆知识管理系统信息无障碍建设，主要是要建立信息共享中心。信息共享中心是研究型图书馆为适应学者进行学术研究的需要而建立起来的一种新的服务模式。此种服务模式适用于任何层次和级别的图书馆，因此作为基层服务性质的县级图书馆，也能够符合该种模式。这种服务模式能综合使用方便快捷的互联网、内容丰富的知识库和功能强大的计算机设施，在技能熟练的计算机专家、参考咨询馆员、指导教师和多媒体工作者的共同参与和支持下，为读者和用户的学习、研究和讨论等活动提供一站式服务。通过整合研究型图书馆多媒体部、技术部、参考咨询部和数据服务部的功能，将读者的期望和需求纳入一个有机的整体中去，从而能够促进读者的学习、协作、交流和研究。建立信息共享中心，将会很好地促进学术自由的实现。

（2）加强知识转化的管理

图书馆的知识转化包括对显性知识以及潜性知识的转化，显性知识主要是指采编图书馆专业知识及相关的信息技术，潜性知识主要包括用户和图书馆管理人员的潜性知识。具体而言，知识转化管理主要包括以下方面。

①图书馆办公自动化管理

图书馆办公自动化管理，对于图书馆的知识管理系统的构建具有十分重要的促进作用。这主要是由于其包含了图书馆行政事务的各个方面，如办公用品管理、工作流程管理等。通过加强图书馆办公自动化管理，每位图书馆管理人员都能够很便捷地了解行政公告的相关消息、培训通知、会议、各种活动以及最近消息等的内容，这就大大地消除了信息孤岛，避免了重复性的劳动，而且还可以进行不同级别的授权管理。而图书馆管理人员能够在其所授权的领域之内快速搜索他们所需要的信息及资料。

②客户关系管理

图书馆客户关系管理以满足用户的需求为最终目的，应用先进的信息技术对内部和外部资源进行集中存储、管理和共享。该模块包括用户服务系统和用户教育系统，图书馆用户分为内部用户（馆员）和外部用户（读者），内部用户的相关内容可以放在人力资源管理系统中，外部用户关系管理主要针对图书馆的读者、用户、供应商、竞争对手等外部用户。

3.图书馆知识管理系统模式的运用

（1）组织结构的创新

图书馆为了能把可获取的资源优势、可扩展的人才优势、可继承的技术优势转化为真正的知识管理和服务的优势，必须对自身的组织结构进行"脱胎换骨"地重组，使图书馆机构的内部市场更加明朗，管理层级更加扁平化，信息交流更加及时，资源整合更加有针对性，组织内部协调更加有效，对外界的回应更加灵敏，管理成本更加经济。

传统图书馆一般采用的是以文献管理为中心、按功能定岗位的职能组织形式，这种固化的结构体制不适用于现代信息技术在图书馆的发展和应用。为了开发支持知识服务，图书馆组织结构要勇于打破传统，做好以下工作：

第一，改进传统的以职能为中心的单一组织模式，采取灵活的双重组织模式，即增加一些以任务为中心的动态多变的组织形态，其成员来自传统组织中或外部。

第二，改变结构化的部门设置，建立以知识服务团队为组织单元的结构模式。团队根据任务、功能不同而动态变化。

第三，改革权力体系，改变权力部门的职能，使之成为一种支持性的结构，从领导者转变为面向知识服务任务的支持者、协调者。

第四，通过图书馆学习型组织的建立，图书馆创新机制运作，根据任务组成知识服务团队，实现虚拟化、动态有序的组织形式。

（2）研究创建新型服务模式的可行办法

图书馆必须创建新型的服务模式，这是进行知识管理的需要。对于创建什么类型的服务模式，如何创建这些服务模式，目前也有一些论述，如层次化参考服务模式、个性化定制服务模式等。但总的来说研究服务模式的文章仍不太多，提出的具体办法有不少雷同，缺乏创意，所以，对于创新型服务模式的研究也是今后实施图书馆知识管理研究的重点。

（3）实现人力资源的互动管理

互动管理相对于传统单向管理而言，是一种全新的双向管理。它的核心是组织与员工的相互塑造，目的是激发组织内部每个成员的活力，进而使整个组织保持整体创新能力。实行有效知识管理不仅仅拥有合适的软件系统、优良的设备配置和充分的培训，它还要求领导层把集体知识共享和创新视为赢得竞争优势的支柱。因此，变革单向管理为互动管理，便成为知识管理创新的必要选择。

（4）良好文化氛围的营造

图书馆是知识的殿堂、文化的宝库，知识管理应为图书馆营造出良好的文化氛围。柔性的、灵活的知识型团队组织将转化为新型的、相互信任的伙伴关系。馆员之间开发交流、互动学习、鼓励创新，利用网络构造学习平台，实现知识共享。

第四节　智慧图书馆建设信息化管理

一、图书馆与信息技术

社会和经济的发展，促进着信息技术的迅猛发展，信息技术所包含的内容越来越广泛，信息技术在社会各个领域里的应用也越来越广泛。信息技术是计算机将声音、数值、文字、图像、动画、影像等信息载体承载的信息进行数字化处理和有机集成的一门技术。数字化的信息技术有利于社会各个领域的信息资源发挥共享优势，提高社会管理和运行的整体水平。它与传统的载体如文字和图表相比，具备分类检索快捷、存储功能强大、信息资源共享等优势，现代化的信息技术可以将整个信息的收集、整理、鉴定、编目、排架、统计等环节通过现代化科技手段进行监控，实现电子智能化的计算机管理，从而提高信息管理水平。

现代信息技术发展使图书馆面临着一个全新的信息环境。社会信息量急剧增长，各种类型的信息载体不断涌现，信息网络迅速扩展为图书馆信息技术的革新和发展提供了最重要的技术支撑。本书拟从信息技术的特点和作用以及信息技术在图书馆的应用入手探析图书馆信息技术的发展策略。

（一）信息技术的特点

信息技术涉及的领域包括传感、多媒体、光导纤维、集成电路、人工智能和网络等一系列技术，是建立在新兴科学技术基础上的高新技术，其特点可以简单归结为四个字：新、快、密、高。

"新"是指技术新：信息技术是近三十年来发展起来的全新技术群，它的应用推动了诸多领域的信息技术发展和产业方式的革新。

"快"是指发展速度快，成果转化为生产力的周期短，知识、产品、设备更新快。"快"还指信息传输速度快，信息技术的发展使人们在数千公里外就可以实时接收到需要的信息，快速做出决断。

"密"是指知识、技术、信息密集。信息技术的应用和发展需要大量的高科技知识和技术作为支撑，知识、技术、信息量大、密度大。

"高"是指高投入、高效益、高智力、高竞争、高风险、高势能。高投入指的是信息技术的发展已然与传统的技术发展大相径庭，其需要的技术和物质支撑不论从数量、质量、规格和科技含量上都具有极高的要求，一个完整的信息技术通道的构建需要投入大量的人力、财力和物力。高效益是指信息技术的应用会给信息的交流和沟通带来极大的便利，第一时间掌握信息会带来极大的收益。高智力是指信息技术的开发和应用需要极高的科技知识和科技素养，技术密集对从业人员的素质要求极高。高竞争是指在信息技术的应用中，企业和产业的发展竞争需要掌握第一时间的信息才能掌握主动，否则就会被淘汰。高风险与高收益是并存的，信息的落后对企业和产业的发展是致命的。高势能是指信息的及时获取和掌握对企业和产业的发展具有决定性的影响，只有掌握了市场动态的信息，企业和产业的发展才能紧跟时代发展的脉搏，才具有及时更新技术和观念的能力，促使内部改革，技术革新，才能在激烈的竞争中保持发展的势头，才能立于不败之地。

（二）信息技术对图书馆的影响

1.信息技术对馆藏的影响

传统的图书馆大多以纸质的文献为主，包括杂志和书籍等。但随着人们生活节奏加快和网络信息技术、数字技术的发展，纸质的出版物将逐渐转换为电子出版物。作为一种新的信息传播媒介，电子出版物的出现令人刮目相看，它是将传统的纸质文本转变成计算机可读的信息记录在储存载体上，并在软件支持下自动生成数据库，支持多种途径检索的一种新的存储媒介，包括电子连续出版物、电子图书、计算机软件、电子版书目数据等。可见，计算机、网络、电子出版物的出现对图书馆的馆藏具有十分明显的影响，这致使图书馆馆藏的载体由物理载体馆藏逐渐发展为物理载体馆藏结合电子馆藏方式，这样的发展具有时效性强、容量大、节省阅读时间、易于检索、减少环境污染等优点。

2.信息技术对图书馆管理工作的影响

如今，以网络化、数字化为特征的信息变革推动了图书馆发展的进程。高速的信息传递、高密度的信息存储、高效的信息查询都在改变人们处理信息的方式，这同时也使信息服务的模式及服务的效率发生了翻天覆地的变化。信息技术对图书馆管理工作的影响主要表现在以下两个方面。

（1）对图书馆工作效率的影响

首先，由于信息技术的出现，传统的速度较慢、效率较低的邮购和征订书目采购方式已渐渐被网络采购所取代，采购人员可以通过网络查找供应商发送的书目销售信息选择图书馆和读者所需要的书籍和信息，这表明信息技术能够提高图书馆采购工作的效率。

其次，在以前，图书馆的分类编目方法是通过人工对文献信息进行整理，这种方式效率十分低下。如今，在信息技术的存在下，图书馆可采用网络编目的方法对图书馆的各种信息进行分类编目，这大大降低了馆员的工作量，也提高了图书馆分类编目的工作效率。

最后，传统的借阅方式是读者自行到图书馆查阅卡片，然后再进行书刊和文献的借阅。在现代信息技术下，图书馆的图书文献信息都被储存于图书馆的服务器上，读者能够利用图书馆内设置的查询系统检索所需要的文献，这为读者提供了图书馆详细的信息，避免出现读者到达图书馆后发现所需期刊书目已被借阅的情况，这大大提高了图书馆读者借阅的效率。

以上各个方面都表明信息技术对图书馆的工作效率具有十分重要的作用，它的出现方便了采购人员、编目人员和读者，节省了他们的时间，保证他们更有效地完成工作。

（2）对图书馆部门组织的影响

过去图书馆以阅览流通部门、采编部门、行政后勤部门为主要组成，信息时代图书馆的组织架构是以信息处理部门、信息技术部门、信息服务部门和行政后勤部门组成。如果一个图书馆实现了自动化的管理和大量利用网络的信息资源时，信息技术部门和信息处理部门在图书馆中的作用就十分重要，形成完整的以计算机系统运行为中心的行政管理模式。

3.信息技术对图书馆管理人员的影响

信息技术的发展必然会对图书馆传统的服务理念和服务体系产生影响，过去馆员只要求完成任务即可，对其文化素质、技术水平的要求并不十分苛刻，但是，由于信息技术的出现，对馆员的知识水平、服务技能和管理能力就十分看重。因此，必须增加馆员业务、工作技能的学习，提高其自身的综合素质，专业知识，计算机操作水平，力求达到人和机器相互协调，为读者提供更加优质高效的服务，提高图书馆整体的服务水平。

4.信息技术对读者服务工作的影响

传统图书馆在信息服务上基本是读者到馆阅读、查阅，文献传递的方式和范围十分单调。而数字图书馆的出现使读者不再受图书馆位置、馆藏量和开放时间的影响，他们可以在任何地方、任何时间通过互联网获得所需要的信息和服务，这使各个专业、各个阶层和各个地方具有阅读能力的群体都能浏览文献。同时，过去图书馆服务水平处于十分低级的状态，基本上只能满足读者日常借阅服务，提供一般性的打印、口头咨询服务。而信息技术彻底改变了这种服务方式，可根据读者的需求，对网上信息进行加工整序，深层次的开发，强化信息咨询的功能，进行图书馆的利用指导。

（三）信息技术驱动下的图书馆发展

不可否认，信息技术是现代图书馆事业发展的外在驱动力。图书馆要生存、要发展就必须顺应这样的趋势并以开放的心态接纳这样的事实。以下是结合图书馆发展历程，对影响图书馆发展的重要信息技术进行的简要梳理和阐述。

1.网络通信技术

20世纪90年代中期，伴随着以太网技术的普及应用以及中国教育科研计算机网（CERNET）的兴建，各高校校园网信息化建设也正式拉开帷幕。校园网的建成，为高校信息化建设奠定了基础。借助数据库平台技术，各种各样的管理信息系统（MIS）项目相继上马，图书馆的信息化建设也是从那时开始起步，并成为当时最具代表性的校园信息化项目之一。图书馆自动化业务系统的引入使得图书馆采、编、借、还、藏等核心业务全面实现了网络化和信息化，以往低效、烦琐的纯手工操作业务模式被随之取代。

这便是信息技术给现代图书馆发展带来的最早、也是最重要的一次革命。直到今天，图书馆自动化业务系统仍然是整个图书馆业务体系中最核心的组成部分。

2.互联网技术

互联网自进入商用时代以来迅速拓展，已经成为当今世界推动经济发展和社会进步的重要信息基础设施。进入互联网时代，图书馆服务彻底冲破了时间和空间的禁锢。围绕着互联网应用，图书馆搭建网站为用户提供信息知识服务平台，借助社交网络（SNS）、即时通信技术（IM）与用户进行高效的交流沟通。图书馆的服务内容不再局限于传统的图书资料借还，进而发展为以互联网应用为基础，具备网络化、多元化的信息知识服务体系。

可以说，互联网技术（包括移动互联网技术）的应用给图书馆信息服务带来了最为广泛的影响和改变，图书馆的很多信息服务的开展都需要互联网技术的支撑。

3.存储技术

随着人类历史的发展，科技的进步，信息的存储方式也在不断发展变化。从结绳记事到文字纸张、从磁存储到电存储、光存储，以及将来出现的DNA存储，其信息存储方式和信息存储种类也在不断丰富，信息存储量级也在呈指数级增长。图书馆自从走上信息化建设道路以来，每时每刻都有新的业务数据产生，从最早用于存储传统业务数据的服务器单机存储，到目前承载海量数字资源的磁盘阵列存储网络，图书馆业务的持续开展也越来越离不开存储。

4.其他衍生技术

影响和促进图书馆发展的信息技术及其衍生技术还有很多，如大数据、云计算、虚拟化、移动阅读、RFID、社交网络（SNS）、即时通信（IM）、Web2.0等等，图书馆行业也一直较为关注这些技术对图书馆发展的影响，尽管不是技术的研发参与者，但却是技术的最终受益者和推行者，也能在技术成熟和条件允许的情况下引入这些技术。事实证明，新技术的不断引进为图书馆发展注入了持续的生机和活力，也是维持图书馆生存不可或缺的因素。

（四）信息技术与图书馆管理结合应用

1.采用计算机信息技术开展图书馆馆际图书互借服务

采用计算机信息技术有效地开展图书馆馆际图书互借服务。一方面，要利用计算机信息技术对图书馆的标引、采编、存储、流通期刊的管理以及组织、互借等多个方面进行深化改革，形成一个新型的管理以及服务模式。另一方面，是计算机的联机服务有助于应对馆藏文献资料重复以及图书馆馆际之间的漏缺不全等问题，有效地实现文字资料的共享。

2.建立健全图书馆馆际互借文献资料的信息传递服务体系

建立健全图书馆馆际互借文献资料的信息传递服务体系，重点从以下三个方面着手：①以省区市范围内的图书馆系统为核心开发并组织数字化的馆际互借文献资料信息的系统。②购买安装相关的硬件设备，并利用计算机信息技术规划、设计以及实施馆际互借文献资料信息服务体系。③统一规划各个图书馆之间的书目数据与数字资源，制作出联合的书目目录，并把这联合目录和馆际互借的数字化文献资料传递服务体系进行有效结合，为工作人员和读者查询相关信息提供一个良好的平台。

3.建立健全图书馆的数字化参考与咨询的服务系统

以计算机信息技术为技术基础，以互联网为基本的信息传输方式，以数字化的文献信息为依托，通过 MSN、电子邮件以及在线交谈等方式为读者提供服务，建立健全图书馆的数字化参考与咨询的服务系统。这种模式不仅在一定程度上突破了空间与时间的限制，可以为读者提供 24 小时的服务，还方便了读者与工作人员之间的沟通交流。

4.重新组织图书馆的文献资料

重新组织图书馆的文献资料。重点从以下三个方面着手：①更新图书馆管理者和工作人员的观念，有效利用网络数据库的空间，构建全球性的文献资料数据库。②依据图书馆图书文献收集的实际情况，修订文献资料的收集政策。明确图书馆中纸质文献与电子文献收集的比例。③适当增加图书馆电子文献收集的经费，有计划地增加电子文献的馆藏比例。

5.完善读者服务的模式

完善读者服务的模式，重点从以下三个方面着手：①对图书馆的工作结构进行改革，按照学科的性质对工作服务部门进行划分。②利用 MSN 或者电子邮件开展远程咨询与参考服务项目来强化读者的咨询与辅导工作。让读者可以在最短的时间内掌握图书馆文献资料的检索方法。③有效开展读者自助式的服务活动，使读者可在图书馆大厅里的计算机服务系统上检索文献资料的信息、办理续借或者预约业务，从而为读者提供更为方便的服务。

总之，随着我国信息技术不断发展与完善，我国的图书馆管理也面临着一定的挑战，存在着一些问题，这就需要我们把信息技术与图书馆管理进行有效结合，从而实现图书馆管理的便捷性，提高图书馆管理的效率，促进现代化图书馆健康稳定发展。

二、图书馆信息技术应用与服务

信息技术的时代席卷而来，不仅对人们的生活发起了巨大的冲击，同时，也对我国各个领域的发展做出了积极的贡献。图书馆在信息时代的背景下，想要不断地发展，就必须适应时代的发展需求不断的加强对于信息技术的应用。如何良好的应用信息技术也是我国图书馆面临的重要难题，必须要找寻合理的改善措施，不断地提升图书馆对于信息技术的应用程度，保证图书馆实现信息化管理和信息化服务，下面就对相关问题进行详细阐述。

（一）信息技术在图书馆管理中的应用

信息技术不断地发展，我国图书馆的管理模式也发生了巨大的改变，而且信息资源的应用和信息资源的采集方式也发生了很大的转变。信息技术在图书馆管理中的应用主要体现在以下几方面：第一，对于检索很有帮助，能够吸引阅读人员。在信息时代背景的影响下，人们对于信息资源的获取方式越来越为便捷，而且信息的来源渠道也越来越为广泛，利用电子阅读器和互联网络，人们即使不去图书馆也能够获得相应的信息资源。第二，信息技术在提高人们工作效率的同时，为人们的生活提供了许多便利。

（二）加强信息技术在图书馆中的应用

1.加强图书管理人员计算机的应用

在以往的图书馆管理经营模式中，对于图书的管理工作都是人工完成的，这样方式的工作效率很低，而且很有可能因为人为的疏忽，导致图书管理可能出现一些失误。而且图书管理人员的工作量很大，很有可能会引发图书管理人员的消极工作心理。在图书馆管理中，加强图书管理人员对于计算机的应用，利用信息技术帮助图书管理人员管理图书，图书管理人员能够根据阅读人员的需求为读者提供具有针对性的服务。

2.利用计算机网络，实行多项服务

科技不断地发展，互联网已经渐渐成为人们生活、工作中不可或缺的一部分，同时也是各项工作、学习有效开展的必要基础，该内容在图书馆相关工作的开展中也有所体现。对西方发达国家的图书馆管理调查发现，国外图书馆有网站主页服务、有着大量的电子信息资源，这些都是网络技术在图书馆工作开展中的体现。将网络技术在图书馆中应用，可以为我国图书馆的发展注入新的生命力。我国很多图书馆都在不断地建设和完善图书馆信息服务，坚定现代化图书馆的管理理念，基于时代背景与社会环境对图书馆的服务进行调整，从而不断地满足阅读人员日益增长的阅读需求。

3.更新图书馆的管理方式

图书馆对于信息技术的应用并不是需要体现在某一模块，而是需要贯穿于图书馆所有的管理、服务工作中。在建设图书馆信息文献系统过程中，要协调信息系统之间的关系，从而展现图书馆区域自建合作和交流。信息技术在图书馆中的应用需要以虚拟图书馆为基础，建立完善的、全面的全网络信息资源管理系统，使得图书馆管理系统更加的现代化、科学化，将图书馆信息资源和各项信息服务具有的价值充分展现。

4.实行多元化的咨询服务

传统图书馆的咨询服务主要是体现在图书管理人员根据阅读人员的需求和本图书馆内存有的文献资料，对阅读人员提供相应咨询信息。但是在信息技术环境中，为了使得图书馆中信息技术更加深层次地应用，图书馆应当实行多元化的咨询服务为阅读人员提供帮助。图书馆不能将传统的人工咨询服务抛弃，同时，根据以往的实际工作经验，将普遍存在的问题进行整理。在图书馆内部各个区域设置相应计算机服务台，在该系统中直接有着问题的答案，可以为阅读人员解答疑问。

（三）信息技术在图书馆的应用促进图书馆发展转变

1.图书馆服务观念的转变

传统图书馆具有固定的物理空间，是一个固定的场所，读者必须到馆才能接受图书馆的服务，而网络的发展带来了更大的发展空间，未来图书馆将向虚拟化、数字化方向发展，电子图书馆、虚拟图书馆、网络图书馆、数字图书馆应运而生，并发展较快。这些图书馆的产生和发展，是信息技术发展的结果。正因为图书馆的虚拟化和数字化，图书馆在服务观念上将不再以数字为中心，而完全以用户为中心。

2.图书馆服务手段、服务内容、服务方式及服务水平的转变

信息技术的应用带来图书馆手段的改变，指的是图书馆不断把现代化设备及现代科学技术移植到图书馆管理和服务中。目前，图书馆引进最多的技术设备是计算机与网络、光盘和缩微技术，多媒体技术。计算机在图书馆管理与服务过程中居主导地位，其信息量大，信息检索迅速、准确，尤其是网络的发展与应用使信息资源的整理与检索、信息资源的开发和利用等方面得到了快速发展。计算机网络应用实现了图书馆管理和服务的自动化，使馆员能够从繁重的手工查询、编目、整理工作中解放出来，给馆员创造了更多便利和宽松的工作环境。

同时，为读者充分享用图书馆信息资源带来了极大的便利。缩微技术应用在图书馆既保持了图书的信息内涵，大大缩小了图书的体积，节省了信息存储空间，而且存储标准统一，便于保管、传递及提供利用。光盘技术的应用还能够实现信

息快速检索及全文图像存储，从而方便了用户自动化检索、网络化利用。

多媒体技术在图书馆应用将使图书馆不仅能进行原文信息管理，而且可对声音、图像等图书资料进行全面综合管理，为用户查找图片、图像、声音、文字等信息提供了技术和信息资源方面的保证。正是信息技术在图书馆领域的快速发展，才使基于网络的图书馆信息服务得到了很大的发展。

现代图书馆在服务方式上提倡主动服务、上门服务、自动化服务、网络信息服务，现代图书馆可以扩大服务范围，打破时空阻隔，为不同地区和不同类型的读者提供不同的特色服务和个性化服务。在服务内容上增加更多的项目，服务更深入，包括网上信息咨询、网上导航、网上特色数据库、网上专业数据库、网上个性化服务。总之，在信息技术环境下，图书馆服务方式更灵活、方便、快捷，服务内容更多更深入，服务水平显著提高。

3.图书馆信息资源建设的转变

大量的信息资源是图书馆信息服务的保障，高质量的馆藏是为读者服务的基础。所以，现代图书馆改变了图书采购意识，图书馆根据本馆实际情况及未来发展方向会适时地调整馆藏结构。首先，保证馆藏体系的完整性、系统性和连续性。其次，信息资源建设不能单纯以数量来衡量馆藏的价值。

4.图书馆馆员素质的转变

信息技术在图书馆的应用促使图书馆馆员计算机应用能力、网络信息资源开发能力、网络管理能力都有很大的提高。图书馆员不仅具备图书情报或信息管理专业知识，还应具备计算机和网络管理技能。

5.图书馆社会职能的深化

随着信息技术的迅速发展，知识更新的频率越来越快，人们对知识、信息的需求越来越迫切，一个人必须不断地学习新知识，才能适应信息社会发展的需要。图书馆是信息资源收集、整理、存储、检索和提供利用的教育文化机构，并为社会政治经济服务。现代图书馆成为藏书中心、教育中心、信息中心，理所应当承担起社会教育职能和传递信息的职能。

随着新技术的应用，现代图书馆除具有保存人类文化遗产的职能和社会教育的职能外，还增加了传递信息职能、开发智力资源及文化娱乐职能。现代图书馆成为人们终身教育的场所和文化娱乐场所。图书馆对读者进行思想政治教育和科学文化知识教育，同时对读者进行信息检索、信息评价、信息整合、信息利用的教育，从而提高读者检索利用信息的能力。这既是图书馆教育职能的体现，也是对读者开发智力资源的体现。现代图书馆设有多功能演示厅、学术报告厅、体育活动厅、健身房等，为读者提供文化娱乐场所，丰富活跃了读者的精神文化生活。

（四）图书馆信息技术服务

1.信息服务的概念

信息服务的概念有广义和狭义之分。广义的信息服务指以产品或劳动形式向用户提供和传播信息的各种信息劳动，包括信息的传播报道、信息咨询，以及信息技术培训和信息提供等多项劳动。狭义的信息服务指信息提供者针对用户的信息需要，及时地将开发收集好的信息产品以用户方便的形式准确传递给特定用户的活动，也就是把信息服务看作是信息产品运动过程中的一个环节。无论是广义的还是狭义的，信息服务的根本目的都是帮助用户克服信息获取障碍，解决信息生产的广泛性和信息利用的特殊性之间的矛盾，使信息资源的充分开发与有效的利用得到有效的统一，从而发挥信息资源的最佳效能。

2.信息服务的作用

（1）有利于实现信息的增值和共享

在实际工作中，通过信息的转换、复制和传递等环节，可以实现信息在空间上的广泛传递通过信息的合理存储与管理，可以实现信息在时间上的长久传递。这样就使可供利用的信息在更广泛地时空范围内进行扩散和渗透，促使信息不断增值，从而达到信息共享的目的。为了达到信息的增值和共享的目的，必须以学生、教师、科研人员和管理人员的信息需求为导向，创造以开发、利用信息资源和不断完善信息服务工作能力为主的独特的业务程序，使网络环境下图书馆员真正成为网络利用、信息利用的"导航员"。只有具有了高水平的图书馆信息服务水平，才能创造出一流的图书馆。

（2）提供用户培训教育

用户培训和教育的范畴也相当广泛，除馆藏使用培训外，还提供对用户研究和教学中信息技术的使用提供培训。如美国哥伦比亚大学的图书馆，提供指导作者怎样将他的打印论文创造成在线出版物的服务。提供对信息用户对各种研究工具的使用方面的培训，如指导信息用户对数据进行分析和使用等计算机分析程序，指导信息用户怎样对一个信息产品的价值进行评估等。第三是对包括读写能力的提高，网络信息资源的评估等涉及基本信息素质方面的内容的培训，这种方面内容在大多数图书馆网页上都可以看到。

（3）提供网络教参

网络教参服务该类服务的主要服务内容有两方面。一方面是教程支持，图书馆均有电子教程储备网站，提供帮助教员和学生链接网络课件或教学资料网页的服务，不仅有方便的查询途径，而且还采取了网络主动征集教学资料的行动，为教授们提供教学资料提供了各种渠道，以至于成为一个动态的储备。更有一些高等学校图书馆正致力于各种课程资料包括课程录音在内的多媒体的网络访问。另一方面是学习资料支持。

3.加强信息技术服务策略

（1）转变思想观念，强化信息职能

社会主义市场经济体制的确立，新技术革命的冲击，正在改变传统的工作方式、生活方式和思维模式。信息高速公路的兴建则带来了高新技术浪潮新的冲击和改革开放新的意识。不适应新形势的传统观念应迅速转变与更新。也可以说，思想观念的更新，是加强图书馆信息服务的前提。

（2）转化市场意识，转变管理机制

多年来，图书馆完全依靠国家拨款，是靠吃"皇粮"生存的，以传统的方式为社会服务，"重藏轻用"束缚着广大馆员的思想。等客上门，你来我借，已形成习惯。不了解社会对图书馆的需求，服务呈现了局限性和封闭性，加之报刊、图书、音像资料价格的上涨已经影响到图书馆的藏书建设，读者的需求得不到充分满足，随之而来的是图书馆门庭冷落。而同时国内出现了大量的科技信息服务部门，利用的还是图书文献资源，但因能面向市场、面向企业、面向激烈而富有生机的经济战线，因而成绩显著，收益颇丰，压倒了传统的图书馆。

（3）构建完整的藏书体系

图书馆应在力所能及的范围内，建立起完整的适合广大读者和科研需要的藏书体系，并通过广泛地宣传、座谈，提高图书馆的知名度，让广大读者都来充分利用图书馆，发挥图书馆在信息流通和提供中的作用，变藏书宝库为知识喷泉。

（4）构建完整的数据库和检索体系

图书馆应充分利用丰富文献的信息资源，进行深入分析、研究，深入知识单元中去提炼、加工、形成二、三次文献产品。如各种书目、文献、索引等，并把信息资源及时加工成"对策""建议"和"参考性意见"等。

三、图书馆信息技术发展及趋势

为了能够让图书馆的管理工作与时俱进，以现阶段情况来看必须做出相应的改革，提出相应的改革措施。在传统的纸质文献中，图书馆管理人员必须将成百上千的图书进行分编整理，工作异常艰巨且烦琐复杂。为了改变这样的状况，图书馆工作人员必须改革谋求新的出路，积极利用新的技术手段，打破传统的局限，与各个行业联系起来，改变信息分散的旧面貌，真正实现一个图书馆作为知识信息贮存与交流、传递、查找的"巨型服务器"。图书馆信息技术发展战略建设还处在摸索和完善的过程之中，相关的工作人员应及时总结和推广成功经验。

（一）实现特色资源建设和网络共享

为了能够更好地为读者服务，我们必须第一时间掌握读者需求，积极进行特色资源建设和网络共享，能够以一个开放的姿态容纳、吸引更多的读者，另一方面，完善读者信息也是目前为止必须要做的。古语曾经说：知己知彼，方能百战百胜。就现状来看，无论是在技术上还是在资金上都是一个巨大的挑战。希望在未来，这一措施能够有很好的理论、技术来支撑，得到更好的发展。

（二）加强图书馆虚拟馆藏的建设工作

目前，人们得到信息资源的方法渠道有很多，网络技术、电子邮件、手机短信等都能够快捷、迅速地为人们实现最基础的信息服务，图书馆不再是唯一的信息交流场所。现阶段，百度、搜狗，尤其是 Google，大量的搜索引擎已经成为人们的最爱，我们可以把所有的网络资源都收归虚拟馆藏，读者可以自由地阅读、写作，积极利用21世纪新科技手段，打破传统的局限，与各个行业联系起来，积极应用新技术，改变信息分散的旧面貌，真正实现一个图书馆作为知识信息贮存与交流、传递、查找的"巨型服务器"。再者，虚拟馆藏和实体馆藏的结合应用更能满足读者需求，完善图书馆建设工作。

（三）重新认识图书馆的地位、服务手段和类型

鉴于目前的这一系列情况，身为一个图书馆，就必须做到以下几点，追寻出到底我们的图书馆信息管理模式在哪一个环节出了问题，在此基础上，正确面对管理工作中存在的弊端。

（1）改变传统档案服务模式的一成不变和呆滞，实现执行模式多样化，争取早日实现"一个行业，一种模板"的目标。

（2）建立"电子文件中心"，有益于促进文档协作的简易高效服务模式，有益于文化知识的沉淀，权限服务模式的严格控制和超大文件的传输。

（3）建立广阔的沟通平台，利用多种方式，积极与读者交流，并做好相关的准备工作。

（4）对相关的工作人员进行积极的培训，无论是专业技术还是心理素养，最重要的是让相关的人员都具有一定的服务意识。

（5）扩大对图书馆的宣传，把图书馆员和学术资源推向学校本科教学和科研的中心。

（四）增强对读者的专业教育工作

在面对新技术下，大部分的用户并不能尽快地适应这一模式，读者在借阅、拿去书籍文献的时候不知道如何检索、如何放回，而我们要做的，就是增强对用户的教育工作，使他们拥有使用网络技术在特殊的环境下检索文献，查找出处，了解网络资源获取渠道，使他们及时适应这一新技术，更好地在网络环境下，自由地阅读，写作。力求能够提供给读者一个心灵的避难所，激励读者的思维，为读者打造学术交流、活跃思想的平台，真正地遨游在知识的海洋里。

相关的工作人员必须积极投入图书馆信息技术的相关工作，并且辅之以全部

的精力，推进图书馆服务模式向主动化发展，并且提高人类社会的信息生产、存贮与传递能力，加强图书馆信息服务模式与社会信息的接轨。目前，我国图书馆信息技术应用改革措施还处于探索的阶段，并且有望向更高层次发展。

第五章　图书馆管理体系的建设

第一节　图书馆管理的职能与范畴

一、图书馆的社会职能

（一）现代图书馆社会职能划分

职能是指人，事物、机构所应有的作用。从人的职能角度讲，是指一定职位的人完成其职务的能力；从事物的职能看，一般等同于事物的功能。机构的职能一般包括机构所承担的职权，作用等内容。根据这一定义，图书馆的社会职能也就是图书馆在社会生活中承担的责任和所起到的积极作用，图书馆的社会职能主要表现在四个方面。

1.保存文化遗产

人类社会在自身发展的过程，为了适应交流的需要，创造了文字，并将其记载在一定的载体上，形成了文献信息资源。为了方便以后生活中继续利用这些文献，古人将这些文献有目的地进行收集和保存，这样图书馆就诞生了。所以，图书馆最主要和最古老的一项功能就是搜集、整理、加工，管理这些记载了从古至今人类历史的发展和演变的珍贵的文献信息资源。这些代表各个民族文化财富和人类文化典籍的文献包括历史方面的、文学方面的、科学技术方面的……都是人类智慧的集中体现，正是这些文献资源的保存使人类文明不断前进和发展。

当前，图书馆在保存作为人类文化遗产的文献信息资源上面临新的发展和机遇，这主要归因于计算机的普及和发展。因为随着人类社会的发展，文献资源的存储量急剧增加，而纸版文献对场地和环境的要求给图书馆带来了极大的负担。好在科学技术的发展使文献载体发生了翻天覆地的变化，磁、光技术的运用，使图书馆的文献信息资源可以无限扩张，读者运用得也更加方便、快捷。

2.开展社会教育

图书馆素有"知识的宝库""没有围墙的大学"的别称。这主要是因为图书馆拥有为数众多的文献信息资源，这些文献资源作为人类文化科学技术思想的结晶，为读者提供了用以学习的雄厚物质基础。

图书馆进行社会教育，还表现在为读者提供了如学习的场地，学习设备，方便受教育者可以长期的、自由地利用图书馆进行学习等。目前，图书馆的教育方式是以自学为主，这正符合了"终身教育"为核心的现代教育思想。在"终身学习是世纪的生存概念"的影响下，越来越多的人在离开校园后仍然进行着自学，这时图书馆的教育优势就充分发挥出来了，成为自学者的首选场所。而对于没有充裕时间到图书馆学习的人来讲，数字图书馆的远程教育功能，极好地解决了这一问题。通过利用计算机上的互联网络服务，图书馆的教育范围在时间和空间上得到极大延伸，学习的分散性和灵活性也得到增加，更主要的是图书馆丰富的文献信息资源和可以方便获取的服务方式，大大提高了读者自学的主动性和积极性。

此外，在大学图书馆中，图书馆作为高校的基本教育设施，是"学校的第二课堂"，它还直接承担着培养人才的重任。这些都是图书馆在社会教育中扮演重要角色的体现。

3.传递科学技术情报

传递科学技术情报是图书馆的又一主要社会职能。由于当今社会文献信息资源具有生产数量大、增长速度快，社会文献的类型复杂，形式多样和时效性强等特点，使传统的文献信息资源收藏思想——"自我中心论"，即强求"你有的我有，你没有的我也要有"的"大而全"的思想，面临崩溃。馆际交流、合作、资源共享正随着网络技术的蓬勃发展而兴盛起来，成为今后图书馆发展的新方向。

早期文献资源的共享仅限于馆际互借这样相对简单的服务方式，但随着网络技术的发展，图书馆传递科学情报的职能得到进一步的发展，资源共享成为图书馆发展的主要方向，图书馆的隔绝性逐渐消失。

目前，图书馆正以前所未有地传递科技知识的深广范围和快捷速度的形象出现在世人面前。首先，传递的内容由基本信息向原文查阅和传递为主。其次，定题服务，科技查新，学科馆员等这些创新型服务使图书馆科技知识传递的方式也由被动向主动方向转变。最后，馆际互动的方式由过去封闭，烦琐，简单的互借服务向开放式、网络化、深层服务转化。

4.开发智力资源

智力资源是指在人类文明发展历程中所创造、积累的物化成果精神财富和未被发现和认识的潜在信息。图书馆工作中涉及的智力资源内容包括馆藏文献信息资源和网上相关文献信息资源。传统智力资源开发是指对馆内文献资源进行二次、三次甚至多次加工，使之更适应读者的需求。但随着科学技术的发展，图书馆开发智力资源的功能得到了极大发展。

首先，智力资源开发的内容范围扩大。图书馆在原有馆藏文献资源的基础上，依靠计算机网络，使图书馆文献资源实现了开发内容的扩大，不再单纯依靠手头信息进行信息的开发和利用。内容范围上的扩大，让读者不再感觉文献信息资源的匮乏，而是信息资源的膨胀，文献信息资源的储备远超过人的涉猎范围。

其次，智力资源开发的手段和方法更加现代化和多样化。专业数据库和信息库的建立和使用让读者更加便利地寻找到自己所需要的信息。

最后，服务对象的扩展化。以前，图书馆受自身场所空间上的限制，其服务对象仅限于周边较近的读者群。如果其他地区的读者需要获取该馆的馆藏文献信息资源，多数需要亲自上门查阅，但受网络服务的影响，远方的读者现在可以在异地获得很多与本地读者同样的服务。

（二）图书馆社会职能的实现

1.改善图书馆的办馆条件，创建舒适的阅览环境

图书馆作为一个特殊的公共场所，要注重以文化氛围来营造良好的阅览环境。只有具有优越人文环境的图书馆，才能更吸引读者前往图书馆。所以，我们会发现，很多图书馆都是一个城市或一所大学的标志性建筑。除了富有特色的建筑物外表，馆内设施的齐备和环境优雅同样重要。名言警句，书画长廊，丰富多彩的宣传、导读，都会让读者产生一种平静、良好的心理效应，使读者的心灵得到净化，产生求知的渴望，使其更好地进入学习的状态。

2.提高馆内文献信息资源质量，建设特色馆藏资源

在激烈竞争的信息和知识经济社会中，人们要生存和成功，就要具有良好的综合素质。而公共图书馆正是培养人们综合素质、开发创新能力的最佳课堂。图书馆是人类文献信息的集散地，理应最大限度地开放教育资源，满足社会成员的学习需求。但图书馆由于资金限制等原因，不可能满足所有读者的信息需求。这时就需要根据图书馆自身建设的特点以及服务对象的特点，有所选择地增加馆藏资源，力图形成自己的馆藏特色。

图书馆还应通过对文献信息资源进行二次、三次以及更多次的加工、整理和科学地分析、指引，最终形成有秩序、有规律的信息流，使读者更方便地利用它们。如对到馆的文献进行验收，登记，分类、编目，加工，最后调配到各借阅室，以便科学排架；对馆外文献信息资源进行搜索，过滤，成为虚拟馆藏，形成更加宽广，快捷的信息通道以及通过最现代化的手段——计算机网络技术使馆藏文献走向数字化。

3.加速信息开发，保证优质服务

图书馆收藏着大量的文献信息资源，积极地开发，广泛地利用这些文献资源是实现图书馆社会职能的重要工作内容。尤其是当前用户的知识信息需求呈现出全方位和综合化、开放性和社会化、集成化和高效率的趋势，使图书馆传统的信息服务方式显得被动、无力，为了能用更方便、快捷的方式取代原有服务方式，以便为用户提供优质服务，图书馆应加快信息服务建设，使图书馆与整个社会的经济发展、信息交流融为一体，成为知识物化为生产力的桥梁，具体可以从以下几项入手：首先，更加广泛地应用计算机技术，使自动化技术的应用范围继续加大，随时随地满足读者和用户的需求；其次，应用多媒体等技术，提供专业性强，形式多样、来源广泛的知识信息，使信息服务超越时空、地域和对象的限制，更好地满足知识经济社会中，读者的信息需求；最后，利用馆员的专业技术，建设研究型图书馆，满足高层次读者需求，使图书馆成为引导社会发展，推动社会进步的力量。

4.成为社会信息咨询服务的中心

咨询服务就是根据读者和用户的需求，进行信息的传递与共享。在信息社会，人们的生活节奏加快，加之信息膨胀，社会各个阶层都深感自我调节和处理问题的能力减弱，渴望社会咨询机构的协助，特别是在社会转型期人们的心理承受力处于临界点更需要关怀协助，而图书馆正是公认的社会咨询中心。图书馆具有的公益性、公共性特点，使其在运用自身深厚的文化力和丰富的信息资源时，占有得天独厚的条件，可以成为社会生活的咨询中心。同时，咨询服务使图书馆工作摆脱传统图书馆静态服务模式，而有了新的飞跃。

5.提高馆员的综合素质

图书馆工作是一项专业性，技术性，创造性很强的专门化工作，馆员的思想品质、文化程度和工作能力直接影响着图书馆职能的发挥。因此，馆员应该本着对工作的极大热情和责任时刻注意收集各种信息，关注学术研究的最新发展动态和信息存贮，处理手段的前沿信息，应有渊博的知识和丰富的实践经验，深入掌握图书情报理论及相关知识，精通一门或一门以上的专业知识；还应具备一定的计算机知识。另外，由于国际间联系日益密切，用户不仅需要国内信息，还需要国外的信息。这样，外语水平也就成为馆员必备的素质。

同时，"终身教育"的思想理念也适用于图书馆馆员，面对如此快速发展的信息社会，馆员必须注意自身知识的更新和完善。图书馆也应为馆员创造更多的学习条件，以满足图书馆在信息社会的发展。

二、图书馆的范畴

图书馆管理的范畴是图书馆管理活动中各种要素、关系的普遍联系和全面发展的不同侧面的反映。图书馆系统内部充满着各种矛盾，图书馆管理范畴就是从不同角度反映图书馆系统中各种因素的既对立又统一的辩证关系，它们是图书馆管理的本质和运动规律的不同表现形式，也是各种管理要素和运动过程之间相互作用的交错点和"结合部"。这些范畴来源于图书馆管理实践，同时又是对管理科学各种普遍概念的综合和提升，它们随着图书馆管理实践的发展而发展，反过来又指导着人们的图书馆管理实践。

（一）主体与客体

管理主体是指具有一定管理能力拥有相应的权威和责任，从事现实管理活动的人，也就是通常所说的管理者。管理主体具有能动性、创造性、自主性等特性。

图书馆的管理主体通常由两个部分构成：一是根据图书馆既定目标将目标任务分解为各类管理活动、工作任务和负有最终督促完成既定目标的人，这类人通常是图书馆的核心人物，或者说是图书馆的高级领导人员，如馆长，副馆长等。二是各方面具体执行诸如计划、组织、协调、控制、经营等管理活动的人，这类人通常是图书馆的骨干人物，如各部门主任。

现实的图书馆管理活动是一种多层次的综合活动，管理主体通常是由许多个人按一定形式组织起来的整体，这种担负管理主体功能的整体就是管理主体系统。从管理主体的不同职能性质来说，管理主体系统是由处于不同职权地位、担负不同管理职能的人相互组合而成的。一般来说，图书馆管理主体系统由四个部分组成，或者说包括四个子系统，即决策系统、执行系统、监督系统和参谋系统。

管理客体是指进入了管理主体活动领域、并能接受管理主体的协调和组织作用、以人为中心的客观对象系统。这一规定概括地表明了管理客体的特性，即客观性、可控性、系统性和对象性。

图书馆内的管理客体范围较大。首先，图书馆的一般成员均是管理的客体，他们执行组织分配的工作任务，遵照一定的运行规则进行工作，以求获得良好的工作成绩。其次，图书馆中的其他资源，如信息资源、物质资源、金融资源、关系资源等均是管理的客体，都是管理的收受者，它们在管理的作用下经过特定的技术转换过程就成为良好的产出物。再次，当图书馆向外扩展自己的生存空间时，必定要作用于相关的人、财、物、信息或其他组织，这些因素也就相应地成为图书馆管理的客体，只是这类管理客体不一定很确定，而经常会变动。

管理主体与管理客体是组成图书馆系统实体结构的两极，它们之间的相互联系和相互作用构成了图书馆系统及其运动。然而，这种联系和作用是通过管理组织这一形式而发生的。管理组织是图书馆系统的现实表现形式。管理主体与管理客体不仅通过组织的形式相互联系，而且通过组织的形式相互转化。这种转化指的是管理主体与管理客体在管理活动中各依一定的条件，使自己的地位向其对立面转化。管理主体与管理客体在图书馆系统中的相互转化有不同的表现形式：一种是地位的转化，这是由图书馆职权层次的变化而引起的；一种是角色的转化，这是由图书馆行为的变化而引起的；还有一种是自身的转化，这是由组织成员自我意识的变化而引起的。正确认识这种转化，对于理解图书馆系统的辩证性质有着重要意义。

（二）硬件与软件

一般来说，图书馆管理活动是由两类既相互对立又相互统一的因素所组成的：一类是活动的物质性载体，它具有一定的感性存在形式，具有稳定性、被动性的特点，称为"硬件"；另一类是使物质性载体能够按一定方式组合起来并产生现实活动的精神性因素，它往往不具有固定的感性存在形式，而具有变动性、创造性、主动性等特点，称为"软件"。这里的硬件和软件都是泛指与图书馆管理活动有关的事物、过程、方法、成果等，具有普遍的意义。

硬件与软件的划分具有相对性和模糊性，只有把两者同时放在图书馆管理活动中进行比较，才具有较为确定的意义。在图书馆系统中，如果把馆舍、文献、信息技术设备等因素看作是硬件，那么人的精神因素就是软件；在组织结构中，如果组成图书馆的个人是硬件，那么指导人的行为的价值观念、道德情操、理想信念等就是软件；在组织形式中，如果正式组织是硬件，即"硬组织"，那么非正式组织就是软件，即"软组织"；在管理技术中，如果把具有比较固定程式的数学分析方法和计算机技术方法称为硬件，即"硬技术"，那么那些具有创造性、没有固定程式的其他管理技术就是软件，即"软技术"；在管理模式中，把图书馆管理单纯看成一种科学，强调运用数学和逻辑方法以及各种严格的制度和标准化原理来进行管理，这就是"硬管理"；而把管理看成一种艺术，强调对人的思想情感及各种非理性因素进行激励，运用非逻辑的创造性方法进行管理，这就是"软管理"。

在图书馆管理活动中，硬件和软件相互依存，相互促进，共同作用，谁也离不开谁。一方面，硬件是软件的基础。任何管理都必须具有正式的和相对固定的组织形式，必须有明确的职务，权力和责任的划分，必须有严格的大家都要遵循的规章制度，必须运用各种物质手段来组织和协调人们的活动。图书馆系统也必须有稳定的输入和输出关系，即既有一定的物质，能量和信息输入，又有一定的信息产品和信息服务输出。这些看得见，摸得着的有形事物是图书馆管理赖以存在和进行的物质基础，离开了这些硬件，软件就失去了自身依托的物质外壳，任何方法、手段，指令，程序等都无法显示其功能，图书馆管理也就根本不能存在。另一方面，软件是硬件的灵魂。任何管理如果只有硬件而没有相应的软件，那么硬件就只能是没有活力的"死东西"。一个图书馆系统，如果只有单纯的组织结构形式，只有一些硬的规章制度，而组织成员缺乏共同的目标，愿望、动机等软件，那么这样的图书馆是无法进行有效的管理活动的。管理的核心因素是人，而人总是有着自己的需要和追求，有着自己的情感和意志，这些"软件"是图书馆的各种结构和形式等"硬件"的灵魂，它规定着硬件的组成形式，引导着硬件的发展方向。

在图书馆管理活动中，硬件和软件不但相互依存，而且可以相互转化。这种转化包括了硬件的软化和软件的硬化两个方面，它们是和图书馆管理过程紧密联系在一起的。

（三）利益与责任

利益属于人的物质和精神需要能否满足以及满足程度的范畴。人们有各种各样的需要，也就有各种各样的利益。人的需要有高低不同的层次，利益也有根本和非根本之别。

责任是一种对自己采取的行为以及行为的社会意义的自觉意识和实践。对于自己责任的自觉意识通常称为"责任心"或"责任感"。责任感一般从激发和控制这两个方面将自己的行为确定在与自己的地位和职务相适应的范围内。激发行为是对应尽责任的鼓励，控制行为则是对超越责任的限制。

利益和责任在图书馆管理活动中是一对矛盾。首先，二者在方向上相互分离，有时甚至呈现出相互排斥的倾向。利益反映了整个图书馆，图书馆各部门，部门内各小组或馆员的需要，由外向内具有收敛性；而责任则要求整个图书馆、图书馆各部门、部门内各小组或馆员付出（劳动、努力等），是由内向外发出的影响，具有发散性。其次，利益和责任相互包含，表现了二者的一致。任何利益中都包含着责任成分，没有责任的利益是根本无法满足的，也是不存在的；任何责任中也都包含着利益，责任中如果不包含一定的利益，所谓履行责任就没有了动力和基础。图书馆尽管是一个"清水衙门"和公益性的服务机构，但其中或多或少存在一定的利益，因此图书馆管理活动不应该掩盖责任中存在利益的问题，而应该使馆内各组织和全体馆员认识到这一点，这有利于调动他们对工作认真负责的积极性。再次，利益和责任能够相互转化。利益在实现的过程中必然转化为责任，不尽责任，就没法也不能取得利益；而责任在履行的过程中也必然转化为利益，这是尽责任应得的报酬。图书馆管理者在管理实践中的两个基本任务就是：一方面，将个人的、小组的、部门的或整个图书馆的利益获得过程设计为履行各自职责的过程；另一方面，把履行职责的结果同个人、小组、部门或整个图书馆的利益结合起来。

（四）集权与分权

集权与分权是表征管理职权在管理空间中的分布状态和运动方向的范畴。集权既指管理活动中的集中统一指挥，又指权力向上层逐步收缩的过程。从职权在管理空间中分布的状态来说，集权意味着主要的管理职权（如决策权、人事权，财政权，奖惩权等）集中于高层领导，特别是最高领导层，而中下层只有处理例行的日常事务和工作的权力，而且即使是这些权力的执行也必须处于上级的有效控制之中。从职权的运动方向来说，它意味着下级某些权力被缩小乃至取消，并向上级组织或专门机构集中，这种集权化的运动方向是由下向上逐步收敛的。

集权一般有两种途径：一是规定限制下级组织或非专门组织裁决问题范围的一般标准，即规定它们该管哪些事，不该管哪些事，哪些事可以自己做主，哪些事必须报上级批准；二是撤销下级组织或专门组织的实际决策职能来集中决策职能，这种方式在某些特殊情况下会采用，譬如，某图书馆的购书经费很充足，但藏书结构多年来一直不合理，于是由馆长或一名副馆长亲自指挥采购部的工作。

分权就是分散权力，即上级部门将某些问题的决策权移交给下级部门。从职权在管理空间中分布的状态来说，就是中下层各级管理人员拥有某些问题的决策权，高层领导只保留重大问题的决策权和在政策、目标、任务方面的必要控制权。从职权运动的方向来说，它意味着下级部门自主性和独立性的加强，许多职权从上级向下级分散，这种分权化的趋势是自上而下逐步发散的。

在图书馆管理活动中，集权与分权是辩证的统一。首先，集权和分权各有利弊，因此必须互相补充。在图书馆管理过程中，关键是要把握好集权和分权的度。过度集权，什么都管，不仅上级决策的正确性不能保证，还会扼杀下级工作的积极性和主动性；过度分权，什么事情都撒手不管，则可能使上级对下级失去控制。其次，集权与分权在一定条件下互相转化。这种转化一般有两种形式：一种是被动地转化，即在过度集权或过度分权的管理阻碍图书馆各项业务活动发展的情况下，由过度集权向分权或由过度分权向集权转化。另一种是主动地转化，即在问题出现之前就注意调整集权和分权的关系，在动态中把握二者变化的度，及时消除偶然出现的过度集权或分权现象。

（五）有序与无序

有序和无序是标志组织协调程度的矛盾范畴。有序是指管理系统的各个要素之间相互联系，相互作用和相互转化中有规则的、有秩序的状态和运动趋势；无序是指这种联系，作用和转化中无规则、无秩序的状态和运动趋势。

图书馆系统中的有序和无序标志着管理组织的协调程度，这种协调程度是管理主体有意识地自觉活动的结果。图书馆系统的各种要素并不能自发地形成具有管理功能的组织。要形成组织，就必须通过自觉的组织活动，把各种相互之间无规则，无秩序的要素（主要是人）在一个统一目标、统一行为规范和统一的结构形式中组合起来，这种组合也就是把各个要素由无序状态转变为具有一定规则和秩序的有序状态。有序是图书馆系统的一个本质特征。图书馆就是通过设立共同目标来协调馆员各不相同的无秩序的目标；通过明确的责任，权利的规定来协调各个部门和馆员之间不确定的相互作用方式；通过规章制度来协调馆员无规则的行为；通过有效的管理工作来协调复杂多变的人际关系和不同的心理情感。这样，图书馆中各个部分之间就能够按照规范准则统一意志，按照共同目标统一方向，按照规章制度统一行动，整个图书馆呈现出有规则、有秩序的状态，这即是有序性。因此，图书馆就是通过有意识地主动管理行为，使无序的因素组织成有序的系统。在这个意义上说，图书馆管理就是通过协调来达到有序结构的实践活动。

　　然而，在各种组织结构中无序也总是存在的，任何图书馆中都存在着一种反抗协调而自发趋向无规则、无秩序状态的力量。图书馆中的这种无序一般有两种表现形式：一是受控的无序状态。在统一的图书馆系统中，每个人都扮演不同的角色，有着自己的利益、目标和爱好，外部环境又总是给予一些随机性的干扰，这些因素是图书馆的协调活动不可能消除的。同时，图书馆中必然存在的分权和结构软化，简化的运动，不可避免地增强着图书馆中各个部分和个人的自主性、独立性、竞争性的运动趋势。这样，有序的结构中就必然会产生对原来确定位置的无规则，无秩序的偏离，形成一种无序的涨落。这种涨落一般总是在一定限度之内进行，有效地控制总是会把偏离度过大的因素重新拉回到合理的范围之内，使它不致形成失控状态。这种受控的无序状态是保持一个图书馆的活力所必需的，也是一个有效图书馆系统所必然存在的，所以是一种良性的无序。二是失控的无序状态。如果图书馆自身的组织结构不合理，管理者决策或指挥失误，或者外界环境急剧恶化，造成了对图书馆的巨大冲击力，都有可能使图书馆的协调和控制失效，原来的组织目标、规章制度和职权结构失去了对各个因素相互作用的制约力，图书馆中无规则、无秩序的运动趋势大大加强，再也无法把这种涨落控制在合理的范围内，这就是失控的无序状态。这种无序，轻则造成效率低下，管理混乱，图书馆目标难以实现；重则致使整个图书馆分崩离析，管理完全失败。这种失控的无序是一种恶性的无序，对图书馆有极大的危害性，所以必须极力防止。

　　图书馆系统中的有序和无序还标志着管理运动程序化的程度，这种程序化是管理过程各种机制和职能有机联系和转化的结果。一个相对完整的管理进程是以决策为中心，包含了计划、组织、领导，控制和评价等一系列阶段的职能和过程的统一体，这些职能和过程相互有机联系和转化，形成了图书馆管理运动的一定程序。这个程序规定了图书馆系统在达到目标的过程中所应该遵循的行为步骤和秩序，使管理运动的整个过程表现出一种在时间进程中的规则和秩序，这就是管理过程的有序化。一个有序的图书馆管理过程必然表现为各种管理活动瞻前顾后，井井有条。当上一阶段尚未完成，条件尚未具备时，不轻易进行下一阶段的工作；而当条件具备时，又不失时机地把管理过程推移到新的阶段，做到管理过程间断性与连续性的辩证统一。在每一阶段中善于抓住重点，顾及全面，突破难关，带动其他；而当内外环境发生变化时，又能适时地转移工作的重心，整个管理过程呈现出主次适宜、轻重得当，有节奏、有规律地向前推进，做到管理过程起伏性和前进性的辩证统一。这就是图书馆管理运动的程序化。

然而，图书馆管理运动又具有非程序化的一面，即存在着管理过程的无序。这种无序同样有两种情况。一种是由于外界环境和图书馆系统内部各种关系的随机变化，使原来固定的程序不得不被打破，出现错位，扰动甚至颠倒的情况。例如，在开始实施图书馆计划之后，发现计划与客观实际严重不符，或者客观情况已经发生了重大的变化，这就必须停止原计划的执行，重新返到修改或重新制订计划的阶段。这就是要求保持管理过程的良性无序，这种无序即是灵活性，是任何成功的图书馆管理运动所必须具有的性质。另一种管理过程的无序就大不一样。这种无序的根源是图书馆管理者主观思维与客观实际发生严重背离，它表现为原来制定的程序本身严重失误，与实际情况的变化根本不相适应；或者是图书馆管理者在执行程序时掉以轻心，严重失职，完全不顾眼前现实的管理情境。这种无序只能造成整个管理程序完全被打乱，管理运动严重失控，管理过程处于一种被动应付、穷于招架，目标不清、方寸全乱的完全随机漂移的境地。这种管理过程的恶性无序只能导致图书馆管理的失败。

因此，从质的规定性来看，图书馆管理的有序和无序有两种形态：一种标志管理组织的协调程度，即组织结构的有序性；另一种标志管理运动程序化程度，即管理过程的有序性。前者是空间结构规则性和秩序性的反映，后者是时间结构规则性和秩序性的反映。也可以说，有序和无序是图书馆系统在时空结构中的规则性和秩序性程度的综合反映。

（六）稳定与改革

稳定和改革是图书馆系统在其发展的历史过程中两种不同的状态和趋势。稳定是指图书馆系统在其发展过程中总体的状态和趋势保持不变，即处于相对静止的状况；改革是指图书馆系统总体的状态和趋势发生重大变化，即处于显著变动的状况。

图书馆管理的一切要素、一切过程都具有稳定性，否则，图书馆管理活动就无法正常进行，也无法对管理要素和过程进行研究。但是，图书馆管理活动的相对静止和相对稳定是有条件的、暂时的。首先，当我们说某些管理要素处于稳定状态时，只是相对于一定的管理系统和时间、地点而言。在某一特定的图书馆系统中，管理者和被管理者的划分是稳定的，但离开这个特定的系统，进入其他管理系统，情况就会发生变化。其次，稳定包含管理活动中的量变。当图书馆管理过程的某一阶段、某一种管理模式或体制仍然保持着它们自身的性质，没有发生质变的情况下，我们就认为它们是相对稳定的。但与此同时，它们在性质不变的情况下还发生着其他变化。例如，计划过程在没有向组织过程发生飞跃前，内部发生着由初选目标向预测、预算、决定方案的量变，这并没有改变计划过程的性质，我们就说它是稳定的。某一管理模式中的内部矛盾还未尖锐到炸毁这种体制的外壳时，我们就说这种管理模式是相对稳定的。

改革是图书馆管理活动中的质变，确切地说是指一种管理模式或管理体制向另一种管理模式或管理体制的飞跃。改革是由图书馆内在矛盾推动的自我发展和自我否定。一方面，它是旧的管理模式向新的管理模式的质变，是管理旧过程连续性地中断，体现了图书馆管理活动发展的阶段性。另一方面，它继续保留并改造了旧的管理活动的积极成果，作为新管理过程存在和发展的基础，因而把新旧管理过程联系起来，体现了图书馆管理过程发展的连续性。

图书馆管理中的稳定和改革是辩证统一的。首先，稳定和改革相互包含，相互渗透。在图书馆管理模式的全面质变发生之前，图书馆管理活动虽然处于相对稳定状态，但局部的改革总是经常不断的。任何一个具体的图书馆管理过程中间都有改革。例如，控制过程对组织过程来说就是改革组织管理，控制过程对计划过程的反馈也是改革。改革是动态管理的基本特征，而一切有效的管理本质上都是动态管理。所以，稳定中有改革的因素。另外，改革中也有稳定的因素。改革不是一阵风、一股浪，它是一个持续稳定的过程。改革要有一定的步骤，改革中推行的政策、组织体制、管理方法等需要一定的稳定度，以便观察、评价和控制，并在改革过程中巩固自己的成果。其次，稳定和改革具有相互转化的趋势。管理模式的相对静止，管理过程的量变使整个图书馆管理活动在一定时期呈现出稳定状态，似乎一切都在按部就班地正常运转。其实不然，这背后孕育着各种矛盾。当这些矛盾尖锐到不冲破旧的管理体制其管理活动就会严重阻碍各项业务活动发展时，全面改革就不可避免了。当通过改革建立起新的管理体制后，这种管理体制下的管理活动基本上是适合各项业务活动发展需要的，这时就需要保持管理体制的稳定来巩固改革的成果。总之，"稳定—改革—稳定"是管理体制发展的实际过程，这个过程的不断推移就是图书馆管理活动的进化和升级过程。

总之，图书馆管理的范畴是图书馆管理活动中个人与组织，组织与环境这两个基本问题的具体展开，作为矛盾统一体的每一对范畴在现实的图书馆管理活动中并不是孤立存在的，而是紧密联系并和图书馆管理的运动规律相互结合综合地发挥作用。当我们用这些范畴去分析现实的图书馆管理活动及其矛盾时，应该注意这些范畴之间的相互联系和相互转化，注意它们在反映图书馆管理的本质和规律中的特殊性和普遍性，注意它们与活生生的图书馆管理现实运动及蓬勃发展的图书馆管理学的有机结合。

第二节　图书馆管理的原理

一、管理思想与管理理论的产生与发展

社会进步离不开管理的推动，管理是对组织资源进行有效整合以达成组织既定目标与责任的动态创造性活动，是一种实践、一门艺术。管理思想和管理理论都是人们在实践中践行出的经验总结，虽然这些思想与理论形成学科不过一百多年，但却有其深深的根源，并早已经融入社会的各行各业，管理早已成为人类日常生活中的普遍行为。

（一）中国古代管理思想理论

古代的管理思想的代表有儒家、道家、法家、兵家等各流派，不管这些管理思想政治意义上的功过是非，仅从它们在管理国家、巩固政权，统率军队，组织战争、治理经济、发展生产、安定社会来讲，这些管理思想即使是在当今的社会，也有着极其重要的指导作用。其中儒家管理思想作为我国传统文化的主流强调中庸、强调人和，是一种人本管理的思想。而道家思想的最高范畴就是"道"，"道"是天地万物变化的普遍规律，强调"无为而治"。道家管理思想既强调宏观调控，又注重微观权术，是适用于任何管理过程的原则。法家是以"法治"为核心思想，虽然这种"法治"与现代社会的法治意义完全不同，但法家强调普遍规律与特殊规律的关系，认为做事必须尊重客观规律，同时强调管理体系的完备性。兵家管理思想充满了辩证法的思想，其包含的大量战略与战术思想是现今企业管理可借鉴的管理经验和管理原则。总之，中国古代管理思想对今天的各项管理工作，特别是对市场竞争环境激烈中的企业，更具有重大的现实意义。

（二）现代管理理论的新思潮

知识经济的迅速发展和组织管理的实践，使管理新思想不断涌现，各个管理学派互相渗透、融合，管理又有了向全面管理、综合管理发展的势头，这些新思想为管理理论注入了新鲜的力量。

"学习型组织"是指通过培养弥漫于整个组织的学习气氛，充分发挥员工的创造性思维能力而建立起来的一种有机的、高度柔性的、扁平化的、符合人性的、能持续发展的组织。这种理论强调组织只有主动学习，才能适应变化的环境。

"组织文化"理论，提出组织文化本质概念，认为组织文化是一个特定组织在处理外部适应和内部融合问题中所学习到的，由组织自身所发明创造并且发展起来的一些基本假定类型，这些假定类型能够发挥很好的作用，并被认为是有效的，由此被其成员所接受。

"企业再造"理论，提出了有关企业经营管理理论和方法，其新思想主要表现在强调组织流程必须采取激烈的手段，彻底改变工作方法，摆脱以往陈旧的流程框架。

"竞争战略"理论，认为企业的管理都是在三种基本战略的基础上制定的，即成本领先战略、差异化战略、专一化战略，这些基本战略的共同目标就是确立企业在竞争中的优势。

"虚拟型组织"理论，明确提出通过建立虚拟组织、动态协作团队和知识联盟来创造财富的观点。其所谓的虚拟组织指的就是不仅把公司成员，而且把供应商、公司顾客以及顾客的顾客都看成是一个共同体，倾听他们的意见，充分调动内外各种资源。建立这种组织，要更多地依靠人员的知识和才干，而不是他们的职能。

"创新管理"理论，主要由四个部分内容构成，即CIS企业形象设计，信息管理、工艺创新以及企业知识管理。它是在劳动者，劳动工具和劳动对象构成的生产力要素逐渐被信息，技术和管理等智力生产要素所取代，在高技术竞争时代产生的。

二、管理思想和理论对我国现代图书馆管理的影响

（一）"创新管理"理论与图书馆管理

创新是未来管理的主旋律，作为人类社会持续发展的不竭动力，创新是指以新思维、新发明和新描述为特征的一种概念化过程。根据这一定义管理创新至少包括五个方面的内容：提出一种新的经营思路并加以有效实施；创设一个新组织机构并使之有效地运转；提出一个新的管理方式、方法；设计一种新的管理模式和进行一项制度创新。知识经济时代，面对科学技术日新月异，知识量、信息量剧增和市场剧变，谁能感觉敏捷抓住时机，谁就会在竞争中获得胜利。以往图书馆的管理制度和管理模式的设计，常常以规范人的行为，使人不犯错误为出发点，有着过多的管制和约束，这种过细过严的规则，通常会抑制了创新精神的发展。而管理上的创新能使图书馆打破常规，改革管理工作流程，大大提高管理效率；能使图书馆以敏锐的观察力，密切关注未来变化的新趋势、新动向、新问题，从而能以超前的意识果敢决策，适应未来发展的要求。此外，创新管理表现在图书馆管理中就是还要树立创新意识，发扬创新精神，在创新中寻找出路，在创新中寻发展，把创新渗透于图书馆的整个管理过程之中。要充分发挥现代信息技术和管理技术的优势，以促进图书馆管理创新为着眼点，更新图书馆管理理念，引进先进的管理理论，实现图书馆的技术创新、人员创新和服务创新，从而通过改革创新，建立起一套崭新的管理运行机制，以适应社会发展的需要。

（二）"组织文化"理论与图书馆管理

管理从他律到自律，起主导作用的是一种文化认同，文化力量的在组织的潜移默化是至关重要的，被推崇为现代管理的最高境界。文化可以从根本上影响着图书馆管理的出发点和方向。广义上的图书馆文化指的是基于图书馆及图书馆事业的文化内涵与文化现象之和；狭义而言则是指在图书馆核心价值体系基础上形成的，具有延续性的、共同的认知系统。这种认知系统表现为馆员的群体意识形态，它能使馆员之间达成共识，形成心理契约。因此，图书馆管理中应注重文化的建设。树立积极向上的图书馆文化，有利于营造图书馆良好的社会形象，争取更多来自外部环境的有力支持；有利于引导馆员形成正确的职业观，将自身行为与图书馆的整体目标协调起来；有利于确定图书馆的办馆宗旨、服务方针、发展方向，并渗透到图书馆活动的方方面面。

（三）"人本管理""能本管理"理论与图书馆管理

"以人为本"的管理思想在历史上早已存在，中国古代的儒家思想体系就是"人本管理"的代表，现代的毛泽东思想也强调"人本管理"。

目前，"人本管理"是世界上最为推崇的管理方法之一、被广泛应用于现代企业，是现代管理学中的重要理论。它强调的是以人的全面发展为准则，实施以人为中心的管理，其核心思想是尊重关爱人、理解信任人、完善发展人。对于图书馆管理来讲，"人本管理"的管理的核心就是把馆员作为最重要的资源，使其作为管理的主体。围绕如何利用和开发馆员服务于组织内外的利益相关者，从而实现图书馆目标和馆员个人目标。实施"人本管理"，就是要通过科学，有效的方法，发扬馆员的优点，抑制馆员的弱点，提供能发挥馆员的潜能，智慧和创造力的环境，使馆员在创造社会财富、实现效益的同时，不断发展自我，实现自身的价值。"人本管理"属于柔性管理的范畴，其职能侧重于疏导，教化与激励，其特点是用柔性手段进行调节与控制，用非强制性的一套方法去影响，感应馆员的心理和行为，从而调动和激发他们的积极性，创造性，凝聚实现组织目标的群体意志和力量。

有专家认为，在图书馆服务所发挥的作用中，图书馆的建筑物占5%，信息资源占20%，而图书馆员占75%。因此，图书馆事业要想充满生机与活力，建设一支高素质的馆员队伍是必需的。只有通过"人本管理"才能全面开发馆员的潜力，充分发挥其才智。因此，图书馆管理的"人本管理"，首先要尊重馆员，这里的尊重不仅包括尊重馆员的人格和表达意见以及个人发展意愿的权利，还要尊重馆员的能力，尊重馆员的价值和劳动；其次图书馆要充分认可每个馆员在图书馆的贡献，客观地评价馆员的业绩；再次要允许馆员选择适合自己的岗位，以便提供发挥其潜能的机会。

所谓"能本管理"，就是指以能力作为本位的管理理念，它是相对于"物本管理"和"人本管理"而言的，它源于人本管理，又高于人本管理，是更高阶段、更高层次和更高意义上的人本管理，是"人本管理"的升华。"能本管理"在图书馆管理的运用就是通过有效的方法，以期最大限度地发挥人的能力，从而实现能力价值的最大化，把能力这种最重要的资源转变为图书馆发展的推动力量，实现图书馆发展的目标和创新。目前，有些图书馆也在管理中尝试量化管理，但图书馆工作的性质决定了其部分岗位是很难用量化的方式来考核工作绩效的，而"能本管理"这种强调充分发挥个人的能力的管理，为图书馆管理提供了一条新的思路。在图书馆管理中引进"能本管理"理论，可以为图书馆建立各尽所能的运行管理机制提供理论支持。而在实际工作中使管理者能善于及时地发现馆员的潜能，做到人尽其才，才尽其用。把有能力的、有干劲的人放到重要位置上去，从而营造一个有利馆员良性竞争的环境，有效地调动馆员的工作积极性和能动性。

（四）"学习性组织"理论与图书馆管理

"学习型组织"的本质就是要努力并善于组织全体成员进行不断地学习，作为管理理论中的新思想，它融合了当代终身教育思想，把学习作为组织的生命源泉，是当今最前沿的管理理论，建立学习型组织成了21世纪管理发展的新趋势。学习型组织本身是一种宏观的管理理论，其适用的范围非常广泛。它不仅可以用于企业管理，同样可以适应于图书馆管理。

"自我超越"通过强调馆员对自身的认识，来适应外界的变化，不断地给自己树立新的奋斗目标。工作中注意集中精力，培养耐心以达到精益求精，并客观地观察现实，永远努力发展自我，超越自我。

"改善心智模式"要求馆员要善于改变传统的认识问题的方式和方法，要用新的眼光看外部环境，同时注意内部环境的变化，以改变自己的思维定式，从而适应环境的需要。

"建立共同远景"，把图书馆建设成为一个生命共同体，包括远景（图书馆将来要实现的蓝图），价值观（实现蓝图应该遵循的基本原则），目的和使命（图书馆存在的根由），目标（短期内达到的目的）。

"团体学习"可以使全体馆员学会集体思考，以激发群体的智慧。开展团队学习后，馆员之间可以理解彼此的感觉和想法，因此凭借彼此沟通产生的一致性，可以提高综合效率。

"系统思考"，是通过树立系统观念，运用完整的知识体系和实用的工具，认清整个图书馆赖以存在的内外环境，并了解如何有效地掌握变化，以开创新的工作局面。

总之，"学习型组织"理论应用于图书馆管理可以增强图书馆馆员的整体意识，培养馆员之间的协同工作精神，促进图书馆内部的交流与合作，促进知识的共享，树立图书馆的学习风气，提升图书馆全体馆员的知识学习能力。同时，建立终身学习机制是符合图书馆工作实际需要的，可以解决图书馆馆员学习与工作之间的矛盾。此外，"学习型组织"理论应用于图书馆管理中，还有助于实现图书馆的知识管理，对适应科学技术，信息发展对图书馆的影响具有十分重要的意义。

第三节 图书馆管理的发展历程

自从第二次世界大战结束后，除少数国家和地区外，和平成为世界范围内的主旋律。各国都开始重视本国的经济、文化、科学技术的发展，其中管理学思想发展和科学技术的飞跃对图书馆的影响最大。其不仅使世界范围内的图书馆快速发展，而且自身越来越趋于统一化，全球化的图书馆时代已经到来。

一、现代管理学成熟的理论思想被引进图书馆管理中

随着图书馆数量和规模在世界范围的壮大，对图书馆的管理方式和管理理念的认识开始引起人们的注意。管理学在工业、商业和其他服务业领域的成功运用，使科学的管理观念和方法被运用到图书馆管理中。当然，管理学理论的应用主要集中在几个方面：图书馆的组织系统结构上，即图书馆的组织机构的设立，存在等方面；人际关系方面，即图书馆的员工管理、员工需求等方面以及图书馆运行中的矛盾解决机制问题。

二、科学技术发展带来的新技术被广泛运用到图书馆管理中

科学技术发展对图书馆管理的冲击是巨大的，首先，信息存储介质的改变。纸版文献几千年来一直是图书馆文献信息资源的主要形式，但这种文献形式的存储需要空间大，保藏难度高，利用起来也不方便。而现代存储介质的改变，使图书馆的文献信息资源的存储量成倍增加。其次，检索手段的改变。图书馆的书目检索方式早期一般采取的是书本式目录，后来发展成为卡片式目录，这两种方式流传了几百年。而计算机目录检索既方便，又快捷，仅需几秒就能查出读者所需信息。最后，网络服务的出现实现了图书馆的远程管理。早期图书馆受地域性影响，人们只有亲自登门才能享受到图书馆的服务，后期通过书信交流也可获取一定的信息，但计算机网络的出现使图书馆的远程服务变为现实。

三、人本管理的方式使读者享受到更优质的信息服务

"以人为本，读者至上"似乎已经成为图书馆的一种服务口号。服务功能的最大限度发挥成为图书馆界的共识。为了保证读者能更好地利用图书馆，参考咨询

工作早已经成为各个图书馆的必备服务项目，针对读者的各种培训讲座或课程，也是为了保证读者享受信息的质量。图书馆的发展也越来越受到读者的影响。读者需求成为图书馆管理过程首要考虑的问题。

四、图书馆合作加强

各种国际的、国内的、地区范围内的图书馆协会不断涌现，馆际合作不断加强。从早期的馆际联合目录编制、馆际互借，到如今的联合采购，图书馆网络，不仅图书馆的界限得到突破，而且极大降低了图书馆管理的成本，更方便了广大读者，世界范围内的信息共享绝不再是只是一个构想。

五、信息的深加工成为图书馆管理的一项新内容

早期图书馆只承担着文献信息资源的简单搜集和整理工作，即便有对文献的加工也是粗浅的，是为了满足自身管理的需要和方便读者使用。现代化图书馆管理为读者和用户提供的信息深加工服务已经成为图书馆管理新的工作内容。文献信息的个人定制功能、信息追踪功能等不断满足读者和用户对信息的深层次需求，而高质量的信息分析服务必将成为图书馆管理的一项重要内容。

第四节　图书馆管理的建设

一、现代图书馆管理的内涵

首先，图书馆管理是管理学的基本原理在图书馆领域的具体表现，如图书馆管理中重视人力的作用，是管理学基本原理中人本原理的运用。充分使人力，财力、物质等资源在管理活动的影响下以发挥其最大作用，是系统原理和效益原理的充分体现。对图书馆管理活动进行计划、组织、指挥、协调和控制是动态原理的应用。

其次，图书馆管理中要注意把管理学中的各项人本原理、系统原理、动态原理和效益原理等相关理论有机地结合起来，以尽量避免因为认识上的偏差而使它们在实际运用中被人为地割裂开。

最后，在实际图书馆管理工作中，要使管理的基本原则同管理的方法、技术、手段等有机地联系起来，在基本原理的指导之下，针对图书馆管理工作中出现的新情况新问题而采取相应的方法、技术和手段。

所以，图书馆管理不过就是图书馆在正常运转过程中为了实现图书馆的工作目标，完成图书馆的工作任务，而对其系统内的各种资源进行利用的活动。

二、现代图书馆管理的特点

图书馆管理是一种存在于社会中的特殊的实践活动，是人类在进行文献信息资源的搜集、整理、储藏、利用过程中形成的管理活动。因此，图书馆管理除了具有一般社会实践活动的如客观性、能动性和社会历史性等共性特征外，还具有自己特有的特点。

（一）综合性

管理是以研究企事业单位中人的活动规律，用科学的方法改进管理工作，充分调动人的积极性的一种行为。它主要是以人为中心的各种管理行为为对象，发现活动规律，并通过合理的组织和配置人、财、物等因素，提高企事业单位中的工作效率，调动人的积极性，最终达到提高生产力的水平的目的。图书馆服务工作的主体是读者，以读者为中心，维护图书馆服务工作的正常运行和发展进步，图书馆的管理者无非是要解决好人与环境、人与人之间各种关系问题。所以说，图书馆管理实质上是围绕管理和服务进行的，是多种综合的结果。

（二）理论性

图书馆管理是一项特殊的管理活动。在管理的实际运行中，可以借鉴多种基础理论的研究成果，如管理学，图书馆学，情报学、经济学、心理学等一系列学科。这些学科的某些优秀成果与图书馆管理相结合，并具体运用到管理的实际运行中去，使图书馆的管理以深厚的理论为基础，以便能更好地推动图书馆事业的发展，提高图书馆在人类社会进步中的地位和作用。

（三）科学性

图书馆管理是一项具有科学性的活动，从图书馆产生之初，人类就知道采用一些方法以便更方便地查找文献信息。因此，在图书馆管理的过程中，人们发现了很多的方法管理和利用文献信息资源，这些方法逐渐形成了图书馆管理工作的规定，有些甚至上升成标准和法律。

（四）组织性

随着图书馆事业的发展，图书馆已经逐渐形成了规模化，图书馆管理活动也复杂起来。管理活动中涉及的各种资源也越来越多，人力、物力、财力、文献信息等因素交织起来影响着图书馆的管理活动运行。对这些资源的管理的好坏直接影响着图书馆的正常运行，所以在图书馆管理中要有计划、有目的地去进行管理，图书馆管理是一项系统的、有组织的管理活动。

（五）动态性

管理活动的本身就是要在不断变化的环境中进行。为了应对不同的读者需求，图书馆管理需要变化，为了文献信息的形式改变，管理要变化，为了随时改变的社会环境管理活动，也需要变化。所以，图书馆管理是一项要随着服务对象、工作环境和社会环境等因素变动而进行改变的活动。只有跟上时代的变化，随时适应影响图书馆发展的各项因素，才能使图书馆符合社会发展的需求，不被时代所遗弃。

（六）协调性

图书馆管理涉及图书馆各项业务活动和行政管理活动等方面具体的活动。这些具体活动直接影响着图书馆管理能否正确、正常和有序地进行。图书馆管理就是要使这些具有关联性的各种业务活动和行政管理活动中的人际关系，利益关系处于一种和谐、平衡的状态，消除管理活动中的各项不利因素，从而减少内耗，降低摩擦，发挥组织的协同作用，使图书馆有限的人力资源、信息资源发挥出最大的效用。

三、现代图书馆管理环境

（一）图书馆管理的外部环境

1.一般环境

一般环境是图书馆管理的外部环境之一，又称为"宏观环境"，是指对图书馆管理活动产生影响，但其影响的相关性不强或间接相关的一些因素。这些因素对图书馆的影响虽然不是直接的，但有可能对图书馆产生某种重大的影响。具体包括：

（1）政治环境

政治环境的稳定是图书馆发展的基础因素，国家对图书馆的重视程度直接决定着国家对图书馆的宏观调控政策、财政对图书馆的支持和图书馆管理的对外交流情况。

（2）经济环境

经济环境指的是包括社会经济结构、经济发展水平、经济体制和宏观经济政策等方面，它们构成图书馆生存和发展的社会经济状况及国家经济政策。

（3）法律环境

法律环境指的是与图书馆相关的社会法制系统及其运行状态。当前，越来越多的国家将图书馆和图书馆管理纳入法治化管理渠道，为图书馆的发展提供了稳定发展的基础和保证，我国目前的图书馆和图书馆管理还没有上升到法律层面，有必要向此方向发展。

（4）科技环境

科技环境是指图书馆所处的社会环境中的科技要素及与该要素直接相关的各

种社会现象的集合，包括社会科技水平，社会科技力量，国家科技体制，国家科技政策等。科技环境对图书馆的影响巨大，现代图书馆的快速发展与科技发展密切相关，所以关注科技环境有利图书馆的发展。

（5）社会文化环境

社会文化环境包括一个国家或地区的人口、家族文化教育，传统风俗及人的道德和价值观念等。这些因素影响着图书馆的数量、文献信息资源的收集方向以及图书馆的服务对象等方面。

2.特殊环境

特殊环境，又称"微观环境"或"任务环境"。它是指对图书馆的组织目标实现产生直接影响的外部环境因素。与一般环境因素相比，这些因素对图书馆的影响更频繁、更直接。读者或用户，是指利用图书馆文献信息资源的人群，是图书馆服务的对象，是图书馆存在的必要条件，对图书馆的影响起着决定性作用。

文献信息资源的供应者，包括出版社，图书馆经销商，数据库的开发者和经营者、信息设备的开发和生产，当然也包括各种信息，技术和服务等。这些供应者提供的产品或服务的数量、质量和价格直接影响着图书馆的文献信息资源的保藏程度，水平和服务的质量。

图书馆的竞争者和合作者。网络信息服务使图书馆的发展面临着巨大的困难，它的方便、灵活、丰富性影响着传统图书馆的管理，为此，图书馆的管理要向网络信息服务的管理模式借鉴，以及调整自身的战略目标。同时，与网络信息服务合作，发展自身特色的网络信息服务平台，促进自身发展。业务主管部门，多数类型的图书馆，都是受一定部门的领导。与这些部门的良好沟通，是保证图书馆朝着既定目标前进的基础之一。

以上这些环境因素构成了图书馆管理的外部环境。外部环境的不确定性和复杂性使图书馆在存在和发展过程中要不断密切关注这些因素的变化，建立一定的缓冲机制和弹性机制以适应这些因素的影响，并加强自身对外部环境的控制，努力调适图书馆管理，将外部环境对图书馆的负面影响降至最低。

（二）图书馆管理的内部环境

图书馆管理的内部环境一般包括图书馆文化（图书馆内部气氛）和图书馆的基础条件两部分。

第一，图书馆文化是处于一定经济、社会，文化背景下的图书馆，在长期的发展过程中逐步生成和发展起来的日趋稳定独特的价值观，以及以此为核心而形成的行为规范、道德规则、群体意识、风俗习惯等。它一般可分为三个结构层次。表层文化即物质文化层，包括馆舍馆貌、工作条件、工作设施配备情况等是图书馆内层文化的物质体现和外在表现。中层文化即制度文化层，是指对馆员和图书馆自身行为产生规范性、约束性影响的部分，主要包括工作制度，责任制度和其他特殊制度等，是图书馆物质文化和精神文化的中介。内层文化即精神文化层，包括用以指导图书馆开展读者服务活动的各种行为规范、价值标准、职业道德，精神风貌及馆员意识等。这三个结构层次的文化互相联系、互相依赖、互相影响和互相转化，构成图书馆文化的统一体。对图书馆的管理起到了导向功能、凝聚功能、激励功能、规范功能以及渗透功能。

第二，图书馆的基础条件是指图书馆所拥有的各种资源的数量和质量情况，包括人员素质、文献信息资源的储备情况、科研能力等。这些因素与其他因素一样，影响图书馆的目标的制定与实现，而且还直接影响图书馆管理者的管理行为。

四、图书馆管理的职能

图书馆无论在历史上、现今社会还是未来社会中，都对人类文明的进步和发展起着不可替代的作用。图书馆管理的职能指的是管理在图书馆的业务、政务管理和职工生活管理过程中所发挥作用，是管理职能在图书馆的具体执行和体现。

（一）决策职能

决策是行动的先导，是最重要的管理职能。一般说来，这项职能是图书馆领导机关的主要功能。当然，为了在图书馆管理的过程中最大限度和最有效地发挥决策职能，还应该实现管理决策的科学化、民主化，必须建立健全民主决策制度，注重信息的公开化。因为决策不仅仅是方案的一次性选择，实际上行政决策贯穿于图书馆管理过程的始终，管理的其他各项职能都离不开决策活动，整个管理实际上是一系列决策的汇总。可以说，管理就是决策。

（二）计划职能

计划职能是指图书馆各个部门为了实现既定的行政决策目标，对整体目标进行科学分解和测算，并筹划必要的人力，物力，拟定具体实施的步骤、方法以及相应的政策、策略等一系列管理活动，具体包括计划的制订、计划的执行和计划的检查监督等环节。其目的是使图书馆的各项工作能够有计划、有步骤、有方法地进行，以杜绝领导工作的随意性，避免对图书馆管理产生消极影响。

（三）组织职能

图书馆管理组织职能的目标就是具体落实和实现决策和计划，是实现管理目标和管理效能的关键性职能。组织职能具体包括对图书馆各种工作机构的设置、调整和有效运转；各机构职权的合理划分；对全馆工作人员的选拔、调配、培训和考核；对资金、固定资产和其他物品的安排和有效利用；对执行活动中的各项具体工作进行的督促、检查和指导等。

（四）协调职能

图书馆管理中的协调职能，是指对图书馆行政部门，业务部门以及全体工作人员之间的各种工作关系进行调整和改善，使它们按照分工协作的原则，互相支持、密切配合，步调一致，共同完成本馆内预定的任务和工作。现代图书馆管理，是专业化协作的管理，没有协调要达到共同目标是不可能的。因此，协调是管理运行过程中的一项职能，具体内容包括：协调行政管理机构之间，业务管理机构之间，行政管理和业务管理机构之间，工作人员之间、工作人员与行政管理部门之间，业务管理部门之间，与本单位之外的政府、企事业和其他组织之间的关系。

（五）控制职能

控制职能是指管理按照行政计划标准，衡量计划完成情况并纠正计划执行中的偏差，以确保计划目标的实现。图书馆管理的控制职能贯穿于行政管理的各个方面和全过程。做好控制职能一般要注意以下几个方面：第一，确立控制标准，使各项工作有可衡量的指标，以采取正确的纠正措施；第二，对管理行为的偏差进行检查和预测，对图书馆管理工作的实际结果与质量标准监测，获取管理工作的偏差信息，为下一步采取控制措施提供依据；第三，采取相关措施对图书馆管理工作的行为和过程进行调节，即判断管理行为偏差的性质和层次，确定偏差的程度和范围，找出产生的全部原因，制定相应具体的纠正措施；第四，实行有效的监督，即根据行政目标、计划和控制标准，监察、督导行政过程的正常发展和行政系统的有序运转。

总之，图书馆管理的职能是图书馆各个机构设置和改革的重要依据，也是管理运行的必需环节，科学地认识、确定管理各方面、各阶段的职能和保持它们之间的有机地联系，并适应环境和形势的变化及时地转变职能，对有效地进行图书馆管理，具有十分重要的意义。

第六章 智慧图书馆信息资源建设的共建共享

第一节 信息资源共建共享概述

一、信息资源共建共享的重要意义

（一）实现效益的最大化

如何利用有限的经费获取尽可能多的资源，是信息资源建设的一项基本原则。在没有进行整体规划和协调的前提下，各图书馆通过"自给自足"和各行其是的信息资源建设方针，必然会带来信息资源的重复建设问题，无法达到对有限经费的合理利用。

尤其是近年数字化进程的加快，各图书馆在数字化资源建设中，存在着多个图书馆对同一文献进行数字化处理的现象，这在很大程度上造成了资金的严重浪费。针对这一严重的浪费现象，实行信息资源共建共享，从而对各成员单位馆藏进行合理布局、分工协调，突出各成员单位馆藏文献信息资源的基本特色，通过馆际互借、文献传递等共享方式，使用本馆拥有没有馆藏的这部分资源，将信息资源建设经费发挥到最优。

此外，许多图书馆通过图书馆联盟，以集团购买的形式采集数字化资源，也可以大大节约信息资源建设的成本，提高经费的使用效益，增加信息资源的价值。

（二）避免信息资源的重复建设

信息资源共建共享实现了各图书馆信息资源之间的相互流通、分享利用，可以在很大程度上弥补自身信息资源的缺乏和不足。参与信息资源共享的图书馆可统筹规划规划，其信息资源建设，可以避免重复购置、建设那些能从其他图书馆共享到的信息资源，从而可将更多的资金用于发展自身的特色信息资源建设，这样既可从整体上最大限度地避免信息资源的重复建设，又能提高各图书馆的信息资源建设水平和质量，提高信息资源系统的保障能力。

（三）实现信息资源的公平获取

地区发展水平的差距也使得信息资源公共获取上存在一定的差距，而这种信息的不公平又加剧了地区间的贫富差距。在我国，信息资源的分布出现了东部多西部少，且集中在少数几个大城市的不合理布局。这不仅容易造成信息资源的重复建设，还形成了"信息鸿沟"。所谓信息鸿沟，即"信息富有者"和"信息贫困者"之间的鸿沟。

信息鸿沟的出现日益影响着全民生活素质的提高和全社会的协调发展。要缩小信息鸿沟，就需要在经济欠发达的地区加大对信息资源建设的各项投入，建立起具有一定规模的信息资源库。但是，由于信息更新快的特点决定了要求欠发达地区的信息资源建设步伐跟上信息资源的更新速度，无疑给原本经费等社会资源不足的欠发达地区的信息资源建设雪上加霜，从而造成信息资源的重复建设和严重的浪费。要解决发展需要与现实之间的矛盾，只有建立和完善信息资源共建共享，才能不断缩小信息鸿沟，逐步实现信息公平。

（四）提高信息资源的利用率

信息资源共建共享对于开发系统、科学的信息资源系统，最大限度地避免了重建具有重要意义。同时，还使参与共享活动的各图书馆之间形成信息资源建设各有特色的局面。

各图书馆之间实现信息资源共享，但就其中的某一个图书馆而言，利用这种信息资源共享局势，不仅可以为其用户提供本馆所拥有的信息产品和信息服务，还可以为其提供共享合作单位的信息产品和服务。这样，在更好地满足用户信息需求的同时，还可增加该馆所拥有的用户数量和使用范围，提高其信息资源利用率，对社会整体信息资源利用率的提高也具有很好的价值。

（五）满足用户需求的最有效途径

随着生活水平的提高，人们对信息资源的需求不再仅仅满足于单一的服务方式和服务内容，而是开始寻找那些内容全、形式多样、来源广泛的信息资源。图书馆想要满足现代信息用户多样、复杂的信息需求，只有在各图书馆之间实现信息资源共享，将其他图书馆丰富的信息资源作为自身信息资源建设的有利补充和无限延伸，才能真正为用户提供高效率和高质量的服务。

实现全社会信息资源的共建共享，有利于将各个图书馆的信息资源集合起来共同构成一个大而全的数据库。在这个大而全的数据库中，各个图书馆相当于其不同的"入口"，用户可以利用其中任何的一个"入口"获得所需要的信息资源。

二、信息资源共建共享的模式

信息资源共建共享模式是一直以来备受关注的问题，它是指某种事物的标准形式或使人照着做的标准样式，只要是两个或两个以上的机构或地区，或系统之间通过分工合作，统一标准，统一规划，统一服务，相互协调等方式而开展信息资源建设和服务就可以称为"共建共享"。信息资源共建共享没有固定的模式。近年来，人们更习惯以共享活动所涉及的系统和地区范围的大小来划分信息资源共享的模式。

（一）垂直型共建共享模式

系统内部的各机构，通过不同层次之间的协作，进行信息资源共建共享就是垂直型共建共享模式。例如，下属单位与中心（或上级）机构建立联系，以此利用中心（或上级）的信息资源。

在垂直信息系统中，由于各个成员之间只有行政和业务上的隶属关系，因此，组织起来相对比较容易得多。但是，由于垂直型结构是相对封闭的，它排斥了横向（即跨系统）之间信息资源的充分共享。尤其是当成员之间地理空间的距离比较远时，要进行必要的管理和联系就可能带来不便。

（二）水平型共建共享模式

同一地区内的不同系统，不同行业之间的信息系统进行信息资源共建共享的模式就属于水平型共建共享模式。水平型（横向）共建共享机构之间的隶属关系是不同的，当这些机构对信息的需求不同，且彼此之间缺乏合作的强烈动机和有力协作机制时，实施起来就显得较为困难了。

（三）网络型共建共享模式

全国范围内或地区范围内的所有不同机构系统或成员之间建立的可以直接相互连接，实现共建共享信息资源的模式就是网络型共建共享模式，也称"纵横联合共建共享模式"。这是一种最理想的模式，但在实践的操作中难度最大，不容易实现。

（四）多网共建共享模式

两个或两个以上网络信息服务机构通过合作，将不同环境中大量的、分散的信息资源进行整理、优化，以形成有利于各个信息服务机构，有不同用途的网络信息资源，供社会共享的方式称为"多网共建共享模式"。

多网共建共享模式的产生首先是出于对网络信息服务机构参与社会竞争的考虑，通过多网合作共同建设，信息服务机构不仅可丰富自己的网络信息资源，实现网络信息资源共享，还可以减少费用，提高经济效益和生产力。此外，随着信息技术和网络技术的发展，其他类型网络的信息服务出现了互相交叉融合的趋势。当然，用户需求的多样化、个性化与集约化，也是实现多网共建共享模式，满足用户需求的最佳途径和必然要求。

1.多网共建共享模式的类型

目前，常见的多网共建共享模式的类型主要有：

第一，互补型。

互补型模式充分利用了各方优势和劣势的互补，共同合作建设网络资源实现共享。在互补型模式中，各方之间是一种互补关系，通过合作扬长避短，可以有效降低成本，优化自身资源结构实现双赢效应。

第二，聚集型。

聚集型模式中合作的一方一般是已经具有了良好的技术、人才和信息资源基础的。在这个前提下利用聚集型模式可以提高自身网络信息资源的质量，优化资源结构，扩大资源的种类和数量，与相关的机构合作号整合，聚集优势资源形成规模效应，提高信息服务的水平，加强竞争力。

第三，共享型。

为了合作各方避免重复建设，可以运用共享型合作模式将各自相同的资源部分进行整合与利用，以节约成本，使之集中力量开发具有自己服务特色的网络信息资源。

第四，开发型。

开发型模式主要是为了充分利用网络信息资源，开拓新的服务项目而进行合作的一种模式。在这种模式中，合作各方是以网络信息资源的开发利用为基本点，带动经营、管理、服务等方面的创新。

2.实现多网共建共事模式的方法

第一，联合建立网络信息服务机构，这样就可以避免因单独技术所带来资金、技术、信息资源、人才等方面的不足。而且通过资源整合还可以丰富网上信息资源和网上共享水平。

第二，对网络信息资源整合，使合作的双方能够在网络信息资源开发利用的基础上实现互补，进而丰富自己的网络信息资源。同时，这种方式还有利于建立具有自己特色的网络信息资源，节约重新开发网络信息资源的费用。

第三，超链接作为网络的特点之一，其除了能够为信息服务机构提供丰富本身内容或技术等服务项目合作外，还有利于合作双方的共建共享。

总体而言，多网共建共享模式主要是具体的企业之间的合作。组织形式分为一对一，一对多，多对多三种形式。一般情况下，网络信息机构共建共享不管以何种方法实现，合作对象都不会只有一个。

3.多网共建共享的途径

第一，对等交换。这是网络信息服务机构双方在相互为谋求发展、共同受益，互相合作所采取的一种多网共建共享途径。

第二，利益分成。合作本身就是一种互惠互利的关系，但受到资源整合比例不平衡的影响，可能还会产生一些不同的经济、社会效益，此时合作就具有了一定的差异性，在此差异的基础上，双方为达到合作目的，还必须对产生的效益按一定的方式和比例进行分配。

第三，购买。当需求方与资源拥有方之间的差距较大，用合作的方式不能完全实现资源共享时就需要采用购买的方式来实现。

第四，互置股权。主要是合作双方在资源的利用、整合上有互补的特点或者跨地域、跨媒体的双方均有向对方领域渗透的意向。

信息资源共享是人类的理想，它需要我们克服狭隘意识，积极探索更多更好的信息资源共建共享模式，努力实现现代信息资源的共建共享目标。

（五）镜像站点共享模式

对于一些专门从事信息服务的机构而言，由于对数据库的访问量很大，且对数据库的及时性、准确性、全面性要求很高，原始的数据库可能难以满足更多的用户需求，此时就可以考虑采用镜像站点的方式来开展信息服务。镜像是在获取资源网站的许可后，将资源网站的相关数据库完整地下载到本地站点服务器上，建立一个与源站点相同的数据库，用户可以在镜像站点上获取与访问源站点完全相同的信息服务。这种模式比传统的服务方式具有更显著的优点，突出表现在提供全文信息服务方面。

由于镜像站点的数据资源集中保存在本地的服务器硬盘或磁盘阵列上，并且具有独立的IP地址，极大地节省了网络通信和客观费用。此外，建立镜像站点还可以进行本地化服务，根据本地区的实际情况发展自己的客户端，所有这些客户自然地成为镜像数据库资源的用户，使信息资源共享。目前，镜像站点共享模式已被许多信息机构采用。

（六）小共建大共享模式

小共建大共享包括两个方面的内容：一是系统共建，全国共享；二是区域性共建，全国共享。就是说，信息资源共建共享应采取全国性系统内的共建共享和地区性跨系统的共建共享相结合的模式。

在这里要实现全国性系统内的共建共享模式，就需要在全国性各行业系统中分别建立本系统的信息资源建设体系、信息资源保障体系、信息资源存取体系、信息资源利用体系和信息资源传递体系，以最大限度地实现全国性各行业系统的信息资源共享。而地区性跨系统的共建共享模式主要针对的是以省为系统，建立一省范围之内的跨系统的共建共享网络。

小共建大共享模式的优势主要表现在以下两个方面：

第一，便于协调。

在全国范围内建立信息资源共建共享模式，对于减少信息资源共建共享中无谓的重复现象，整体提高国家信息资源的保障能力具有重要的意义。尽管这种模式在实现全国的大统一过程中也可能会出现系统之间的信息资源重复现象，但它实实在在地实现了系统内的信息资源共建共享。同时，在允许的范围内，可以一定程度地实现全国的共享。

第二，区域性跨系统的共建共享已取得一定的成功。

由于实行一省之内跨系统的信息资源共建共享的难度远远小于实现全国性跨系统的信息资源共建共享，目前，区域性跨系统的信息资源共建共享已取得了显著的成效。

第二节 信息资源共建共享的形式——图书馆联盟

一、图书馆联盟概述

图书馆联盟是指两个或两个以上的图书馆结成的联盟，其核心是"联盟"。最早的资源共享形式自人类社会产生图书馆起就开始了，此时的共享是图书馆之间的合作。图书馆合作又称"馆际合作"，是指两个或两个以上的图书馆为了增进服务及降低成本共同从事的合作采访、合作编目、合作储存、馆际互借、相互允许合作组织内的其他图书馆读者利用本馆资源以及合作人员训练等活动。

图书馆联盟无论是在我国还是世界上其他图书馆业比较发达的西方国家都还是一个新生的事物，至今没有统一固定权威的定义。随着资源共享的理念日益深入人心，图书馆合作的内容不断增加，图书馆联盟作为一种共建共享的有效模式被提出并得到广泛采用。图书馆联盟作为联盟的一种，可以通过联盟的定义为其进行界定。因此，图书馆联盟可以看作是以实现资源共享、利益互惠为目的，受共同认可的协议和合同制约的联合体。

现代图书馆联盟强调的是网络环境下的资源共享，突破传统图书馆网的范畴，把图书馆视为信息系统中的重要一环，将图书馆与其他信息处理部门连接起来，共同完成对信息的处理。实现信息资源的共享是图书馆联盟的最终目的，一定的技术和硬件支持是图书馆联盟的基础，所有缔结的协议、条约或者合同是图书馆联盟的基本保障，各个参与联盟的图书馆共同遵守所有缔结的条约是图书馆联盟得以正常运行的前提，每个图书馆都必须严格遵守缔结的条约，否则联盟很难实现。

图书馆联盟在信息资源收藏、建设、利用等方面具有独特的特点，这些特点决定了在信息时代图书馆联盟能够发挥较大的效应，以有限的资源去满足知识经济时代人们对知识的需求。

（一）资源共享的公益性

资源共享的公益性是图书馆联盟资源共享区别于其他联盟的资源共享的最大特点。图书馆联盟不同于其他联盟，其资源共享不是供图书馆自己使用，而是为了最大限度地满足用户的需求，最大限度地发挥资源的效用。因此，我们认为图书馆联盟资源的共享性并不只是联盟成员之间的共享，而是其服务对象所享有的共享，显然这种资源共享具有很强的公益性。

（二）资源建设的协调性

图书馆联盟的最终目的就是通过实施共建共享，使有限的资金或尽可能多的资源种类，去满足最大范围的用户的需要。当然，要达到这一目的，就要求图书馆联盟的各个成员在资源建设上能够相互协调、互通有无，避免资源建设的重复。因此，资源建设的协调性是图书馆联盟的重要特点。

（三）联盟各成员馆发展的特色突出

图书馆联盟的目的是以有限的资源满足读者最大的服务需求。信息发展的速度是任何图书馆都无法赶上的，无法以充足的资金购买所有的资源，这导致很多图书馆只能以有限的经费购买最常用的资源，从而导致资源的重复。建立图书馆联盟以后，各成员馆在资源建设中相互协调，扬长避短，形成自己的特色，既可以使本馆得到最大的发展，又可以满足任何服务对象的需求。

二、图书馆联盟的类型

（一）按组织形式划分

按组织形式划分，可以将图书馆联盟分为紧密型的图书馆联盟和松散型的图书馆联盟。

1.紧密型的图书馆联盟

在紧密型图书馆联盟中，各参与联盟的图书馆之间存在紧密的联系，形成了一个较为正式而且固定的联合体，并实现了较为完全的信息资源共建共享。一般而言，这种类型的图书馆联盟常常有具体同一的组织机构，即便没有组织结构，参与联盟的图书馆业都设有专门联系图书馆联盟事宜的专门的业务部门或者工作人员，协调联盟各方实现馆际互借、联合编目、共同检索，其至实现联合采购等。紧密型的图书馆联盟是未来图书馆联盟发展的趋势。

2.松散型的图书馆联盟

在松散型的图书馆联盟中，各个图书馆之间的联系较为松散，且很少有实际的组织结构，参与的各个图书馆也很少设有专门的业务部门或者工作人员负责联盟的事宜。松散型联盟具有快速、机动、富有弹性、无须专职人员协调的优势。但是，它缺乏共同的要求、统一的领导和稳固的资金保障，服务项目也很少。

（二）按地理范围划分

按地理范围划分，可将图书馆联盟分为地区性的、全国性的、国际性的图书馆联盟。

1.地区性的图书馆联盟

地区性的图书馆联盟一般是由同一地区内的图书馆结合而成。由于这种类型的图书馆间地理距离较近，服务对象也较同一，且参与联盟的各方比较容易协调，因此，成了当前传统图书馆联盟的主要形式。

2.全国性的图书馆联盟

全国性的图书馆联盟，就是全国范围内图书馆参与的图书馆联盟。

3.国际性的图书馆联盟

国际性的图书馆联盟一般是由两个或者两个以上国家的图书馆结成。全国性和国际性的图书馆联盟受网络技术的影响较大，参与的各方一般是技术比较先进、电子化、数字化程度较高的复合型图书馆或者是数字图书馆。图书馆联机计算机中心就是著名的国际性图书馆联盟。

（三）按参与联盟图书馆的性质划分

按参与联盟的图书馆的性质划分，可以分为综合性的图书馆联盟和专门性的图书馆联盟。

1.综合性的图书馆联盟

参与综合性的图书馆联盟的图书馆一般具有多种性质，这些图书馆可能有专业图书馆、系统图书馆、单位图书馆或者是大型综合性图书馆。

2.专门性的图书馆联盟

参与专门性图书馆联盟的一般是那些性质比较专一的图书馆，如美国协作机构委员会虚拟电子图书馆计划就是校际联盟的图书馆联盟。

（四）按参与联盟的图书馆文献的种类划分

按参与联盟的图书馆文献的种类划分，可以将图书馆联盟划分为传统图书馆联盟、数字图书馆联盟和混合图书馆联盟。

1.传统图书馆联盟

传统图书馆联盟一般是指那些由收藏传统纸质文献为主的图书馆所组成的联盟。由于受地域等诸多条件的限制，这类联盟影响的范围较小，随着时代的发展必将为其他类型的图书馆联盟所取代。

2.数字图书馆联盟

数字图书馆联盟是指那些由数字图书馆组成的图书馆联盟。数字图书馆联盟中的信息资源的共建共享都是通过网络和相应的终端来实现的。由于数字图书馆联盟是随着信息时代而逐渐发展起来的，符合时代的要求，因此，其必将成为信息化时代图书馆联盟的发展趋势。

3.混合图书馆联盟

参与混合图书馆联盟的图书馆形式比较多样，有数字图书馆，也有复合型图书馆，还可能有传统的图书馆，这类联盟是当前我国采用的最为普遍的形式。

三、我国图书馆联盟发展现状与策略

（一）我国图书馆联盟发展现状

20世纪90年代后，计算机技术、网络技术、多媒体技术，以及数字化技术等都得到了迅猛发展，为图书馆联盟的建立提供了硬件基础。在建立图书馆联盟过程中引入这些技术，可以有效地提高图书馆自身的自动化、电子化建设，而且还能够促进图书馆间、图书馆与广大读者间的网络化即时通信联络。技术的发展除了为图书馆建设提供帮助外，还为广大读者提供了便利，使读者随时随地利用文献成为可能，也为图书馆联盟的建立提供了巨大的顾客群。当前，全国各地的图书馆都在积极进行自动化、网络化建设，为建立图书馆联盟实现联合目录、公共检索积累了相当数量的书目数据，为实现资源共享奠定了基础。

科学文化水平的提高也是促进图书馆联盟发展不可忽视的重要因素。当前，自动化办公已经成为社会的潮流，图书馆也不例外，图书馆的办公自动化建设进程在历史潮流的推动下日益加快。在这种形势下，各图书馆正在通过各种途径建立起一支结构和类型基本合理，能基本满足本馆自动化工作需要的专业技术队伍，为图书馆联盟的建立提供了较强的人力资源基础。

当然，在图书馆联盟形成并发展的过程中，作为由两个或两个以上的图书馆联合而成的图书馆联盟的建立还会面临着经济、思想的制约，严重地影响图书馆联盟的建立。我国图书馆性质非常复杂，有公共图书馆，也有非公共的图书馆，公共图书馆之间建立联盟的条件较为成熟，但是其管理机制尚未健全。而其他非公共性质的图书馆由于服务对象只限定在本系统，本单位内部没有合作或协作的观念和意识，严重制约了文献信息资源的共建共享，也严重影响了图书馆联盟的建立。而不同性质的图书馆之间，由于技术设备相差悬殊，绝大多数难以满足建立图书馆联盟的技术要求，严重制约图书馆联盟的建立。

（二）我国图书馆联盟发展的策略

1.理顺图书馆的管理体制

我国的图书馆大体可以分为公共系统、科学（专业）系统、高校系统三种性质，这些图书馆之间由于隶属的地区、系统或单位，主管部门各不相同，且文献收藏品种、数量、质量、范围也各不相同，导致图书馆之间协调困难，严重影响了图书馆联盟的建立。为此，要求这些图书馆必须以单位体制改革为契机，理顺图书馆的管理体制。各个图书馆之间统一规划、统一技术标准、统一运行规则，包括作业流程、业务处理、信息交换、行为准则等技术和非技术的协议和标准，为图书馆联盟的建立做充分的准备。

2.加强图书馆工作队伍建设

图书馆联盟除需要一定技术的支持外，其成败在很大程度上取决于人，取决于图书馆工作人员的技术水平和思想水平。尽管当前我国图书馆工作人员已经具有了一定的技术素质，但是与其他图书管理事业发达的国家相比，还存在很大的差距。因此，在加大图书馆自动化设备建设的同时，必须加大人力资本的投入，加强图书馆工作人员的培训。

3.建立特色化馆藏

图书馆联盟的目的是实现图书馆间的互补，这就要求参与联盟的各个图书馆馆藏不同，从而实现馆际之间的馆藏互补，以充分实现文献信息资源共建共享。但是，当前我国的许多图书馆还存在严重的"重藏轻用"观念，在经费有限的情况下，各图书馆在文献上无法求全的情况下，以通用的"核心""重点"为标准，进行馆藏建设。很多图书馆都收藏"核心""重点"书刊，导致图书馆之间收藏大同小异，无法实现或者根本没有必要实现资源共享。为此，各个图书馆应该在统一机构的协调下，合理进行文献信息资源建设。例如，以需求为导向，建设特色化馆藏；集中财力，围绕某一学科领域系统收集。各馆可按学科专业、文献类型、文献文种方面，实行分工购藏。特色化馆藏是图书馆信息网络化建设及文献信息资源合理布局与协调发展的必然趋势，要使文献信息资源建设尽快由自然发展状态变为宏观指导下的合理布局，减少不必要的重复与缺漏，为图书馆联盟的建立奠定基础。

四、图书馆联盟的发展趋势

考察国内外各类型图书馆联盟的发展历程和现状，结合图书馆联盟发展的环境和条件，可以发现图书馆联盟的某些发展态势。

（一）图书馆联盟开始相互渗透和融合

受到网络信息技术不断发展，以及联盟活动日益深化的影响，一些图书馆联盟开始与不同类型图书馆联盟相互融合，吸收其他类型的成员馆的特色馆藏。例如，美国许多基于公立大学图书馆的联盟现在都在某种程度上扩充了它们的服务范围，如乔治亚州的GALILE。现在的成员馆已包括私立大学图书馆、职业技术院校和公共图书馆，弗吉尼亚州的VIVA包括了私立大学图书馆，并开始向州内的其他行业图书馆扩充。

（二）图书馆联盟呈现多极化趋势

图书馆联盟的渗透和融合并没有显现联盟无限扩大的趋势。而是一方面在购买电子资源数据库、联合目录等基本服务方面参加大型的联盟，另一方面也在组建或加入一些小的联盟以解决专门的共享需求。

就国内的图书馆联盟而言，人们已经意识到，加入图书馆联盟只是作为满足不同需要的手段，因此，他们会根据自己的需求选择参加多个不同的联盟，并在其中扮演不同的角色。图书馆根据自己的资源和服务特点有选择地参与多个联盟组织的集团采购以获得优惠，使得国内图书馆联盟的数量近年来有了快速的增长。

（三）图书馆联盟向数字图书馆的方向发展

当前图书馆联盟活动开始向电子资源集团采购和基于Web方式进行的馆际互借和文献传递方向发展。许多图书馆联盟通过互联网将其目录或其他信息资源链接在一起并提供获取原文的服务。有些联盟则采取更进一步的措施将原本不兼容的系统协调在一起，实现了联盟内各成员馆馆藏和借阅信息的无缝链接，开始逐渐向图书馆的无墙化、网络化转变。

就国内图书馆联盟而言，其启动和建立大多数集中在20世纪90年代中期以后。随着中国互联网技术的高速发展，这些联盟从一开始就基于网络进行设计并开展，如联机编目、联合目录、公共检索、专题数据库，以及馆际互借和文献传递服务等功能。同时，还有许多图书馆联盟已经开始尝试向数字图书馆转型。

五、发展图书馆联盟建设的意义

随着现代信息技术的发展，图书馆为了在社会信息化进程中求得生存和发展，逐渐形成并发展起来新的合作形——图书馆联盟。图书馆联盟作为一种信息资源共建共享的重要形式，对当前图书馆事业的发展具有十分重要的意义。

（一）带来直接的经济效益

图书馆联盟使资源运筹从图书馆内部扩大到外部，使联盟图书馆的各种投入要素重新组合并实现更多的产出，形成联盟的规模产出效应，实现了对各种资源的有效组织和利用。图书馆联盟通过集团采购、合作编目、馆际互借、文献传递、参考服务等各个环节的合作，降低了资源建设成本和服务成本，由此所带来的经济效益十分明显。

（二）最大限度地满足了读者的信息需求

在社会信息化的今天，读者的信息需求已发生了巨大的变化。传统的图书馆的封闭独立特性，已经不能满足读者对文献或信息服务的要求。读者的需求开始向多元化信息包括视频信息（包括静态的信息如文本信息、图像信息，动态信息如动画、电视、电影、交互式媒体）、音频信息（包括声音、音乐等）和超视声频信息（包括超声频、视频信息）等多元化的需求转变。并且，这种信息需求也不再局限于具体的图书馆、信息研究所、文献中心等机构，而是超越国家、地区的限制转向全球信息需求。显然，任何一个图书馆仅仅利用自己的资源来全面满足读者的需求是不可能完成的事，而通过图书馆联盟在一个国家、地区或系统内部有计划、分层次、有侧重地协调合作地收藏文献资料，建立联合目录和文献数据库中心，联合开展多种形式的文献信息服务，形成强有力的信息保障体系，才可能最大限度地满足读者需求。

（三）我国图书馆宏观管理领域的制度创新

我国图书馆事业的管理体制的不完善，导致长期以来各区域图书馆之间缺乏协调和联系，跨系统跨地区的信息资源共建共享存在诸多障碍。尽管在过去数十年间，各图书馆之间也有过不同形式的合作，但受到计划经济体制的影响，这些合作基本上是由行政力量主导的，各参与者缺乏经济利益的驱动，合作者之间缺乏利益平衡机制，责、权、利不明晰。因此，合作的效率低下，合作的实际效果也很有限。

针对上述状况，迫切需要建立一个统管全国各类型图书馆的行政职能部门，对全国的图书情报事业，包括信息资源共建共享进行集中管理。当然，基于我国经济体制和行政管理体制改革的方向而言，其可行性并不高。因此，我们更倾向于建立横向协调的图书馆联盟，即在自愿的基础上，由政府实施宏观管理，参与的成员主体地位平等，参与的程度由成员自主决定，参与的利益由成员分享。这种联盟既与国际接轨，又符合中国的实际情况，是我国图书馆事业宏观管理领域的制度创新。

第三节　国内外信息资源共建共享实践

在数字化的信息时代，单凭一个信息服务就想拥有全世界的信息资源是不可能的。可以说，开展广泛的分工协作与资源共享不仅是各国信息服务机构的必然选择，也是各个国家信息政策中必不可少的一项重要内容。

一、国外信息资源共建共享实践

（一）美国信息资源共建共享实践

1942年至1972年，美国数十家图书馆参与了图书馆界提出的在全国范围内协调国外信息媒体采集的"法明顿计划"。他们按《国会图书馆图书分类法》把所有学科分成804个类目，在60家大型图书馆成员馆中按类和地区分配信息媒体的采集任务，保证各种有价值的国外信息媒体至少在美国有一册（件）入藏。同时，将采集来的某类信息媒体集中在某一个图书馆，并编入全国的联合目录，提供全国用户共同使用。在整个计划执行期间，以国外信息媒体分工采集为核心的信息资源共建活动，为提高全美信息资源的丰裕度起到了极为重要的作用。

1978年，为了解决全国期刊资源的布局与保障问题，美国国家图书馆与信息科学委员会提出了一个"全国期刊中心计划"，把期刊在全国的采集入藏任务按三个级别在不同的信息服务机构进行了如下分配：

第一级由地区性的基层信息服务机构所组成，每个信息服务机构采集入藏2000种左右利用率较高的期刊，满足本单位80%的用户需求。

第二级由新组建的国家期刊中心负责，采集入藏45000种现期期刊，以满足基层单位80%满足率之外的15%的用户需求。

第三级由国家图书馆（国会图书馆、全国医学图书馆和全国农业图书馆等）及其他具有一定权威性的专门性信息服务机构所组成，其任务是采集入藏能够满足余下5%对用户而言是高度专门化需求的期刊。

尽管到最后这个计划中的NPC因没有得到联邦政府的资助而流产了，但它的任务由研究图书馆中心所接替，收藏的期刊在60000种以上，仍然使美国期刊的三级保障体系得到了确认。

（二）英国信息资源共建共享实践

1946年，为了使相关的信息资源能够在伦敦地区得到合理的收藏与利用，英国伦敦开始率先实施"伦敦地区小说保存计划"，即伦敦地区各信息服务机构按小说作者的姓氏开头字母划分采集范围，进行相关信息媒体的收藏。后来整个计划扩展到了全国，更多的信息服务机构参与了这一资源共建活动。

1948年，伦敦地区28家信息服务机构开始了地区范围内按学科专门化进行信息媒体分工采集的信息资源共建活动，他们首先按杜威分类法所分的55个学科领域，将每个或几个领域的信息媒体采集分给一个信息服务机构来承担。这些信息服务机构所承担的学科领域并不是随意的，而是严格注意了学科之间的联系，并考虑了各信息服务机构原有信息资源的基础。

目前，英国共分12个信息资源共建协作区，每一至两个区设立一个地区管理机构，由它们来对本地区信息资源共建共享进行具体规划、协调，使每个信息服务机构的信息资源都形成各自的特色，而将这个地区内所有信息服务机构专门化的信息资源综合起来，就形成了一个相对完备的综合性的信息资源体系，使用户的大多数需求都能够在地区中得到满足。

在全国信息资源共建活动中，英国国家图书馆所处的地位比较特殊，它不仅和地区的合作委员会达成协议，划分了中央和地区各自采集入藏信息媒体的范围和级别，还和其他一些信息服务机构分工采集具有全国意义的信息媒体，从而使通过资源共建所形成的英国全国的信息资源的布局层次更加清楚、合理，实现了以地区级信息资源建设协调为主、以国家级信息资源建设为后备补充的两级信息资源保障。

（三）北欧部分国家信息资源共建共享实践

北欧在信息资源共建共享模式中表现比较典型的国家主要有挪威、瑞典、芬兰、丹麦四国。这四个国家为了解决有限的经济实力与全面采集世界所有信息媒体的矛盾，提高信息资源的保障程度，从1957年就开始制订和实施"斯堪的亚计划"，即"信息媒体合作采集计划"。在该计划中，由四个国家的15个信息服务机构，按照合作采集计划，在采集北欧以外的信息媒体时，以学科主题、地区和文种进行分工，使每个信息服务机构分别成为某一学科或类型的信息资源中心、书目信息中心和馆际互借文献传递中心，共同满足四国用户的信息需求。

北欧四国之所以能够取得信息资源共建共享的成功，究其原因，与其有相邻的领土，相同的政治、经济、文化传统，具有国际合作的基础是分不开的，他们在进行信息资源共建共享时，不仅能够从各国历史情况和原有基础出发，保证信息资源的系统性，也能够照顾现实情况和发展需要，合理分工，以形成新的、完整的信息资源保障体系。北欧四国的成功为其他各国进行信息资源建设的国际协调和合作提供了宝贵的经验。

（四）日本信息资源共建共享实践

尽管相对于西方国家而言，日本的信息资源协调共享起步较晚，但它却具有自己的特色。从1977年开始，日本文部省就在国立大学中实行"共同利用计划"，为全国范围信息资源共建共享拉开了帷幕。在"共同利用计划"中，首先对国外科技期刊的订购进行了划分，具体包括校内使用、地区共用、全国共用三种类型，规定某些专业学科的期刊由各地区的重点大学负责收藏，供本地区使用；某些专深、罕用的期刊由全国性的大学负责收藏，供全国使用。地区共用和全国共用期刊的订购费由文部省统一拨付。

日本的信息资源大部分集中在大学图书馆，从20世纪70年代开始，日本文部省和日本学术审议会还组织大学图书馆建立全国学术情报系统，以充实一次信息媒体的采集与提供，加强二次信息媒体检索系统的建设，促进三次信息媒体的生产与专门文献数据库的形成。目前，这个系统主要集中在7所大学之中，其中有6所大学分担订购理工农医等学科的国外期刊，以权威文摘刊物收录的期刊为订购对象；于人文社科方面期刊的订购，则由文部省拨出专门的经费，指定专门的信息服务机构负责；东京大学承担了这个系统的枢纽作用。

二、我国信息资源共建共享实践

（一）我国信息资源共建共享方面的理论

我国信息资源共建共享的理论经历了从"文献信息资源共建共享"到"信息资源共建共享"的转变，整个环境也经历了从传统图书馆环境到网络环境的转变。在对国外信息资源共建共享的成功经验借鉴的基础上，我国信息服务机构在信息资源共建共享方面的理论研究和实践的发展中也取得了较大的成绩。

文献信息资源共建活动最早产生于19世纪末的德国，而后在世界各地迅速发展起来。随着世界范围内文献信息资源共建活动的广泛开展，各国逐渐形成了独具特色的文献信息资源共建理论，并影响着其国内的文献信息资源共建共享的实践。

我国图书馆界公认的信息共建理论研究的起点被认为是20世纪80年代初期。但是，从20世纪50年代开始，我国就进行了全国性的信息资源共建共享活动。

进入20世纪80年代初期，全国各地和各系统陆续组织和开展了一些诸如信息媒体采购协调、信息资源集中编目、馆际互借等信息资源共建共享工作。从这一时期开始，我国信息资源共建理论大致经历了两个阶段：第一阶段是1984年到1994年，是传统的图书馆文献信息资源共建理论研究阶段；第二阶段是从1995年至今，是网络环境下的信息资源共建理论研究阶段。由于这两个阶段所处的信息环境不同。因此，关于信息资源共建的理论也不同。

1.1984年到1994年的文献信息资源共建理论

1984年9月，全国高校图书馆工作委员会在大连召开了全国高校图书馆藏书建设研讨会，首次提出了文献资源和文献资源建设的问题，图书情报界很快接受了这一提法，并对此进行了热烈的讨论，这一事件标志着我国图书馆理论界由藏书建设的微观研究转向宏观研究。

1986年11月，由中国图书馆学会在南宁召开的"全国文献资源布局学术研讨会"（简称"南宁会议"）标志着我国文献资源建设从基础理论研究向应用理论研究转变。这次会议具有深远的历史意义，其影响主要体现在以下几个方面：

第一，初步明确了"文献资源布局"概念的含义，使文献资源布局的专业术语得到广泛流传。

第二，讨论了文献资源布局的原则、目标、模式、措施，提出了将全国文献资源布局区分为全国布局（一级布局）、地区布局（二级布局）和介于二者之间的系统布局的框架模式，以及三级布局、一点式布局、三点式布局、七点式布局、分省布局等较为具体的模式方案，为设计我国文献资源布局的模式及方案提供了重要借鉴。

第三，直接引发了规模宏大的全国文献资源、调查和布局研究。特别是在全国轰轰烈烈地开展的"全国文献资源布局调查"本着以"摸清全国文献资源的家底、合理布局全国的文献资源"为目的，调动了全国万余名图书情报工作者参加，用了四年的时间，总共调查了五百多个有代表性的信息服务机构的2000余个研究级学科信息资源，基本查清了我国整体信息资源的储备情况，建立起了"全国文献资源数据库"和"全国文献资源调查用户评议数据库"，实现了预期的目的。

这次调查活动对促进我国信息资源的整体化建设，以及我国信息资源共建共享研究和实践产生了极为深远的影响。在这次全国文献资源布局调查的影响下，我国各级各类信息服务机构的信息资源共建共享活动出现了一个高潮。

第四，使文献资源整体化建设的思想深入人心，从理论和实践两个方面促进了中国文献资源建设由微观向宏观的过渡。

同年，国防科工委情报网每年都会对本系统外文报刊订购进行协调，将进口报刊的重复减低到最小限度，并将各单位订购的外刊统一建库。到1994年，该数据库已发展到350个单位的2600种期刊。

从1987年开始，中科院系统的上海、兰州、武汉、成都4个地区的图书馆开始进行外文期刊协调采购，到1990年，共减少重复期刊2123种，增加新刊408种，节约经费155万元。

1988年，华东地区的复旦大学、南京大学等12所大学成立了外文书刊采购协调网，开展了外文期刊的协调订购，减少了重复，增加了品种。这项活动的开展，使得到1992年，累计节约经费186万元。在这个协调网的基础上，1994年，全国高校图书馆工作委员会期刊专业委员会组建了全国高校期刊协调网，有80余个教育部直属高校参加，使信息资源的协作共建得到进一步扩大，每年为国家节约经费更是超过了1000万元。

1994年，由上海地区高校、科研、公共和情报四大系统的信息服务机构组成的上海地区文献资源共享协作网成立，下设外文书刊采购协调组，在联合采购、协作协调的理念指导下，对各单位订购的2500种外文期刊进行了协调，节省经费120万元。

从"南宁会议"到1994年的8年时间里，我国图书馆工作者就全国文献资源布局整体化建设理论问题进行了讨论，并最终形成了以下5种具有代表性的全国文献资源布局模式。

第一种，三级文献保障模式。在20世纪90年代中期前该模式比较有影响。其具体内容是：第一级是各省市、自治区根据其实际需要，建立综合性的文献资源系统，由一些重要的图书馆和情报所分工负责，在入藏文献的研究级水平上进行协调、共同解决本地区80%的文献需求；第二级是全国具有独特优势的专业图书馆、情报所等，可以在自己专门而深入的专业领域，使藏书达到完整级的水平，解决第一级保障层次未能解决的文献需求；第三级是由国家图书馆、国家科技情报中心、社科院文献信息中心、科学院文献情报中心等全国性综合图书情报机构集中收藏的罕见资料，供全国利用。

第二种，系统布局模式。该模式由一系列按行政系统划分的图书馆网络构成。系统中各个相关图书馆结成纵向的层次联系，以满足该系统读者的文献需求。

第三种，一点式布局模式，即在全国只建立一个文献资源中心——北京文献信息资源中心。这个中心由北京的一些综合的、专业的大型和超大型文献收藏机构组成。

第四种，三点式布局模式，即主张在全国建立三个国家级文献资源中心，除北京外，还应在上海和四川成都或重庆建立两个国家级文献资源中心。这两个中心同样也由公共、高校、科学专业，以及其他文献收藏机构组成。

第五种，七点式文献布局模式，即认为国家级文献资源中心应均匀分布，在北京、上海、沈阳、广州、武汉、重庆、西安建立7个国家级文献资源中心，覆盖全国，提供方便快捷的文献服务。

2.1995年至今的信息资源共建理论

随着1994年我国正式接入互联网，我国的信息环境也发生了巨大的变化，网络信息资源成了图书馆满足读者信息需求的重要信息资源。在信息基础设施不断完善的前提下，我国图书馆的网络化建设也得到了较快的发展，信息环境的变化，使得我国的文献资源共建理论也发生了变化。

随着人类记录和传播知识、信息的手段和方式的巨大变化，导致了文献资源建设的变革。20世纪90年代中期，我国的一些学者提出了文献资源建设要向信息资源建设发展的问题。

1995年3月21日，原国家纪委、原国家科委、国家信息中心联合下发了《关于开展全国信息资源调查的通知》，对全国数据库和电子信息网络资源展开调查。

1997年4月，原国家科委下发了《国家科委关于加强信息资源建设的若干意见》，将数据库建设确定为信息资源建设的重点。

由上述事件可以看出，图书馆学界和情报学界对信息资源建设的理解是不完全一样的，甚至有很大的不同。但是，我们认为在共同的网络环境下，图书馆学界和情报学界关于信息资源建设的不同理解是应该而且完全能够加以整合的。网络环境下的信息资源建设既包括文献型的资源建设，也包括数据库的建设。信息资源建设活动要比文献资源建设活动宽泛得多、复杂得多。只有将文献资源建设、数据库建设与网络信息资源建设有机地结合起来，才能称得上完整的信息资源建设。

自1998年开始，我国先后启动或建成了"全国图书馆信息咨询协作网""中国高等教育文献保障体系（CALIS）""国家科技图书文献中心（NSTL）""全国文化信息资源共享工程""中美百万册书数字图书馆合作计划（CADAL）""中国高校人文社会科学文献中心（CASHL）"等全国性的信息资源共建共享项目，以及"江苏省高等学校文献信息保障系统（JA-LIS）""上海市文献资源共建共享协作网"等地方性信息资源共建共享网络。

1999年1月，全国文献信息资源共建共享协作会议召开，来自全国各地区、各系统的122个信息服务机构参加了这次会议。会议提出，要在全国实现信息媒体的分工购藏，建立科学合理的信息资源保障体系。其近期目标是同一区域的信息服务机构建立信息媒体分工购藏的协调制度，有效地使用各自经费，避免重复购藏；而全国范围内的信息媒体分工购藏，则作为信息资源合理布局的长远目标。

此外，参加该次会议的人员还共同签署了《全国文献信息资源共享协议书》，标志着我国信息资源共建共享进入了跨系统、跨行业的合作领域。

2000年，由上海复旦大学等6所高校组建的"上海教科网高校网络图书馆"宣布开馆上网，为高校系统内信息资源的共建共享的成功实现奠定了良好的基础。

2001年，由文化和旅游部启动的全国文化信息资源共享工程覆盖文化和旅游部直属系统的2675个公共图书馆，390个群众艺术馆，2907个文化馆，42024个文化站，2217个农村集镇文化中心和59312个图书室，基本形成了覆盖城乡的群众文化网络。

2005年，出席武汉大学信息管理学院"数字时代图书馆合作与服务创新"国际研讨会暨第三届中美图书馆员高级研究班的50余所高等院校图书馆长在回顾我国图书馆界馆际合作与资源共享40多年的历程，探讨了在实现信息资源共享道路上尚须克服的问题，并在图书馆合作与信息共享的重要原则方面取得了共识，原则通过并签署了《图书馆合作与信息资源共享武汉宣言》，标志着我国大学图书馆之间、大学图书馆与其他类型图书馆之间的合作和信息资源共享到达了一个新的历史境界。

随着信息资源共建共享活动的不断扩大和深入，越来越多的信息服务机构开始由旁观者变为积极的参与者。目前，信息资源共建共享的理念在我国已经深入人心，随着这项技术的发展，其一定会取得更大的进展。

（二）我国信息资源共建共享的实践

1.我国图书馆信息资源共建的实践

　　我国图书馆信息资源共建活动开始于20世纪50年代中期，在经历了半个世纪的发展过程中，我国图书馆界在信息资源建设方面进行了不懈的探索，取得了令人瞩目的成绩。

　　从我国图书馆信息资源共建的历史中不难发现，影响我国图书馆信息资源共建的最大因素有两个：一是经济体制的转变；二是网络环境的形成。综合考虑经济体制和网络环境这两个标准，可以以1992年为分水岭，将我国信息资源共建的历史分为两个阶段：第一阶段从1957年到1992年，第二阶段从1992年到现在。

　　第一，计划经济体制和传统图书馆的信息资源共建（1957—1992年）

　　新中国成立初期，我国图书馆开始清理审查原有藏书，补充马列经典著作和科学、进步书刊，奠定了我国图书馆藏书建设的基础。但是，这一时期既没能力也没条件开展文献资源的整体化建设。从1957年开始，我国才开始文献信息的整体化建设。从1957年到1992年，我国信息资源建设又可分为四个时期：

　　①1957年到1966年是我国信息资源建设的起步阶段

　　1956年高等教育部《高等学校图书馆际互借办法（草案）》的颁布，标志着我国信息资源共建共享走上了制度化的道路；1957年，国务院第57次会议批准了《全国图书协调方案》（以下简称《方案》），并于同年6月6日国务院第57次全体会议批准通过。《方案》决定："在国务院科学规划委员会下设图书小组，由文化和旅游部、教育部、中国科学院、卫生部、地质部北京图书馆的代表和若干图书馆专家组成。负责全国为科学研究服务的图书小组的全面规划统筹安排。"在该小组的领导下，确定了全国性和地区性的中心图书馆，并组成了若干个中心图书馆委员会。中心图书馆委员会有多项任务，其中首要任务就是具体规划、协调全国的藏书协调工作，尤其是外文原版期刊的采购协调。

　　在这一时期，由于《方案》的正确指导，我国信息资源共建工作取得了很大的成绩：

　　北京地区的中国科学院、中国医学科学院、中国农业科学院、北京大学、清华大学等单位按学科分工进行外文书刊采购协调，大大增加了外文书刊入藏的品种，减少了重复。

　　西安地区30余家信息服务机构通过采购协调，逐渐降低了外文期刊采购的复本，到1964年，基本消除了重复订购，信息资源共建共享的效益非常明显。

　　可以说，《方案》的实施使我国信息资源共建共享的水平迅速达到了世界先进水平。

　　1962年12月，国家科委和文化和旅游部联合制订了《1963—1972年科学技术发展规划（草案）》（以下简称《规划》）。在《规划》的"图书部分"，对全国的文献资源整体化建设提出了一些具体的设想。并提出了对外文书刊的分配，"要逐步按系统按地区协调，归口管理。在1965年之前，建立从中央到各省区的分系统、分地区的管理体制，并逐步改进协商分配的办法。要求在1967年以前，建立进口科学技术书刊分配和使用的合理制度，以避免全国各系统、各地区之间的重复浪费现象"。

《规划》是在《方案》的基础上，进一步规划了全国文献资源整体化建设的蓝图，使得全国文献资源整体化的建设有了更加明确的目标。

②1967年到1976年是我国信息资源建设的萧条阶段

在这十年期间，我国图书馆事业遭受了一场空前的浩劫，大量图书被当作"封、资、修"的黑货而遭封存以至焚毁。文献信息资源的整体化建设陷入了萧条阶段，也使得在第一时期的规划没有能够得到落实，我国文献资源整体化建设的步伐被打乱了。

③1977年到1983年是我国信息资源建设的恢复阶段

1980年，在中共中央书记处批准了国家文物局提交的具有重大历史意义的《图书馆工作汇报提纲》后，我国图书馆的各项工作有了明确的方向，全国各个系统的图书馆开始大量补充馆藏，以提高图书馆的文献保障能力。

④1984年到1992年是我国信息资源建设的繁荣阶段

在这一时期文献信息资源共建的理论研究和大规模的文献资源调查以及地域广阔的文献信息资源共建活动积极开展了起来。

1984年，在大连召开的高等学校图书馆藏书建设会议上提出的文献资源及文献资源建设理论，为地区、系统乃至全国性的文献资源调查，以及地域广阔的文献资源共建活动的开展奠定了坚实的理论基础，并对促进我国文献资源共建事业的繁荣起到了积极的推动作用。

1986年到1990年期间，我国开展了各种范围的文献资源调查活动，覆盖全国，涉及三大系统图书馆，不但查清了国家整体文献资源的储备情况，客观上还传播了文献资源整体化的观念，为我国开展广域范围内的文献资源共建活动做了理论和舆论上的准备。同时，各种自发的系统和地区性的文献资源共建活动也异常活跃，我国图书馆界的广大工作者以对事业高度负责的精神，自发地开展了系统的或跨系统的文献资源共建活动，为开展更大范围的文献信息资源共建奠定了基础。

第二，市场经济体制和网络环境下的信息资源共建（1992年起）。

1992年，我国经济体制开始由计划经济向市场经济转变，1994年我国正式接入互联网，这些变化都为开展信息资源共建共享带来了前所未有的条件。

1992年到1997年期间，我国图书馆的文献信息资源共建活动整体上仍属于传统式的共建活动。但在各馆自动化、网络化水平的提高和国内通信与资源网络环境的逐渐形成和完善等条件的影响下，我国图书馆也逐渐开始向基于网络环境的信息资源共建转变。在这一时期新成立的具有较大影响的信息资源共建网络有：

1994年3月，由高校、科研、公共、情报四大系统图书情报机构组成的上海地区文献资源共享协作网；1994年，由全国高校图工委期刊专业委员会在原华东地区12所高校图书馆外文期刊协调网的基础上发展起来的高校图书馆期刊协调网；广东地区外文原版期刊引进协调专业网。

该时期的共建活动基本上都是系统和地区性的，且基本上仍停留在传统的手工操作上，没有建成以自动化为基础的网络环境。

从1998年开始，各级政府开始对信息资源共建共享给予高度重视和支持，同时很多自动化、网络化条件较好的大中型图书馆也具备了开展网络环境下信息资源共建共享的条件。在此期间，我国建成了若干个国家和地方的现代化的信息资源共建共享系统，极大地加快了我国图书馆信息资源共建共享的进程，同时也将对我国图书馆的信息资源共建活动产生深远的影响。

在这一时期中，对我国图书馆信息资源共建共享产生影响的系统主要有以下几个：

①以国家图书馆为核心的地区性和全国性的信息资源共建系统

国家图书馆是我国图书馆的馆际互借中心。从1998年10月到1999年1月，国家图书馆先后组织实施了三项信息资源共建共享计划：1998年11月5日，国家图书馆与北京大学图书馆、清华大学图书馆签订了合作协议，拟开展广泛的信息资源共建共享活动；1998年11月27日，国家图书馆与中国科学院文献情报中心签订了《国家图书馆与中科院文献情报中心合作协议书》，双方本着"资源共享、优势互补、互助互利、平等自愿"的原则，在文献资源共建共享、用户服务、馆际互借、技术合作和支持等方面达成了合作协议；1999年1月14日，在国家图书馆的召集下，全国各系统124个图书情报机构在北京召开了全国文献信息资源共建共享协作会议，与会单位的代表全部在"全国文献信息资源共享倡议书"和"全国图书馆馆际互借公约"上签了字。

②中国高等教育文献保障体系（CALLS）

教育部领导的中国高等教育文献保障系统CALLS立项于1996年，1998年经国家发展改革委员会批准实施，是"211工程"的公共服务体系项目。

CALLS以中国教育科研计算机网为依托，采取"整体规划、合理布局、相对集中、联合保障"的建设方针，以建设一个学科文献信息中心、地区文献信息中心为主体的文献信息服务系统，以此与国内外主要文献信息系统联网，形成中国高等教育文献资源保障体系，使高校系统的文献信息总量和信息服务能力有较大的增长和提高，从而为全国高等教育提供高水平的信息保障。

系统自1998年启动后，已经建立了文理、工程、农学、医学4个全国文献信息中心、7个地区中心和1个国防信息中心，以及一系列国内外文献数据库。现在，CALLS的联合目录数据库包含了124个成员单位的115万条书目记录，260万条馆藏记录和5500种中文现刊的137万条目次记录。CALLS在信息资源共建方面，组建购买国外数据库的集团，实行联合采购；在引进数据库方面进行协调，避免重复引进；在自建数据库方面进行协调，避免重复建库等，目前这些工作已经取得了明显的成效。CALLS把各高校的信息服务机构连接成一个整体，改变了过去各高校信息资源孤立发展的模式，推动了高校信息资源的整体化建设。

③国家科技图书文献中心（NSTL）

国家科技图书文献中心NSTL建立于2000年，目前已发展成为我国最大的基于网络环境的科技信息资源共建共享服务系统。

NSTL中心由中国科学院文献情报中心、中国科技信息研究所等8个国家级的信息服务机构所组成，其主要任务就是按照"统一采购、规范加工、联合上网、资源共享"的原则，采集、收藏和开发理、工、农、医各知识门类的科技信息资源，面向全国提供文献传递服务；按照统一的标准进行信息资源的加工，并将数据集中到统一的中心网站，面向全国提供免费服务，以实现全国范围内的科技信息资源共享。

目前，NSTL外文科技期刊收藏已达15000种，并建设纸质外文期刊联合馆藏和集成检索服务系统，提供期刊分类目次浏览、联机公共目录查询、文摘题录数据库检索、网络信息导航、专家咨询系统、数字参考咨询、专题信息服务等各种服务，初步形成了共建共享、可靠服务的外文科技信息资源保障体系。

④中国高校人文社会科学文献中心（CASHL）

根据高校人文社会科学的发展和文献资源建设的需要，教育部设立了中国高校人文社会科学文献中心CASHL，该中心属于馆际合作项目，其宗旨是组织若干所具有学科优势、文献资源优势和服务条件优势的高等学校图书馆，有计划、有系统地引进国外人文社会科学期刊，采用集中式门户平台和分布式服务结合的方式，借助现代化的服务手段，为全国高校的人文社会科学教学和科研提供高水平的文献保障。

CASHL是目前我国唯一的人文社会科学信息资源保障体系，它不仅可以满足高校教学科研服务的要求，同时也是全国其他科研单位社科信息资源获取的重要基地。

CASHL中的印本期刊收藏以SSCI和A&HCI中收录的期刊为基础，兼顾高校教学和其他的科研需要；电子资源收藏以国外权威的、高水平的、学术性的全文电子资源为主。信息资源的采集采取管理中心统一规划和各分中心申请相结合的方式，由管理中心统一协调、审核后报教育部社科司批准。印本期刊按照学科特点分散收藏在全国中心和区域中心，一般情况下按品种订购，不设置复本；电子资源则尽可能进行集团采购。

经过几年的建设工作，CASHL中收集的人文社科信息资源已相当丰富，目前已拥有人文社科外文期刊8138种，基本涵盖了全部人文社科的学科领域。人文社科外文原版图书也积累至38.3万种，包括教育部文科专款引进图书28万种。此外，CASHL还在资源建设的基础上，通过书目信息网络的构建，不断完善对信息资源的报道和揭示，至2008年5月，"高校人文社会科学期刊目次库"已整合了CASHL各级中心收藏的4821种印本期刊和500多种电子期刊共600多万条目次数据。

2.我国图书馆信息资源共享的实践

信息资源共建的最终目的是实现信息资源的共享，随着我国信息资源共建活动的开展，我国信息资源的共享也在不断向前发展。从1956年至今，我国信息资源共享体系的建设也分成了两个阶段，即1994年之前传统图书馆环境下的信息资源共享和1994年至今网络环境下的信息资源共享。归纳起来，我国信息资源共享主要包括了馆际互借、馆际文献复制、馆际互阅、数字图书馆的信息服务，以及网上参考咨询五种形式。

①馆际互借

与世界各国一样，馆际互借也是我国图书馆最早的文献资源共享形式。1956年到1994年期间实施的是传统环境下的馆际互借，1994年至今是网络环境下的馆际互借。

传统的馆际互借是指通过印刷型联合目录、电话等方式获知其他馆的书目信息，然后以邮寄、邮政快递或网络内部的运输系统等文献传递手段方便图书馆之间文献的相互利用。从1956年，有关部门颁布了我国第一个馆际互借条例《高等学校图书馆馆际互借办法（草案）》。1957年开始，我国开展了大规模的馆际互借活动，此后，馆际互借活动进入了全面发展阶段。随着经济建设的蓬勃开展，社会的信息需求迅速增长，各个系统的图书馆为了社会信息需求，也都开展了不同程度的馆际互借活动。1985年，国家图书馆也与国内千余个图书情报单位开展了馆际互借。

1994年，在互联网的影响下，馆际互借的环境也发生了很大变化。首先是获知其他馆书目信息的手段发生了变化，既可以用联机的方式批量检索网络内成员馆的书目信息，也可以通过网上检索上网图书馆OPAC的方式具体检索某一图书馆的书目信息；其次是文献传递的手段发生了变化，借出馆可以将文献数字化并通过网络将数字化的信息快速传递给最终用户或借入馆，从而大大提高了馆际互借的效率。

在网络环境中馆际互借的影响下，我国图书馆也取得了实质性进展，基于网络环境的联机馆际互借和准联机互借都不同程度地得到运用。1999年1月1日，国家图书馆牵头组织由124个图书馆参加的全国图书馆馆际互借网络就是基于网络环境的准联机型馆际互借。

②馆际文献复制

复印机的普及，使得文献复制逐渐在图书馆信息资源共享活动中开展起来，并成了图书馆之间共享期刊、学位论文、会议录、科技报告等文献信息资源的主要形式。我国开展图书馆馆际文献复制业务最多的是国家图书馆。为了充分开发国家图书馆的文献信息资源，1997年，国家图书馆成立了文献提供中心，除了提供馆际互借服务以外，还根据图书馆和读者的请求，开展馆际文献复制业务。

随着图书馆自动化和网络化程度的日益提高，应用Ariel数字传输系统的图书馆会越来越多，馆际文献复制这种信息资源共享的形式也将会发挥越来越大的作用。

③馆际互阅

读者可以凭借统一的证件在图书馆联盟内的任何一个图书馆进行文献阅览，称为"馆际互阅"。馆际互阅中的共享形式不涉及文献在借出馆和借入馆之间的物理移动，也不会像非返还式的馆际文献复制那样将文献的复制品传递给借入馆或用户，而是用户持通用阅览证直接到其他馆进行阅览。

1957年，在全国最早的文献信息资源共享活动中，网络成员馆之间发放通用阅览证就成了一种文献资源共享的辅助形式。随着我国图书馆文献信息资源共享活动的广泛开展，网络成员馆之间发放通用阅览证又成为图书馆开展文献信息资源共享的一种重要的形式，目前已经被全国各个系统或跨系统的信息共享协作网广泛采用。

④数字图书馆的信息服务

1997年，我国数字图书馆建成，直至今天，我国许多图书馆都进行了关于数字图书馆课题的研究和开发，较有代表性的工程有中国试验型数字式图书馆项目、中国数字图书馆工程、清华大学图书馆的数字图书馆建设、北京大学图书馆的数字图书馆建设等。这些以数字化、自动化和网络化为特征的数字图书馆，通过网络为用户提供数字化的馆藏文献，必将极大地促进信息资源的共享。

⑤网上参考咨询

网上参考咨询借助计算机网络，以图书馆信息和参考咨询馆员为资源，通过用户的信息需求来促进信息资源和人才资源的共享。网上参考咨询作为网络环境下图书馆开展信息资源共享的一种新形式，主要宗旨就是，通过网员间的优势互补，共同创造一个良好的信息服务环境，实现文献信息和参考咨询人才资源共享和全国图书馆界的合作。

与其他信息资源共享形式的最大不同点在于，网上咨询并不是单纯的文献物理移动或复制，而是对某一专题信息的系统归纳和分析。目前，网上参考咨询还处于新生阶段，未得到广泛普及，但它肯定是未来信息资源共享内容体系中一个不可缺少的形式。

第四节　信息资源保障体系的建设

信息资源保障体系是指在一个国家或一个地区范围内，各类型的信息机构协调合作，根据统一的规范，建立一个集信息资源的收集、组织、存储、传递、开发和利用于一体的信息资源保障体系。信息资源建设的最终目标，是要建立一个能最大限度地满足社会信息需求的信息资源保障体系。这是一个实体系统，包括信息资源的储备系统和服务系统。这一保障体系将以层次结构科学、空间布局合理的资源网络体系为物质基础，以信息资源社会共享为社会目标，以文献信息事业社会化为组织形式，以电子计算机通信网络为技术手段，使有限的信息资源能够最大限度地满足社会对信息资源进行充分开发和高效利用的需要。

一、信息资源保障体系建设的意义

（一）我国信息资源建设的战略需要

相对于一个国家而言，信息是其重要的资源和财富，并且已经成为经济建设和社会发展中不可缺少的基础组成部分。就我国而言，经过近几年的努力，通信网络等信息基础设施建设发展较快，而信息资源建设则严重滞后。目前，我国文献信息资源建设仍然存在经费短缺，文献资源布局不合理，覆盖面不广，重复率较高，文献资源建设缺乏宏观调控的问题。由于文献信息资源建设是一种连续、持久的工程，为防止各自为政，重复建设，必须从宏观战略角度把握文献信息资源建设。

（二）适应和满足用户信息需求变化的需要

随着用户对信息需求由单项需求向广泛性需求转变，且对信息的实效性要求更高，以及近年来科学技术的高速发展，各类型文献的数量迅猛增长任何一个图书情报机构都不可能将全世界上所有的出版物收入馆中。与此同时，相对较低的文献信息采购经费、不断上涨的文献信息价格和订购品种，特别是外文文献信息资料大幅度下降。到目前为止，我国还没有形成一个覆盖全国各系统和行业间的文献信息资源保障体系，只有单个系统，如 CALLS、CSDL 中科院国家科学数字图书馆，且相互之间缺乏必要的协调，很难保证用户对图书的需求。因此，必须从国家层面考虑文献信息资源的保障问题。

（三）改变我国图书情报发展不平衡状况

我国文献信息资源的密集程度呈现从东部到中部、西部逐渐减弱的阶梯分布，其富集区主要集中在北京和上海两个城市，县以下广大农村，图书情报机构及文献信息资源拥有量极少。为了更好地为中西部地区及广大农村的经济发展提供信息服务，单纯地靠增加图书情报机构数量、增加文献信息资源来满足经济发展需求既与我国的基本国情不符合，而且也不能从长远角度解决这一问题。随着信息网络的发展，在国家文献信息资源保障体系的基础上，这些地区的用户可以通过网络来获取文献信息富集地区的信息资源，满足当地经济发展需求。

二、国外信息资源保障体系的建设

自20世纪中叶以来，世界上许多国家都十分重视信息资源保障问题，并在文献采购的协调合作联合编目、馆际互借等方面进行了卓有成效的合作，积累了许多经验。

（一）国际图书馆协会联合会（IFLA）核心计划

国际图书馆协会联合会成立于1927年，是一个独立的、政府的、非营利的国际性组织，代表全世界图书馆协会、情报协会、图书馆和情报服务机构的利益。IFLA的目标涵盖了三个方面：

第一，促进高标准图书馆和信息服务的提供。

第二，鼓励私有、公立和民营机构广泛了解优质图书馆和信息服务的价值和重要性。

第三，代表全世界会员的利益。

1.IFLA的规划活动

IFLA的规划活动分为以下两种：

第一，发展规划。

发展规划是在1FLA宗旨指导下，为发展国际图书馆事业、指导各项业务活动而制定的总的目标、任务及其原则声明。发展规划包括长期规划和短期规划。长期规划直接指导短期规划，短期规划又是长期规划得以实现的途径。为了做出具体的行动计划，IFLA定期制订了以6年为基础的"中期计划"，规定了各核心计划和各部、组的活动方案。

第二，核心计划。

核心计划的内容涉及全球图书馆信息服务所普遍关心的主题，之所以称它为"核心"计划，主要是因为它们联结了世界所有地区、所有类型图书馆及其用户共同关注的一些主题的活动，成为一种"核心"。

2.世界书目控制（UBC）

世界书目控制计划是在书目控制理论的基础上建立起来的，它试图建立一个国际性的国家书目信息网络，使各国的国家书目机构负责将本国出版物生成可与其他国家进行交换的规范书目记录，并将这些书目记录组成国家书目，使任何一个用户，在任何时间、任何空间都可以迅速得到他所需要的在任何时间、任何空间所出版的一切文献的书目信息。

3.国际机读目录（IM）

继美国国会图书馆制定了USMARC（美国图书馆使用的标记法）后，世界各国纷纷制定本国的MARC格式，联合国也设有国际机读书目中心。1983年，IFLA将国际MARC纳入核心计划，正式设立了IM计划。由于IM与UBC两项计划活动联系十分密切，并有许多交叉与共同之处。1986年，IFLA执行委员会根据计划管理委员会的建议，决定将UBC和IM两项计划合并成为UBCIM。

4.世界出版物共享（UAP）

UAP的概念于1973年在法国格勒诺尔IFLA第39届大会上提出，1974年在华盛顿IFLA第40届大会上，UAP概念得到正式承认和进一步的阐明。1975年在奥斯陆的IFLA第41届大会上，决定将UAP列为UFLA的中期计划。1978年，UAP计划正式开始实施。

UAP计划的目标是使世界各地的用户随时都可以最大限度地获取他们所需要的各种载体的出版物。UAP计划最主要的内容，就是力促各国能建立起一个具有出版物的出版、发行、采购、加工、存储、保护、馆际合作等基本功能的国家系统。

（二）国外文献资源建设协作计划

国外文献资源建设协作计划主要以美国和北欧斯堪的纳维亚半岛四国——瑞典、丹麦、挪威、芬兰为代表。自20世纪中期以来，发达国家十分重视信息资源保障问题，并进行了许多有意义的探索，这些成功经验和失败教训具有极高的借鉴价值。

1.美国文献资源建设协作计划

第一，格林威计划。

1958年，美国费城公共图书馆馆长爱默森·格林威（Emerson Greenway）倡导的格林威计划（Greenway Plan）是出现最早的最著名的指令统购计划之一，主要为需要采购大量复本书的公共图书馆所采用。其内容是：出版商将自己即将出版的图书及书评送到图书馆，由图书馆根据这些书目进行订购，并在新书到馆前安排好订单，做好编目记录，使图书馆尽快得到书刊，并通过这种选书方式更好地制订本单位藏书的系统规划。

格林威计划成功实施的关键在于筛选出那些所出版的图书最符合本馆馆藏建设目标的出版商，有效地避免了在人力、物力、财力方面的浪费。

第二，法明顿计划。

1942年制订完成的法明顿计划（Farmington Plan），按《国会图书馆图书分类法》将学科分成804个类目，分别由60多个成员馆按类分工收集，对一些稀有文种的出版物则按国别分配采购任务，从而保证国外有用出版物的全面收集入藏，并将所收集来的文献及时编入国会图书馆的联合目录，提供互借与复制，从而达到资源共享。

法明顿计划的执行极大地丰富了美国的文献情报资源，被认为是在全国范围内第一个大规模开展藏书补充协调的行动计划，是美国20世纪最为著名的文献资源建设协作计划。

第三，480号公共法案。

480号公共法案具体内容是：由国会图书馆持国家出卖农产品所得的经费购买当地国家或地区最新的图书、期刊和其他资料等出版物，购买后进行集中编目、由国会图书馆印制卡片、制作目录后，再交由参加480号公共法案的图书馆所设置的资料寄存地来负责典藏流通。英语出版物分藏在300家图书馆，其他语种出版物分藏在40家图书馆。480号公共法案在美国图书馆合作馆藏发展的历史上，是属于全国性指令统购、分散式典藏管理的合作采购方式，主要以采购的地区和语言作为分工的依据。该法案开始于1961年，到20世纪80年代中期停止，是美国联邦政府成功利用外币协作研究图书馆收集发展中国家的出版物以供学习和研究的例子。

第四，国家采购和编目计划。

1966年，由美国国会图书馆主持开始实施的国家采购和编目计划成功整合了法明顿计划和美国480号公共法案，使其成为当时规模最大的全国性合作采访计划，也称分担"编目计划"。

该计划的目的在于更快地收集全世界有关科研工作的出版物，并及时进行编目，以印刷卡片或其他形式迅速地传播书目资料，以便通过全国统一规划来满足国会图书馆和其他图书馆的当前需要。

第五，国家期刊协调计划。

国家期刊协调计划是美国研究图书馆协会为了改进各图书馆在财政负担和业务负担上的不平衡状况而提出的。其基本目标是：负责向全国提供期刊，并满足全国50%的馆际互借期刊需要。其具体内容是：将全国的期刊收藏划分为三个等级：第一级，由各单位、地区等基层图书馆收集2000种左右最常用的期刊，解决馆际合作中读者80%左右的需求量；第二级，建立一个广泛的期刊馆藏，供借阅及复印服务之用，由新建期刊中心组成，要求收集45000种左右的期刊，满足其余15%左右的读者需求；第三级，由国家级图书馆和其他具有一定规模、权威性的专门图书馆组成，包括国会图书馆、全国医学图书馆、全国农业图书馆等，满足余下5%左右的读者对高度专业性资料的需求。

由于出版商担心期刊的订数将减少，发行量将下降，因此，中心一直未从联邦政府那里获得经费援助，导致该计划未能从理想转化为现实。

第六，马克尔（MARC）计划。

MARC计划最初是为了向国会图书馆提供最新英语出版物的编制数据计算机磁带而制订的，但到20世纪80年代，它已包容了以多种媒体形式发行的所有罗马字母语言的资料。此外，许多图书馆也开始购买MARC磁带，为新购进的文献资料提供编目信息。这时，MARC变成了世界范围内的计算机化的相关标准，图书馆开始联合起来利用MARC格式建立数据库，与其他图书馆共享彼此的数据库。

2.拉丁美洲合作采访计划

拉丁美洲合作采访计划被认为是法明顿计划在拉丁美洲的延伸，它对美国图书馆历史上的合作采访具有重要的意义，大大增加了美国图书馆收集拉丁美洲文献的数量和学科范围，也为拉美国家的图书馆事业做出了巨大的贡献。

拉丁美洲合作采访计划的目的是在正常的基础上，共同解决和分担从拉丁美洲各国获得大量研究型文献的费用和问题。拉丁美洲合作采访计划于2960年1月5日正式启动，1972年底结束。造成该计划失败主要原因有四个：一是，大部分成员馆获取的是低利用的文献，经费的不足导致文献选择的范围变得十分严格，而低利用率的文献经常成为首要削减的对象；二是，该计划是许多机构在进行地区性研究计划期间开展的，同时对这些计划的发展领域抱有很大的期望，但经济环境的变化使得机构不但停止开展新的项目，而且经常取消一些最新建立的项目，由此导致许多机构对此项计划的不热衷参与；三是，拉丁美洲的图书贸易趋于成熟，并且对当地书商的信任度有所提高，如果能直接以较低的价格购买图书，则可利用的经费就可直接购买到大部分文献，也就没必要通过代理购买了；四是，拉丁美洲合作采访计划被全国采购与编目计划（NPAC）替代。

拉丁美洲合作采访计划的失败为美国图书馆的合作采访奠定了良好的基础，同时也促进了拉丁美洲图书贸易的发展，使拉美图书贸易日益成熟，更重要的是改善了拉美缺少书目报道和索引的状况。

3.北欧四国的藏书协作计划

位于北欧斯堪的纳维亚半岛的四国——瑞典、丹麦、挪威、芬兰，为了解决有限的经济力量与全面收藏世界文献资料的矛盾，提高文献信息保障程度，从1957年起开始制订与实施著名的斯堪的纳维亚计划，该计划被认为是法明顿计划的"北欧翻版"。

斯堪的纳维亚计划的目的是发展一种地区文献采购和情报服务协作的有效方式，以促进斯堪的纳维亚国家研究图书馆之间的互借活动。该计划的主要内容包括：一是北欧四国的研究图书馆在采购北欧以外书刊时广泛进行合作，按主题、地区或语种分工，各成员也担负分管学科文献中心的服务任务，使各馆分别成为某一学科、某一类型或某一语种文献的收藏中心、书刊目录中心和外借中心；二是分工时应该顾及各馆的历史情况和实际需要，也应考虑藏书的系统性和完整性；三是通过协商处理分工合作问题；四是各成员馆担负所分管学科文献的服务任务，并编制各种专题联合目录。其主要的参与者包括北欧四国的15所公共图书馆、专门图书馆和研究图书馆。

斯堪的纳维亚计划的实施，使北欧国家互相配合收藏外文资料，减少重复，增加品种；也有助于建立统一的地区文献资源保障体系，实现文献资源共享。同时对促进南亚和拉丁美洲的发展中国家制订这一类似的计划具有指导性的作用。

三、我国信息资源保障体系的建设

信息资源共建的最终目标，就是要建立一个能最大限度满足整个社会信息需求的信息资源保障体系，要使信息资源共建共享这个动态的社会系统工程发挥其最大的社会效益和经济效益，就需要社会各方面的广泛参与，共同建设。

（一）我国信息资源保障体系建设的目标、原则、模式

信息资源保障体系建设的目标是要通过全国的信息资源整体化建设，使我国信息资源保障体系能够满足95%左右的社会需求。具体来说，就是要满足对国内文献信息资源100%的需求，对国外文献信息资源90%以上的需求。

信息资源保障体系建设的原则，就是要以整体信息资源建设的经济效果及最大限度地满足社会对信息资源的需求为目的，并要体现达到这个目的的手段，能够指导信息资源保障体系建设的主要方面和主要过程。

当然，信息资源保障体系建设原则不仅要与国家教育科学文化事业的发展和国民经济的发展相适应，而且还要与各地区、各部门的信息需求和信息吸收能力，以及各地区的社会、经济活动相适应，这样才能发挥原有的知识优势，保证保障体系的层次性，便于用户使用，从而形成资源共享网络。

关于信息资源保障体系建设的模式，人们提出了将全国信息资源保障体系分为全国布局（一级布局）和地区布局（二级布局）以及介于两者之间的系统布局的框架模式。同时，着眼于系统布局、区位布局，人们还提出了"三点式""七点式""分省布局"等相对比较具体的模式方案。

根据我国信息资源分布的实际状况和现实条件，大多数人赞同一种具有现实可行性的模式，即"三级保障体制"。尽管在网络环境下，原来地理区域完备化的信息资源保障体系建设的意义相对已经减轻了不少，信息服务机构可以通过"存取"方式更多地利用异地甚至国外丰富的信息资源，但是，相对完备的实体的国家信息资源储备还必须继续坚持。其主要原因在于，实体信息资源构成的信息媒体是人类知识的记录，是人们在对信息媒体进行有目的选择、收集、加工、整理后，才逐渐形成信息资源。因此，可以说信息资源具有与能源、材料等自然资源

一样的属性，也是一种重要的资源，而且是一种基础性的知识资源。

从战略高度的角度分析，为了保证我国的信息需求有一个较高的保障，就必须对所需的信息媒体有一个较为完备的收藏，并不断完善自己的信息资源保障体系建设。我国作为一个发展中国家，信息资源比较贫乏，如果不能改变这种状况，拥有属于自己的比较丰富的信息资源，就很可能会在未来信息需求的满足上受制于人。单就任何一个国家而言，自己拥有自己所需要的信息资源，才是最为安全、最为方便的。

从具体的信息服务机构看，网络化的环境确实为信息服务机构"获取"各种信息提供了极大的便利。在网络化的今天，信息资源保障体系的形式较过去有了一些差别，但其本质并没有发生变化。计算机网络的普及没有使信息资源保障体系建设失去意义，反而是对信息资源整体化建设提出了更加迫切的要求。

为了保证从网上获取信息资源的全面、充足和系统，减少冗余和浪费，客观上更需要各信息服务机构自觉地把自己纳入地区、系统，甚至全国的信息网络中，开展信息资源整体化建设，通过协作协调，合理分工、布局信息资源，从而在全国范围内形成一个更加高效、节约的信息资源保障体系。

（二）我国信息资源保障体系的建设机制

新形势下，建设我国信息资源保障体系还需要协调好分布式处理、组织和资源共建网络整体性之间的关系，既要按照整体性的要求，强调资源共建的网络管理和事前控制，同时还要依据分布式和自组织原理，充分发挥各共建网络节点的积极性、自主性和创造性。

信息资源保障体系的建设机制，应该是自上而下和自下而上两种途径，要发挥计划和市场两个机制的作用，调动中央和各地方、各系统的积极性，体现我国的发展特点，形成一个整体性和多样性相结合、集中与分散相结合的信息资源保障体系。

1.集中性信息资源保障体系

在这里，集中性主要体现在：

第一，政府主管部门合理、适度的法制保障、经济保障、政策优惠等。

第二，业务工作规范化和技术工作标准化。

第三，以规划和政策为导向，保证动态信息及时通报，减少共享的盲目性和重复建设现象。

第四，主管部门或行业中介组织从内部协调各系统、各地区信息服务机构之间的关系，从外部协调与出版社、发行机构、用户，以及其他信息机构的关系。

第五，采用评估、考核、监督检查、表彰、奖励等行政管理手段，激发信息服务机构参与信息资源整体化建设的积极性和主动性。

2.分散性信息资源保障体系

分散性体现在：

第一，各信息服务机构具有相对的独立性，在整体的信息资源保障体系建设中具有相对的自主性和灵活性。

第二，信息资源保障体系建设要体现吸引社会力量参与、自愿参加，共建共享、互惠互利的原则。

第三，将契约关系作为信息资源共建共享的基础，自下而上用契约关系建立起比较稳固的信息资源保障体系的结构。

信息资源保障体系的建设是一项十分复杂而艰巨的任务，其建设方案需要每个信息服务机构与时俱进，不断进行调整和完善，以便为整体的信息资源保障体系建设积累经验、打好基础，从而为全国性的信息资源保障体系早日确立做出贡献。

第七章　智慧图书馆信息资源建设的创新发展

第一节　智慧图书馆大数据整合系统平台

随着互联网上各类数据的数量、类型、价值、速度，以及人们对数据价值挖掘的加速，大数据时代正在快步向我们走来。科学数据是人类社会在从事与科学和技术相关的各类活动，包括科学研究活动、教育教学活动、生产活动、管理活动、人类健康活动、生活活动等过程中所产生的基本数据、实验数据、试验数据、观测数据、探测数据、调查数据、资料数据等各类数值型、事实型和文字型的原始基本数据，以及按照不同的科研需求经过系统加工而生成的科学数据产品和相关的科学数据信息的总和。科学数据资源属于信息资源的范畴，与科研论文和其他各种类型的学术科研成果一样，它也是一种重要的科研成果产出。同时，它又是科学研究不可或缺的重要组成部分。近年来，科学数据的数量正在呈现指数级的增长态势。由于科学数据具有明显的现实价值、潜在价值和可再度开发利用价值，并在应用过程中使得科学数据信息资源得到增值。因此，它已经成为现代信息社会和大数据时代最基本、最活跃、影响范围越来越广泛的一种科技信息资源类型。

十余年来，国际和国内以通过互联网免费全文获取各类信息资源为基本特征的开放获取运动取得了快速发展，开放获取发挥的重要作用激发了科研人员对除学术期刊和学术论文以外其他类型信息资源也要开放获取的需求。因为科研人员希望真正的开放获取不仅是对文献信息资源全文或原文的开放获取，还应该包括对相关科学数据的开放获取，而这也恰好吻合了大数据时代到来的步伐。而来自国家政府、科研机构、研究基金组织、各专业学会和协会，以及期刊出版联盟组织在内的政策推进，则成为推动科学数据进入开放共享行列的动力。正是上述机构陆续出台的开放科学数据的管理政策、开放政策、资源共享政策，加速促进了科学数据的开放保存、开放访问和开放利用。科学数据的开放共享会营造出更为丰富的开放科学数据环境，使科研人员能够轻松地发布、发现、访问、下载获取和使用开放科学数据资源。

大数据是IT业颠覆性的技术变革，大数据的影响主要表现在图书馆的各个流程方面的影响，其中包含信息的存储、组织、生产、利用和加工，大数据对图书馆各个方面的影响都比较明显。大数据的建设途径能够对全新的服务体系做出相应的贡献。大数据在图书馆的数字资源建设之中的作用，主要表现在以下几个方面：

第一，分析和深刻挖掘读者相关的数据。图书馆的服务主要是面向读者进行，因此，其中进行读者行为相关的数据与统计的分析，能够使得相关的服务进行个性化与深度的确立和实施。

第二，利用大数据挖掘技术，图书馆相关的资源重新建设和构建，对图书馆的数据进行挖掘整理和建设。

第三，相关辅助和决策能力的确立和开发，图书馆管理创新的有效途径。

第四，帮助建立智慧型图书馆。大数据主要是因为IT技术的发展使得相关的图书馆数据服务出现不同的改变，在其中大数据的改变主要有着RFID和各类传感器的应用，这些应用能够使得智慧图书馆的数字资源建设成为智慧型的图书馆。

第五，转变图书馆的数据库的服务模式，使得图书馆的数据库服务的商的自动化和数据库的服务向传统的模式以及云计算和云架构转化。例如，在实际之中以色列Exlibris（艾利贝斯有限公司）开发的Aleph系统（美国国会图书馆、中国国家图书馆等大型馆均使用该系统），在最新的相关研究成果之中已经推陈出新，从而设计出了新一代相关的图书馆管理模式。

第六，图书馆云存储系统快速推动建设。在智慧图书馆的数字资源建设的过程之中，大数据的建设能够使得相关的图书馆保存的数字资源得到有力的科学支持，图书馆相关建设最有利的存储方式，能够使得与图书馆相关的数据实现比较大的增长，并且能够有效地加强图书馆内部的云存储相关的建设。

第二节　智慧图书馆大数据环境特点与价值时用性定位

价值观是指导人的行为的一系列基本准则和信条。核心价值往往植根和渗透于组织发展的过程和层次，并影响组织的发展结果。国内图书馆界对核心价值的介绍和研究起步要晚于国外，始于21世纪初。由于现代信息技术的迅速发展和社会经济文化的日益提高，图书馆生存环境的急剧变化和国外图书馆界研究的关切等因素，国内学者也注意到了图书馆面临的生存挑战和发展压力，图书馆核心价值的探讨和确认研究，尤其是从2002年以来，逐步成了业界关注的热点问题之一。不少专家和学者纷纷发表自己的观点和意见。

图书馆核心价值是服务效益，而不是别的事物，这一服务的性质是公共的、知识性的服务，而不是别的服务。图书馆服务的根本性质在于公共文化服务与知识性服务，这是人们普遍共识的。图书馆提供的公共信息是与公众利益密切相关的知识和资讯，它的获得主要依靠国家权力机关及政府事业部门的帮助。图书馆的公共信息服务的一大特点就是社会共享，主要表现在三个方面：一是图书馆信息资源属于公共信息，公众从图书馆获得信息一般应该免费；二是提供这种公共信息必须通过人们易于接受的渠道；三是图书馆服务工作不具有排他性或竞争性，读者使用、接受图书馆信息资源服务，并不影响或排斥他人，每个公民都可以自由、平等利用图书馆。明确图书馆服务属于公共信息服务目的，正确履行自身的社会责任，实现和保障公民基本文化权益，满足公民基本文化需求以获得应有的社会服务效益，这是实现图书馆核心价值之所在。

图书馆核心价值观是业界共同行为模式的信条、灵魂和指导原则，是行业哲学和判断是非的根本原则。图书馆核心价值的研究与确认，将极大地丰富图书馆学理念体系。图书馆学理论来自实践活动，又指导着实践活动的有序开展。正确的价值取向是指导学科理论深入发展的依据。图书馆核心价值是管理者为统一图书馆成员意志确定的价值标准，更是图书馆管理者为实现既定目标而形成的管理思想。图书馆核心价值是图书馆学基础理论的基石，影响着图书馆的工作行为与服务方式。图书馆核心价值的确认，有助于在理论上对图书馆进行功能定位，提高图书馆在文献服务领域的核心竞争力，进而推动图书馆在具体实践过程中，紧紧把握核心内涵，提升图书馆在社会文化中的价值，实现服务于社会的最终价值。

第三节　智慧图书馆大数据检索服务

信息检索是指信息按一定的方式组织起来，并根据信息用户的需要找出有关信息的过程和技术。狭义的信息检索就是信息检索过程的后半部分，即从信息集合中找出所需要的信息的过程，也就是我们常说的信息查寻。随着网络技术的迅猛发展，通过互联网提供的数据库及种类日渐增多。使得人们对文献信息的查询、加工、存储、利用等方面有了更新的要求。作为智慧图书馆以组织加工数字化信息及技术为广大读者提供有效信息服务，信息检索服务一向是智慧图书馆重要工作的组成部分，教学科研课题的检索服务尤其显得重要，提供的文献信息对保障科研工作顺利进行起到不可忽视的作用。信息检索服务就是把图书馆的馆藏资源和网络资源通过整合和有序化，进行全方位、多途径为教学科研及广大读者提供快、精、准的信息服务和信息导航服务，来满足广大用户的信息需求。

一、检索服务课题分析

当今网络技术发展迅速，通过互联网提供服务的数据库种类日渐丰富。其特点是信息量大、分布广、信息的自由性强，而用户面对浩如烟海的信息海洋，感到茫然无措，对网络与数字资源利用能力准备不足，这就需要图书馆馆员通过信息服务为读者进行信息导航，为读者提供细致、周到、全方位的信息检索服务。由于教学科研工作者的精力相对有限，对学术研究的规范性要求较高，而获取准确、有用的信息需占用大量时间和精力，这将成为制约网络信息有效利用的瓶颈。智慧图书馆开展信息检索服务正是为教学科研工作者了解各国同行的研究现状，进行科技追踪起到导航作用。

二、检索工具的选择

（一）超星数字图书馆

超星数字图书馆成立于1993年，长期致力于纸张图文资料数字化技术开发及相关应用与推广，是国内专业的数字图书馆解决方案提供商和数字图书资源提供商。超星经过多年的研发，已经拥有了成熟的整套图书馆数字化解决方案，被公认为数字图书馆行业中的第一品牌。超星依托雄厚的资源和技术，不仅迅速占领了国内绝大部分的图书馆市场，也已经跻身于世界图书馆数字化进程中的领跑者行列。超星数字图书馆于2000年被列入国家"863计划"中国数字图书馆示范工程，以其数字图书馆的方式对数字图书馆技术进行推广和示范。超星电子图书数据按照"中图法"分为文学、历史、法律、军事、经济、科学、医药、工程、建筑、交通、计算机、环保等22大类，目前拥有数字图书100万种，是国内数字图书资源最丰富的数字图书馆。

（二）万方数据库资源系统

万方数据资源系统是建立在互联网上的大型科技、商务信息平台，内容涉及自然科学和社会科学各个专业领域。包括学术期刊、学位论文、会议论文、专利技术、中外标准、科技成果、政策法规、新方志、机构、科技专家等子库。

（三）中国维普数据库

该数据库源于1989年创建的《中文科技期刊篇名数据库》。其全文和题录文摘版一一对应。该数据库包含1989年以来的自然科学、工程技术、农业、医药卫生、经济、教育和图书情报等学科8000余种期刊文献。数据库按照"中国图书馆分类法"进行分类，所有文献被分为8个专辑：社会科学、经济管理、教育科学、图书情报、自然科学、农业科学、工程技术和医药卫生。

（四）中国优秀硕士学位论文全文数择库

《中国优秀硕士学位论文全文数据库》简称CMFD，是国内内容最全、质量最高、出版周期最短、数据最规范、最实用的硕士学位论文全文数据库。出版内容覆盖基础科学、工程技术、农业、哲学、医学、哲学、人文、社会科学等各个领域。截至2010年10月，收录来自561家培养单位的优秀硕士学位论文。

资源特色：重点收录"双一流"高校、中国科学院、中国社会科学院等重点院校、科研院等的优秀硕士论文、重要特色学科，如通信、军事学、中医药等专业的优秀硕士论文。

（五）Google搜索引擎

Google的使命就是要为用户提供网上最好的查询服务，促进全球信息的交流。Google开发出了世界上最大的搜索引擎，提供了最便捷的网上信息查询方法。通过对20多亿网页进行整理，Google可为世界各地的用户提供适需的搜索结果，而且搜索时间通常不到半秒。现在，Google每天需要提供1.5亿次查询服务。Google富于创新的搜索技术和典雅的用户界面设计使Google从当今的第一代搜索引擎中脱颖而出。Google并非只使用关键词或代理搜索技术，它将自身建立在高级的Page Rank（网页级别）技术基础之上。

（六）百度搜索引擎

百度公司是中国互联网领先的软件技术提供商和平台运营商。中国提供搜索引擎的主要网站中，超过80%由百度提供。1999年底，百度成立于美国硅谷，它的创建者是在美国硅谷有多年成功经验的李彦宏先生及徐勇先生。2000年百度公司回国发展。百度的起名，来自"众里寻他千百度"的灵感，它寄托着百度公司对自身技术的信心。

三、检索词及检索式

第一，中文：智慧图书馆信息检索服务。
第二，英文：University Library Search Service。

四、检索过程及结果

对智慧图书馆服务这个概念很耳熟，但是要给出科学的精确的定义，一时难以下手。在各个搜索引擎和数据库搜索，信息量非常大，要认真慎重筛选，才能找到有效的信息。

第一，超星数字图书馆。
先输入：智慧图书馆，检索结果为2条。
第二，万方数据库资源系统，共找到2168篇符合条件的论文。

第三，中国维普数据库。

题名或关键词：智慧图书馆服务，共找到810条结果。

第四，中国优秀硕士学位论文全文数据库。

输入智慧图书馆服务，共有211条记录。

第五，Google搜索引擎。

获得约2030000条结果，用时0.14秒。

第六，百度搜索引擎。

百度一下，找到相关网页约3510000篇，用时0.102秒。

随着信息技术的发展，网络信息资源的剧增，其分布性、异构性和动态性给信息检索带来了新的挑战。传统的检索服务已不能满足科研对文献信息检索日益增长的需求，对新问题求解为目的的检索已成一种趋势。面对这种检索需求的转变。需要馆员对信息检索提供的深度要求有了更大幅度的提高，要求馆员在信息检索技术上进行资源整合。可采用局部资源整合、文献资源深层次整合、数据库存资源层次的整合、异构数据库的同构化整合、基于文献内容层次的整合等。通过整合从而大大提高检索效率和资源利用率。高校用户在对信息内容综合性要求的同时，对所提供的文献信息及信息服务的深度要求也有了更大提高，因此在对用户提出的某一专业性较强课题时，这就要求馆员积极参与到课题的研究中去，从课题所属的专业角度出发，对其进行一系列的分析，并挖掘其深层含义，从而将分散在本领域和相关领域的专门知识与信息加以集中组织并有序化，从中提炼出有利于用户需求，具有创新思路的"知识因素"。向用户提供潜在内容知识、预测分析具有超前性领域的知识和成果，这将有利于检索质量的提高，也是智慧图书馆今后进行信息检索服务的发展趋势。

总之，智慧图书馆作为高校教学科研和读者服务的部门，必须进一步明确自身的定位，加强服务意识和创新服务举措，凭借自身在文献信息资源特有的行业优势，充分利用图书馆丰富的馆藏文献信息资源、特色数据库等资源，为教学科研工作提供优质、周到的服务，推动高校教学科研工作进一步地向前发展。

通过对信息检索与利用的学习，以及课后信息检索的实践，利用各种信息检索工具，学到了很多信息检索方法，利用一个或者几个相关的关键词进行检索，然后筛选出合适的信息。通常利用网络搜索引擎搜索到的信息比较繁杂，如果要搜索专业的信息资源，应该选择专业学术数据库。

开放科学数据已经成为大数据时代重要的信息资源类型，智慧图书馆应当为用户开展开放科学数据服务，并利用智慧图书馆开放科学数据服务的优势，同时对智慧图书馆开放科学数据服务的八种类型，即智慧图书馆开放科学数据的检索服务、发现服务、申请服务、获取服务、管理服务、关联服务、传递服务和存储服务等进行探析。

第四节　智慧图书馆的创新服务

一、智慧推荐

（一）智慧推荐模型

智慧检索是为用户提供智慧化服务的第一步，主要服务于一般大众用户，属于一种粗略的精细。智慧推荐类似于搜索引擎为代表的信息检索系统，但更强调个性化、多样化和新颖化的推荐结果。搜索是你明确地知道自己要查找的内容，但信息过载下搜索已经无法解决问题。推荐系统则是一个"推"和"拉"的互动，即向用户推荐信息资源，同时向用户提供和展示信息资源，帮助他们选择信息。和智慧搜索引擎将搜索结果在一定过滤基础上进行简单的罗列相比，智慧推荐则能够研究读者用户行为偏好，建立读者用户模型，发现读者用户兴趣点，从而满足读者用户信息资源索取多样化新需求，提升智慧图书馆图书文献资源利用率，增强对知识信息的智能处理能力。智慧推荐系统以融合数字信息资源向读者服务为核心，其主要任务是链接用户与信息，由查询的被动到推荐的主动，具有人性化、个性化及社交化的特点，帮助用户找到有价值信息，还可以让潜在的有价值信息呈现在用户面前，以实现知识生产者与知识消费者共赢。此外，一个优质的智慧推荐系统，一方面能够向读者用户产生智慧化推荐，另一方面，也能和读者用户构建紧密的联系，使读者用户对智慧推荐形成依赖。智慧推荐模型如图7-1所示：

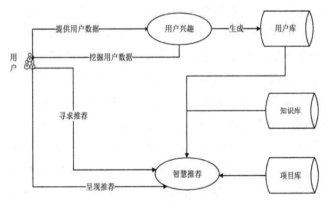

图 7-1　智慧推荐模型

智慧推荐的本质是能够针对不同读者用户的个体差异性，主动为读者用户提供不一样的、量身打造的信息资源服务内容。主动性的实质是智慧推荐能够自动地依据读者用户的知识需求为其匹配适合的服务内容。智慧图书馆的智慧推荐应该有个性化定制与推送、粗略智慧推荐和精细智慧推荐服务三种服务方式。

第一，能够在页面设置单独模块，为读者用户展示推荐信息。推荐内容包括新书到馆、借阅排行、热门馆藏、讲座活动等信息，为所有读者用户提供半个性化的展示推荐服务。第二，在读者用户利用OPAC系统进行书籍或检索服务时，能够有针对性的依据用户之前的借阅信息和所检索文献信息以及文献信息之间进行关联，为用户进行粗略简单推荐，并提供推荐书籍和文献的阅读详细信息及链接，有针对性的提供推荐服务。第三，读者用户登录系统时，具有单独推荐系统，为读者用户提供近乎量身定制的智慧推荐服务，从而能够满足不同用户不同层次多样性的需求。通过收集和分析用户的各种信息包括显性和隐性信息，用户个体特征信息，用户借阅历史，检索信息资源的记录，获取并分析用户的兴趣，预测用户偏好，从而为不同的用户，能够提供差异化服务，帮助用户缓解资源丰富信息匮乏的局面，在提高推荐系统精准高度的同时，拓宽推荐解决的宽度，开拓用户视野，推荐给用户很可能喜欢但是并不是很了解的知识信息。智慧推荐的结果兼具精确性、惊喜性、多样化，真正体现智慧的内涵。

（二）智慧推荐技术架构

智慧检索的推荐功能是面向大众用户或者特定用户，而不是针对某一用户的兴趣爱好、借阅历史等，推荐对象是所有检索使用者，而不是特定用户。因此有其自身的局限性，而智慧推荐则是以每个用户为核心，为每个用户提供智慧化、智能化的服务。传统的推荐系统，其推荐效果并不是很好，也存在诸多问题。智慧推荐的基本要素主要包括读者用户、项目及推荐算法，而其核心是推荐算法。智慧推荐系统就是利用各种推荐算法，挖掘读者用户有兴趣或者可能有兴趣的图书信息资源，之后推荐并展示给读者用户。智慧推荐则在传统推荐基础上，更加细致、更加精准的考虑了读者用户各种特征，尤其是大数据、云计算的到来及数据分析与挖掘技术的深入发展，使得智慧推荐能够挖掘到用户更多更细腻隐性的信息，推荐的结果更加的精准，更加的多样，层次更加广泛，更加体验以读者为核心的智慧化服务。在书籍推荐服务基础上，探讨智慧推荐实现模式，构建智慧图书馆智慧化推荐体系。与图书推荐服务相比，智慧推荐实现的是一种按需和主动的信息智能获取模式，以用户的行为特征和兴趣属性为指导，建立从用户兴趣知识到服务信息的分类，针对读者用户量身定制的推荐技术，尽最大限度的满足读者用户个性化、多样化的信息智能获取需求。同时在研究现有文献自动分类机制基础上，探讨通过自动化数据收集和分析，感知用户位置、情境及用户意图，同时社交网络、移动互联网与图书馆推荐服务与知识智能获取相融合，以提高读者用户对智慧推荐的黏着性，实现真正的智慧推荐服务。智慧推荐技术架构如图7-2所示：

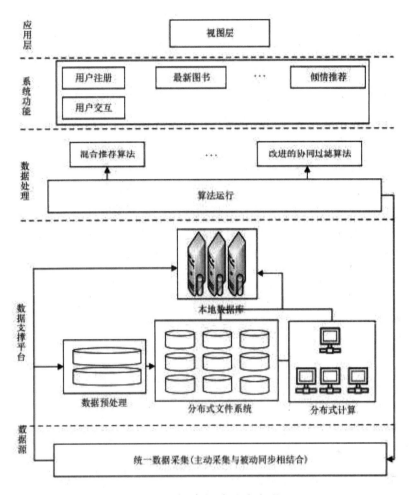

图 7-2　智慧推荐技术架构

大数据、云计算时代背景下，智慧图书馆中愈加充斥着各种各样的非结构化、半结构化及结构化等数据。智慧图书馆时代，所有读者个人及其借阅信息、所有书本信息、数字资源等信息数据是复杂海量的，同时也受到用户地理位置信息、感知传输数据信息以及社会化网络信息等相关数据的影响，信息资源呈现出空前丰富的状态。智慧推荐系统需要借助于数据挖掘、云存储、云计算等大数据处理技术，利用各种技术从大规模数据提取并分析数据内在特征和文献的相关性，同时根据用户兴趣及需求，或用户个人借阅历史、阅读习惯等分析读者用户行为，并主动地提供其真正所需的知识服务，将潜在的有价值的信息进行分析提取归纳，然后才能向用户进行信息匹配。云存储和云计算技术，能够解决大数据环境下无限制数据存储和数据高效运行计算的难题，通过技术处理及构建模型，从而能够提供更加优质、更加智能、更具智慧性的推荐结果，为读者用户提供近乎量身打造的智慧性推荐。

二、智慧APP

（一）智慧APP服务设计

高校智慧图书馆其核心为智慧服务，而智慧服务的核心为以人为本，以用户为主体，服务用户，关怀用户，奉献用户。移动互联技术在近年得到飞速成长和发展，移动通信网络逐渐与互联网紧密融合，极大地拓展了互联网服务的时间和空间。同时，移动互联与移动设备的移动性、便携性等特征使得智能移动终端设备日益普及，智能移动终端设备包括手机、平板电脑、掌上阅读器等已渐渐成为人们获取信息资源服务的主要平台。移动终端设备不受时间、地点等限制，这为读者用户提供无处不在的服务成为可能，读者用户能够随时、随地以任何方式获取信息资源。因此以移动终端设备为主体的移动图书馆，开发智慧图书馆的独立APP是是大势所趋。移动终端下，推荐用户与项目特性如图7-3所示：

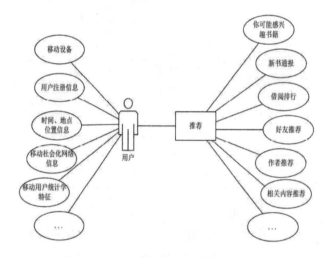

图7-3　移动推荐用户与项目特性

泛在服务——无处不在的服务，是智慧图书馆提供服务的突出特征之一，是指以智能移动终端设备为基础，为读者用户提供任何时间、任何地点和量身定制的服务。智慧图书馆的环境下，应该打破时间和空间限制，为用户提供全方位、多层次、多形式、宽领域的信息资源获取、推送与推荐服务。泛在智慧服务模式是依靠云计算、智能移动终端、物联网等信息技术，实现传统图书馆和数字图书馆由为读者用户提供单向服务向为读者用户提供双向智慧服务网络的泛在服务转型。为此，研究和开发高校独立智慧APP服务，是智慧服务模式泛在化的表现。智慧APP主要功能模块如图7-4所示：

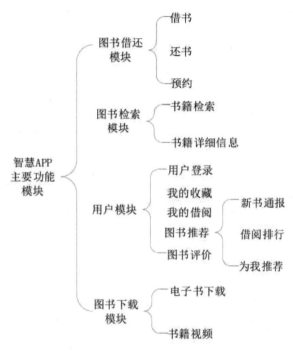

图 7-4　智慧 APP 主要功能模块

（二）智慧 APP 层次架构

智慧 APP 推荐是解决信息过载、用户方便、服务无处不在的重要手段。该推荐系统能够利用其在移动网络环境下的种种优势及有利条件，通过移动端设备等为用户提供基于情景等推送，更加精准、更加容易的获取用户的信息，预测用户的偏好，实时性更高，用户可以随时随地享受智慧图书馆提供的各项资源和服务。高校通过开发智慧 APP，利用移动推荐系统，用户就可以随时随地获得任何形式的服务，同时获得为其量身定制的具有个体差异化的智慧化服务，服务更加的方便智能，更加的简洁而迅速，使得智慧图书馆拓宽了服务的领域和手段，更加的以用户为核心，为用户服务。各智慧图书馆都应该有自己的智慧 APP，通过智慧 APP，用户能够登录系统，完成书籍查找、借还书、预约、续借等基本的服务，同时也能够为用户提供书籍检索、热门借阅，借阅排行，热门收藏等非个性化一般性服务，也能够为每一位用户根据其自身的特点，利用智慧移动推荐，根据其隐性或者显性信息，帮助用户寻找信息资源，提供差异化服务。面向智能移动设备终端的智慧 APP 层次架构图如图 7-5 所示：

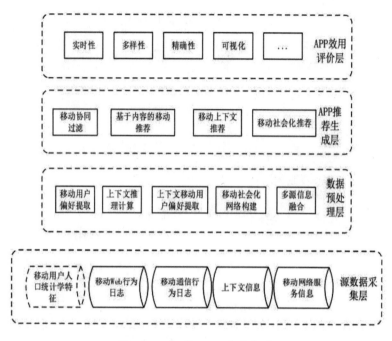

图 7-5　智慧 APP 层次架构

三、智慧微媒体

（一）智慧微媒体服务平台框架及内容

随着各种新媒体的发展，微信、微博、微电影等服务，越来越得到人们的关注，有人说，人类已经步入了微时代。微媒体几乎已经无处不在，它产生与 Web2.0 时代，是一种网络传播结构，由诸多独立发布点所组成。对微媒体取其狭义定义，以微信、微博为代表，以信息的发布和共享为主，是一种新型的社交网络与交流传播方式。在本文将取微信为研究视角，微信自 2011 年推出后，以其双向性和互动性得到用户青睐，并在国内社交服务中迅速占据了领先地位，2012 年 8 月，腾讯公司针对团体用户如企业、媒体、机构及其他用户组等，推出了微信公众服务平台，为他们提供专门的微信，专业的服务。微信操作具备使用通俗易懂易用、快捷方便、时效性高，同时内容丰富多样、消息推送精准到位等优点，符合新一代用户群体的生活习惯、消费理念和交流方式。可以说，微信突破了软硬件、运营商及社交平台等种种阻碍，实现了虚拟世界与现实世界的无缝互联。现在，微信服务平台不仅仅是一个普通的名词术语那么简单，更是一个融合了人际交往、心理沟通、生活习惯、文化交流等多种复杂综合性语义的时代化命题。

智慧图书馆一直对新技术非常敏感，是新技术的使用者和推动者。微信公众平台，一方面能够增强与读者用户的互动沟通服务，另一方面还能够拓宽服务渠道，优化信息资源的呈现方式。微信应该成为大学图书馆除微博、BLOG 等其他社交媒体外的另一个自媒体平台。对于智慧图书馆读者用户而言，与微博等其他社交平台相比，在微信公众服务平台，微信是与用户一对一的交流互动，用户黏着性更高。微信公众平台不仅能够让越来越多读者用户更好的认识、关注、使用图书馆，而且通过利用各种信息技术，能泛够更好的为读者用户提供独特的差异化服务，为读者提供各种图书资源推荐功能，最终提升智慧图书馆自身的品牌意识及在用户中的地位。智慧图书馆微信公众服务平台框架设计如图7-6所示：

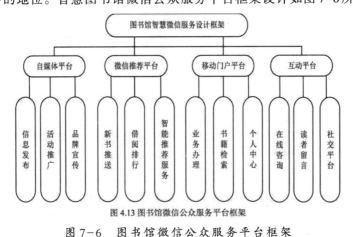

图4.13 图书馆微信公众服务平台框架

图7-6 图书馆微信公众服务平台框架

（二）智慧微媒体层次架构

智慧图书馆提供的微信服务，距离真正的智慧服务有很多差距，微信服务的内容、手段、方式及规划还不够完善成熟，还尚处于探索尝试的初级阶段，智慧图书馆应该着重依托微信公共平台，建立微信智慧服务。微媒体环境下，智慧微信服务，能够扩大服务范围、服务内容及智慧图书馆的服务模式，更好地满足不同用户的不同需求。传统智慧图书馆往往受到时间或地点等的限制，对于很多不在本地服务区内或者不具备电脑终端上网的读者用户以及在图书馆非工作时间内时，图书馆并不能提供咨询、信息发送等基本服务。而利用微信公众服务平台，智慧图书馆便能够实现对开通了微信的读者用户提供随时、随地的基本服务，还能针对每一位不同用户，提供智慧推荐服务，以真正实现智慧服务模式。图书馆智慧微信服务，首先应该提供面向所有用户的基本服务包括图书馆检索，借阅查询等服务，其次提供RSS定制服务等，进行新书通报，定期讲座的信息推送等，再次，提供智慧化服务，包括为用户提供差异化的推荐，通过收集分析用户的各种信息，提供用户可能感兴趣或者有需求的书籍信息资源，同时提供智慧咨询服务，自动应答服务，设置微信留言服务等，增强图书馆与读者用户的互动和交流，及时满足用户的实时性、多样化的服务需求。最后可以设置用户分享模块，通过用户自身评价或者对书籍的分享，利用社交网络等媒体技术，增加图书馆用户，为好友进行推荐。智慧微媒体层次架构图如图7-7所示：

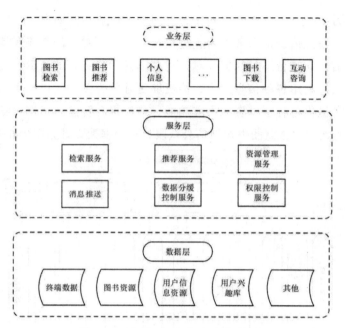

图 7-7　智慧微媒体层次架构图

　　智慧图书馆应该抓住微信公共服务平台优势，通过该平台为图书馆提供独树一帜和别具一格的图书馆微信智慧服务，提升图书馆在大众读者用户心中的地位，真正实现图书馆的服务价值，为读者提供职责所在的智慧服务。

第八章　智慧图书馆特色信息资源建设

第一节　云计算下的特色资源整合与共享

一、云计算概述

云计算的理解和定义众多，较为共识的云计算是分布式处理（Distributed Computing）、并行处理（Parallel Computing）和网格计算（Grid Computing）的发展，或者说是这些计算机科学概念的商业实现，是虚拟化（Virtualization）、效用计算（Utility Computing）、loas（基础设施即服务）、peas（平台即服务）、SAAS（软件即服务）等概念混合演进并跃升的结果。其基本原理是通过使计算分布在大量的分布式计算机上，而非本地计算机或远程服务器中，按照互联网运作模式将资源能够切换到所需要的应用上，根据需求访问计算机和存储系统的网络资源共享利用模式。在这一共享利用模式中，"云"是指各种大量的计算机阵列组成的大型服务器集群，以共享基础架构为方法，将所有的计算机资源集中起来，构成一个互联网的资源池向全球用户提供公共的服务，用户只需要1台电脑或者1个手机，就可以通过网络服务来获得自己需要的信息、知识。像用电、用水一样按使用量来计费。云计算作为新一代互联网计算模型，具有强大的计算能力和低成本、高安全、按需所取等特性，在信息资源共享管理中具有明显的优势。

云计算具有一些新特征，其主要特点表现为以下几个方面。

第一，云计算提供了最可靠、最安全的数据存储中心。在桌面电脑上，硬盘崩溃或病毒入侵可能损坏所有有用的数据，但是云里面一台计算机的崩溃不会影响到存储的数据，这是因为"云"会自动备份存储的数据。同时，严格的权限管理策略可以使用户放心地与用户指定的人共享数据。

第二，云计算对用户端的设备要求最低，使用起来也最方便。用户不需要购买非常高端的电脑来运行云计算的 Web 应用程序，因为这些应用程序是在云上面，而不是在本地运行，桌面 PC 就不需要传统桌面软件所要求的处理能力和存储空间。同时云计算能够为各种规模的组织显著地降低硬件和软件的维护成本。硬件都由云计算提供者管理，基本上不用再进行硬件维护，系统软件等也是同样的情况。

第三，云计算可以轻松实现不同设备间的数据与应用共享。一方面，随着网络化进程的迅猛发展，如今的网络就像生活中的水、电一样，正在成为无所不在的生活必需品；另一方面，则是移动设备快速成长，难以计数的互联网装置从计算机、手机一直到汽车、家电甚至相机都有安装。在使用者计算机上的数据，也需要在手机、Pad 上使用，最好的方式就是把数据放到网络上，上网就能取得，不用把同一份资料在不同上网工具中转来转去。

第四，云计算为人们使用网络提供了几乎无限多的可能，云计算为存储和管理数据提供了几乎无限多的空间，也为人们完成各类应用提供了几乎无限强大的计算能力。个人和单个设备的能力是有限的，但云计算的潜力却几乎是无限的。当把最常用的数据和最重要的功能都放在"云"上时，只需要一台计算机或电子设备和网络连接就可以获取想要的信息。

二、云计算下特色资源整合与共享的新机遇

信息时代的到来，网络技术的不断更新，决定了特色信息资源的发展趋势是实行共建共享，关于这一点在我国图书馆同行中已经达成了普遍共识。实行特色资源的共建共享，是解决知识信息剧增与单个图书馆馆藏能力不足这一矛盾的有效途径。

但是，图书馆目前采用的现代信息技术应用的局限性，制约着图书馆特色信息资源共建共享的进一步发展。现代信息技术的应用是不断发展的，目前的图书馆采用的一些技术也存在一定的缺陷，如计算机及其配件市场比较混杂，升级换代频繁，给信息技术工作者的选择带来困难，增加了工作强度和难度；通信线路传输速率低，尤其是在传递多媒体信息时更显能力不足。要促进图书馆特色信息资源的共建共享更上一个台阶，就需要解决这些制约发展的瓶颈。

针对上面提到的图书馆现采用的信息技术，给图书馆信息资源共建共享带来的发展缺陷，正好是"云计算"解决的问题。一是"云计算"对用户终端要求不高，一般只需服务器集群升级换代即可，而服务器集群由专人负责，对图书馆来说，云计算不但能解决升级换代频繁带来的困难，还能节约硬件升级及维护费用，有关的技术人员不必在升级图书馆的相关硬件上煞费苦心，工作强度大大降低了，就能有更多的时间开展其他工作。二是要实现"云计算"，就需要存在一片有着强大能量的云，即网络连接和强大的网络计算能力。而云计算的无限带宽网络，就

能有效地解决信息传输过程中的带宽不足、速率低的问题。此外，在"云计算"环境下建构图书馆特色信息资源共建共享模式，还可以避免图书馆的资源重复建设，节约图书馆的成本，将庞大的异构资源有机地整合起来，提供统一平台，实现信息资源的全面共享。

颠覆了传统的特色资源利用方式。云计算的核心是海量数据的存储和计算。由几十万台其至几百万台计算机构成的计算机群，对信息进行聚合和分布处理，然后通过网络对客户提供服务。这样，用户只需使用计算机、手机、Pad等终端设备接入互联网，便可获取需要的信息服务。在未来只需要一台笔记本电脑或者一部手机，就可以通过网络服务来实现用户需要的一切，甚至包括一些个人计算机无法应对的超级计算任务。

云计算提供了最可靠、最安全的数据存储中心，有利于降低数字图书馆信息资源共享的安全风险，提高了数字图书馆特色信息资源的安全性。目前，阻碍数字图书馆信息资源共享的主要问题仍是信息安全问题，馆藏数据库一旦发生感染病毒、设备损坏造成的数据丢失、破坏等情形，后果不堪设想，而云计算的冗余存储、容灾机制能有效解决这一问题。使用云计算服务的用户，他们的数据库将不在用户自己的数据中心里，而是位于云中心，由数据中心的管理者集中对数据进行统一管理、分配资源、均衡负载、部署软件、控制安全，并进行可靠的安全实时监测，从而可使馆藏数据得到最大限度的安全保证。云计算提供了最可靠、最安全的数据存储中心，用户不用再担心数据丢失、病毒入侵等麻烦。云服务端有专业的团队来管理信息，有先进的数据中心来保存数据，严格的权限管理策略还可以帮助用户指定的人共享数据。图书馆可以根据用户信息需求的不同，将用户从低级到高级划分为若干个层级，根据不同的层级设置不同的资源层访问权限，严格控制用户对共享资源的访问，确保数据安全。

云计算提供了云端设备和技术，有利于缩减图书馆信息资源共享的实现成本，降低了特色信息资源的共享成本。目前，各图书馆为了使用最新的操作系统，不断对工作人员的PC机进行升级换代。在云计算模式下，PC机的定义将发生很大的改变，计算的架构从过去集中于PC或服务器的某一"端"走向"云+端"。软件企业的业务模式从软件走向"软件+服务"。图书馆将不必购买本地安装的自动化系统及开发软件，由云计算提供商提供具体的硬件软件和更新，降低了用户端的设备要求，用户所需要做的只是通过各种上网设备享受云服务所提供的自己需求的资源。可以想象，这种模式若应用于图书馆信息资源共享系统，将节约大量设备、人力等方面的投入成本，从而达到缩减信息资源共享成本的目的。云计算服务提供的是按需服务，基于某个特定应用程序的成本不再是用户个人承担，而是由所有使用用户均摊，用户只需为自己所使用部分付费，降低了数据运行的建设成本。使用过程中用户只需要通过互联网连接云计算中心，不必购买服务器和存储装置，不需要自行升级软件，也不需要专门的技术团队来维护数据中心的正常运行，从而降低了运行和维护成本。

加强特色信息资源整合并兼顾个性定制。云计算的基础是"整合"的思想，采用统一的基础架构诸如硬件、软件、服务等，在对资源的利用方面不用考虑传输协议、数据结构等对信息资源的整合。简言之，在图书馆领域，各图书馆的各种编目信息、自建资源等可以借用一朵"云"统一结合起来，内容高度融合，用户通过网络获取他们想要的文献，但他们只需要关注获取过程本身，无须理会界面之后的繁复运作，各智慧图书馆的信息资源将得到真正的整合和共享。几乎每个云计算服务提供商都提供了开放 API，把开放环境、应用程序运行环境、数据库环境等作为一种服务来提供给使用者，让使用者能够自定义开发更加适合自己特色业务的应用程序。

云计算提供了不同数据库间的应用与共享环境，有利于扩大图书馆信息资源共享范围。目前，我国图书馆网络数据基本上处于"分布式存储""分布式访问"的状况，各种数据资源都有自己的数据结构、组织形式、查询方式，以及显示界面，用户为了查准、查全所需要的资料，需要进入不同的查询系统和熟悉每个数据库的检索方式和显示格式。而云计算可以在技术和管理上将分布式存储在不同设备上的数据库统一起来，通过对数据库的多样性格式进行屏蔽，为用户提供统一的检索入口，使用户可以方便透明地访问多个数据库，极大地提高了信息检索的效率，扩大了共享范围。

三、云计算下特色资源整合与共享的可行性分析

（一）技术体系分析

目前，对云计算技术体系的研究已经相对成熟，国内外众多专家和 IT 企业都提出不同的解决方案，已形成了一些具有代表性的技术体系结构。例如，亚马逊研发的网络服务，其技术体系由四块核心服务组成：弹性云 EC2（Elastic Compute Cloud）、简单存储服务 S3（Simple Storage Service）、简单排列服务 SQS（Simple Queue Service）及目前尚处在测试阶段的 Simple db。又如，IBM 的政府云计算解决方案由四层构成：硬件和操作系统的基础设施，软件系统和管理平台（包括一组部署管理软件、虚拟化组合和云计算管理系统），云计算提供的各种虚拟机，由虚拟机组合形成的各个具体的云计算使用中心。我国云计算专家刘鹏在《云计算技术原理》一文中提出了一个技术体系结构，它由物理资源层、资源池层、管理中间件层和面向服务架构的构件层组成。该体系结构全面系统地概括了不同厂商提出的云计算体系结构的主要特征和重要功能。可以说，这些技术体系和实现方案为构建云计算环境下图书馆特色信息资源共享系统提供了技术支持和讲演积累，

因此，构建基于云计算的图书馆特色信息资源共享系统在技术上是切实可行的。

（二）应用环境分析

从应用环境来看，目前国际上知名的企业如 Google、Amazon、IBM、Microsoft 等在云计算领域均有较成功的实践。如 Google 公司提供的 Google 文档、Google 地图等应用都是基于云计算环境的，目前有超过 50 万家企业签约使用 Google 应用软件引擎，用户群已经接近 1000 万人。Amazon 公司提供的弹性云计算 EC2，已在世界范围内得到了相当高的认可，许多公司采用这个平台来搭建自己的云计算服务。IBM 公司在 2007 年发布"蓝云计划"产品，已经建立了多个云计算中心，提供丰富的产品帮助企业建立自己的私有云。微软公司推出了新操作系统 Azure，企业用户既可以在公司计算机上运行，也可以经由微软通过互联网提供相同服务，将用"即用即付"模式对 Azure 定价。另外，惠普和英特尔公司也共同组队创建了"云计算测试平台"，目前已有五十多个研究项目与其接轨。在我国，云计算发展也非常迅猛。阿里巴巴、百度、瑞星等 IT 企业均建立了自己的云计算中心，并取得了初步进展。可以说，现阶段这些云计算的应用，为构建云计算环境下图书馆特色信息资源共享系统积累了丰富的实践经验。

（三）云计算可使图书馆与 IT 企业实现双赢

对于图书馆而言，通过传统模式构建特色信息资源共享系统会面临资金投入大、更新和维护成本高等一系列问题。而 IT 企业提供的云计算服务具有零设备投入、零运维成本等优点。因此，在现阶段构建图书馆信息资源共享系统，无须斥巨资购买昂贵的计算机设备，只需花少量的租金租用 IT 企业所提供的计算、存储、服务即可，并通过向 IT 企业支付一定的服务费用就可达到预期的效果。在云计算环境下，服务器的日常维护由云计算服务商来提供，图书馆不必另外支付费用，节省了人力物力和时间成本。一般认为，构建图书馆基于云计算的特色信息资源共享系统，对图书馆来说以极低的成本投入获得高质量的资源服务，可以减少图书馆建立和维护特色信息资源共享系统的经费。对 IT 企业来说，可以通过提供资源服务而获利，同时也是 IT 企业深化和开拓市场服务领域的有效途径。可见，云计算可使图书馆与 IT 企业实现双赢。

四、云计算下特色资源整合与共享的发展对策

与传统图书馆相比，云共享服务模式改变了面向用户的计算服务方式，也带来了诸多云计算的安全问题，开放的接口为非法访问提供了可能，使得对数据的存储、传输、平台的可靠性及持续发展性产生了新的威胁，只有认真分析云共享面临的这些安全威胁，从云存储系统建设、云安全维护策略制定及安全防范、管理制度上入手，有针对性地采取有效安全措施，才能确保云共享的安全、可靠与

长久运行，更好地为用户服务。

（一）协商制定科学有效的云特色信息资源共享相关准则

图书馆特色信息资源进行云共享的相关准则，除参考和依据有关国家、行业标准外，一些具体的准则如权益分配、维护权限等，则要根据共享的服务内容、服务方式及服务范围等进行科学协商，制定出科学有效的云共享相关准则，以便对图书馆各方的权利、职责与权限进行划分，防止出现问题时的责任难分现象。同时，在选择云服务商时，依据云共享的规模和建设思路，要选择安全设备较高、信誉度较高、安全防护体系较高的提供商。

（二）提高云中共享资源的威胁监测能力

为了提高云中所存数据的安全性，目前部分云提供商已采取了一些监测手段，如数据审计等，以便高效、准确快速地监测到存储数据所存在的可能威胁，这种检测已成为云安全防护体系的重要部分。在云环境下，云共享为图书馆用户利用云平台提供了开放的接口，对客户端存在的威胁进行检测和防护，并利用病毒行为监控技术防范未知威胁。客户端可将本地不能识别的可疑流量及时送到云端检测中心，利用云端计算能力快速分析安全威胁，并将获取的威胁特征推送到全部客户端和安全网关，使云共享系统和客户端都具备云安全监测、防范的能力。此外，还可建立专门的云安全集中中心，以保障云图书馆核心业务安全，有效地节约云图书馆安全建设经费。

（三）在云共享的信息传输中采用数据隐藏技术

云的开放性与云共享信息资料传输过程中可能存在的信息截取、修改、替换等威胁，使得图书馆与云之间的信息交互过程成为最有可能遭到信息破坏的环节之一，一些云提供商要求用加密的手段以防数据在传输中遇到的种种威胁。其实，在云安全体系的监测保证下，采用加密存储能够保证所存数据的安全与运行，但在传输过程中，经过加密处理的密文由于是一组乱码，当攻击者发现信道存在密文时，就会利用已有的各种攻击方法对密文进行截获与破译，尽管加密不易被解密，但通信易被第三方察觉，一定程度上向攻击者明确提示了重要信息的存在，容易引起攻击者的注意，进而遭受到干扰和攻击，导致信息传输过程中存在的威胁性大增。对于图书馆的核心数据，如财务信息、读者信息等，可采用目前在军事界应用较为广泛的信息隐藏技术，信息隐藏是将机密信息秘密隐藏于另一公开信息（载体、宿主、掩体对象）中，即将秘密信息（嵌入对象）嵌入到另一表面看起来普通的信息载体中，然后通过该公开信息（隐藏对象）的传输来传递秘密信息，第三方（攻击方）很难从公开信息中判断机密信息是否存在，即无法直观地判断他所监视的信息中是否含有秘密信息，降低了机密信息的截获率，也从根本上降低了传输中数据遭到破坏的威胁性。

（四）建设两个云共享中心

利用云进行图书馆信息资源的共享有低成本、快速部署、管理简便、可靠性高及数据灾难备份等优势。但为了保证云共享的可靠性和持续性发展，图书馆云共享建设中需建设云共享主存储服务中心和备份云共享存储服务中心两个完全相同的跨地域云存储数据中心，形成一个跨地域的统一安全存储平台。图书馆云共享主存储服务中心和备份云共享存储服务中心以负载均衡方式工作，并定期由主中心向备份中心进行数据备份迁移。于是，当主中心遭受攻击或因不可抗拒因素停止工作时，备份中心就能保障图书馆云共享存储中心的数据安全及服务不间断，解决以往困惑人们的持续性和可靠性问题。

五、云计算下特色资源整合与共享的构建模型

构建图书馆特色信息资源共享系统应遵循信息系统的一般模型。鉴于图书馆基于云计算特色信息资源共享系统的特殊性，需要对元数据进行处理，对现有的资源进行封装，以便于系统的查询、用户需求的匹配。因此，在云计算体系结构的基础上，给出个性化的图书馆特色信息资源共享系统结构模型。

其中各部分的任务、功能及可使用技术包括以下一些内容。

（一）物理资源层

物理资源层是图书馆特色信息资源共享云计算系统的最底层，提供最基本的硬件资源：计算机、服务器、存储设备、数据库、网络设备等。在这个模型中，对于计算机的硬件要求很低，可以使用价格低廉的PC机，通过分布式技术和虚拟化技术将分散的计算机组成一个提供超强功能集群用于计算和存储云计算操作。

（二）虚拟管理层

虚拟管理层是图书馆信息资源共享云计算系统的第二层，虚拟化是云计算的核心设计技术。通过虚拟化技术将物理资源层大量相同类型的资源构成同结构或结构相似的资源池，消除物理硬件的限制，降低了硬件管理复杂度，提高了硬件资源的利用率，有效控制其成本，保证了信息资源共享系统的可扩展性，目的是为上层提供共享的资源。

（三）事物管理层

事物管理层是整个图书馆信息资源共享云计算系统的核心部分，由应用监控、用户管理、任务管理、资源管理、安全管理等内容组成。主要功能是利用云计算技术将资源层提交的受控资源整合在一起。供虚拟组织的应用程序共享、调用。在管理层的有效调控下，资源层的各项资源通过一系列作用抵达服务层，最终实现用户的需要。

（四）服务层

服务层是图书馆特色信息资源共享云计算系统的实现平台，由服务接口、服务注册、资源查找、课题咨询、信息交流等内容组成。主要功能是向用户提供应用服务和解决方案，在云计算共享域内所有图书馆通过云计算网络，建立统一的接口，用户通过服务接口进入数据库资源，获得借阅、咨询及其他服务，这也说明图书馆云服务平台的具体实现层——特色信息资源共享系统中，各个子系统之间相辅相成、交互作用，形成一个可控的适应的云计算服务体系，通过对各种服务进行动态管理和分配，来满足不同层次和规模的数字图书馆需求，支持馆级透明的协作和服务获取，支持各馆用户的聚合和参与，支持多馆协作的社会化网络的构建，支持多馆资源的共建共享，具有自适应扩展的能力。如果图书馆云服务能真正地建立起来，就能彻底解决现阶段图书馆特色资源共建共享面临的问题。

"云计算"的价值不仅体现在先进的技术本身，更体现在技术应用理念方面。它给数字图书馆特色信息资源的共享带来了一种新的思路。云计算在图书馆的应用将是未来图书馆发展的一个趋势，它可以将庞大的异构资源有机地整合起来，提供统一平台，实现特色信息资源的全面共享。随着云计算的研究的应用升级，图书馆应用云进行信息资源的共享、计算与服务不再遥远。

当然，真正实现云计算环境下的信息资源共享要解决的不仅仅是技术问题，还涉及政策法规制度、数据版权、机构管理、信息安全、个人信息隐私等方面面的问题。然而云计算确实能为图书馆带来价值。云计算的应用可以使图书馆更加专注于自己的特色信息资源的共建共享，摆脱IT的束缚，并使得特色信息资源的建设可以进行更大范围的协作、共享，提供更优质的服务。

第二节　移动图书馆与移动服务

随着移动通信技术的飞速发展，移动通信已经和有线互联网相互融合，正在给社会生活的方方面面带来巨大的变革。基于Internet的图书馆服务如今已经日趋完善与成熟，利用新兴移动互联网技术拓展传统数字图书馆服务，随时随地为读者提供实时信息服务必将成未来的发展趋势。移动互联网技术将对图书馆事业的发展产生深远的影响。移动图书馆通常是指图书馆针对手机用户开设和提供相关信息服务的简称，有时也称掌上图书馆、手机图书馆。

一、移动互联网发展概况

互联网与移动通信的融合是21世纪的科技革命。美国著名的国际金融服务公司摩根士丹利的全球技术和电信分析师指出：我们已经进入移动互联网时代，未来5年内，通过移动通信装置（包含平板计算机、MP3、掌上电脑Pad、汽车电子产品GPS、音频、视频等）接入互联网的用户很有可能超过通过桌面个人电脑接入互联网的用户。

在我国，移动互联网也展现出巨大的发展潜力。根据中国互联网络信息中心（CNN1C）发布的《第34次中国互联网络发展状况统计报告》显示，截至2014年6月，我国手机网民规模达5.27亿，手机上网网民比例为83.4%，手机网民规模首次超越传统PC网民规模。移动互联网带动整体互联网各类应用发展，移动金融、移动医疗、移动社交媒体等新兴领域移动应用多方向满足用户上网要求，推动网民生活进一步"移动化"。在移动互联网时代，读者可以随时随地很方便地登录互联网获取信息。这是继互联网、搜索引擎之后图书馆面临的又一大挑战。图书馆如何吸引读者，如何提供更优质的服务，很明显，利用移动互联网技术开展移动数字图书馆服务，让读者利用随身携带的移动终端快捷方便地获得图书馆的各种个性化和人性化的服务，将是未来图书馆服务的一项重要内容。从这个角度看，移动服务体现的是数字图书馆的个性化服务，也是数字图书馆服务未来的发展方向。

二、移动数字图书馆产生背景

移动数字图书馆是数字图书馆的一个分支，它具备数字图书馆的一般特征，同时还具备"可移动"的特征。这种"可移动"的特征表现在，普通用户和读者可以不必依赖于PC来实现数字资源的浏览、下载和阅读，用户和读者可以通过手中的便携数字图书阅读设备（如手机、MP3/MP4、Pad等手持阅读器以及笔记本电脑等）来浏览、下载、阅读和欣赏数字资源的一整套系统。

移动阅读作为数字阅读的深化应用阅读形式，克服了需要电脑、网络及固定位置才能进行数字阅读的限制，极大地满足了人们数字阅读时的随意性，不受设备、场地的限制。图书馆将因为引入移动数字阅读会扩大读者的使用范围，发挥更加巨大的作用。

图书馆服务的理想目标，本质就是信息服务无处不在，无时不在。任何读者可以在任何地点、任何时间获取图书馆的任何图书资源。而图书馆的服务从过去的印刷本的借阅到数字图书馆的建设属于上了一个台阶，而数字图书馆进入移动图书馆服务则会使图书馆的服务达到一个新的台阶，真正实现图书馆的理想目标。移动设备使用量在未来几年将会超过目前的电脑，成为主流信息获取设备，而顺应历史潮流也是图书馆发展的必然方向。

三、移动数字图书馆服务现状

目前，许多图书馆已开展移动数字图书馆服务，其服务内容也在不断拓展。

主要有SMS（Short Message Service，短信服务）、WAP网站常规服务（包含图书馆新闻、馆藏目录检索、读者借阅信息查询、参考咨询、图书馆使用指南等服务）、WAP网站数据库检索服务、电子书服务和视频指南服务、二维码如QR码服务等。

（一）SMS服务

SMS是最常见的移动图书馆服务，拥有借阅证或读者卡的用户通过注册之后即能享受图书馆的SMS服务。提供的服务一方面是图书馆主动发给读者的新闻、讲座、预约到达、图书催还、过期罚款催缴等信息；另一方面是用户按照一定的指令查看馆藏、借阅情况、续借、图书馆工作时间、参考咨询等需求。国外开展该项服务的有美国加州大学图书馆、丹顿公共图书馆、澳大利亚莫纳什大学图书馆、瑞典马尔默大学图书馆、新加坡南洋理工学院图书馆等。国内开展该项服务的有国家图书馆、上海图书馆、苏州图书馆、成都图书馆、深圳图书馆、济南市图书馆、吉林省图书馆、清华大学图书馆、四川大学图书馆、成都理工大学图书馆、浙江大学图书馆、中国计量学院逸夫图书馆等。

（二）WAP服务

WAP网站提供的常规服务有图书馆新闻、馆藏目录检索、读者借阅信息查询、参考咨询、图书馆使用指南等信息。各图书馆WAP服务也有其特色的内容，比如美国艾德菲大学图书馆WAP网站还提供班车时刻表、校园黄页、体育新闻、艺术学院表演时间、学校地图、校历等信息服务。加州大学富尔顿分校Poljak图书馆还有电子阅览室空闲计算机的实时数量、图书馆员的联系电话及服务内容等信息。此外还有纽约公共图书馆、哈佛大学图书馆、耶鲁大学图书馆、剑桥大学图书馆、加拿大阿尔伯塔大学图书馆、丹麦奥尔堡图书馆、阿姆斯特丹大学图书馆、新加坡国家图书馆等开通此项服务。国内典型的应用案例有：上海图书馆于2009年10月推出其WAP网站，目前提供"书目检索""上图电子书""上海与世博""动态新闻""上图讲座""分馆导引"和"服务与简介"七个栏目。可检索全市书目和馆藏联合检索，查看新闻、讲座、分馆地址、地图、电话、开放时间、读者借阅信息和续借服务等。其中"上图电子书"还提供了全新的电子书借阅服务，凭"上图读者卡"和身份证号即可通过手机移动阅读方式看电子书，在线阅读时可做书签、笔记、划词翻译、书内全文搜索等多个实用功能。

国家图书馆于2008年12月推出"掌上国图——国家图书馆移动服务"，目前为读者提供"资源检索""在线服务""读者指南""读者服务""文津图书奖""掌上国图""留言板"版块。每个版块又细分多项服务，可以检索OPAC和特色资源（包含千余种古代典籍、500余种的音频视频、3万多张图片以及将近10万篇博士论文，检索结果可直接在线浏览），提供在线讲座、在线展览、在线阅读、书刊推介、讲座预告、图书续借、图书催还、在借信息、借阅历史、预约和预约到达通知、用户注册、一卡通信息查询服务，还提供个性化推送服务，提供国家图书馆阅览室定位帮助和指南信息等。此外，国内苏州图书馆、华东理工大学图书馆、成都理工大学图书馆、南京师范大学图书馆、北京师范大学图书馆、浙江工商大学图书馆、四川大学图书馆、南京大学图书馆、同济大学图书馆等都提供该项服务。

（三）电子书服务

移动电子书服务产生的背景是电子阅读器的飞速发展和图书馆数字资源建设。自 2007 年亚马逊推出电子书阅读器 Kindle，掀起了全球电子书阅读热潮，目前电子书阅读器有 Amazon Kindle、Sony Reader 等，除了专门的电子阅读器，智能手机、平板电脑也能进行电子书的阅读。图书馆的电子书服务主要是利用数字馆藏，与电子阅读器公司合作，比如得克萨斯 A&M 大学（德州农工大学）图书馆、北卡罗来纳州立大学图书馆、里弗福里斯特公共图书馆等与 Kindles 合作，读者通过 Kindles 阅读器及安装 Kindle 的移动终端都可以阅读这些图书馆的电子书；纽约公共图书馆、伦敦大学图书馆、加州 Rancho Mirage 公共图书馆、杜克大学等则与 touch/iPod 合作；OCLC 与 Sony Readers 合作。一些图书馆还能提供有声读物，比如托马斯福特纪念图书馆、圣约瑟夫县公共图书馆、阿拉斯加大学费尔班克斯校区图书馆、纽约公共图书馆等。

（四）音频和视频指南服务

其服务方式主要有两种：一类是将音频和视频指南放在网站上供读者下载至移动终端，比如西雅图公共图书馆、杜克大学图书馆、波士顿图书馆、波尔州立大学图书馆网站等提供 MP3 音频指南供读者下载至 MP3 播放器、iPod 及手机等移动终端；另一类是与视频网合作，比如爱丁堡中心图书馆、Suffolk 大学图书馆将视频指南放在 YouTube 上，用户可通过手机访问 YouTube 网站观看。纽约大学、得克萨斯 A&M 大学、亚利桑那州立大学图书馆加入了 tunes，读者可通过 iPhone、iPod 等设备无线访问 iTune 进行观看。

移动服务体现的是图书馆的个性化服务，保障用户可以随时随地通过移动设备方便地浏览信息资源。移动服务是数字图书馆未来服务的主要方向。

四、移动数字图书馆实现技术

一般地，实现移动图书馆服务的具体技术包括：Silverlight，Manet，J2EE，J2ME.net，Struts-Spring-Hibemate 等。刘红等利用 Silverlight 技术实现图书馆手机服务，作者采用 B/S 模式，开发技术使用 .net，Java script 等，后台数据库采用 SQL Server 2005，李敬维基于分级异构 MANET 设计移动图书馆服务系统，MANET 是一种无线分布式网络技术。贺利娜提出一种基于 J2EE 和 J2ME 技术的移动图书馆实现方案，这是一种手机客户端与服务器的体系结构，需要手机支持Java虚拟机，同时它也是一种跨平台的通用系统。

丁夷提出了一种基于Struts-Spring-Hibemate框架的手机图书馆服务系统，它可以实现各种服务功能的定制，移动阅读服务（下载电子书），视频播放服务、可视参考咨询服务。王泽贤探讨了手机短信在图书馆中应用的关键技术，作者详细阐述了目前用计算机收发短信的三种主要方法：①通过短信应用服务商实现。②通过网站提供的短信服务，如新浪、网易。③通过无线moDEM需要专用的硬件，包括无线moDEM和支持moDEM功能的手机。沈向若探讨了利用MMS（Multimedia Message Service）多媒体短信技术实现图书馆移动服务。

五、国外移动图书馆的发展与融合

国外图书馆移动服务的应用可以追溯到2000年左右，日本和欧洲在移动通信技术方面是比较先进的，日本富山大学图书馆于2000年9月开发出i-mode手机的书目查询（OPAC）系统，东京大学图书馆也于2001年5月开通i-mode手机书目查询（OPAC）系统，芬兰赫尔辛基技术大学图书馆2001年秋季开始使用手机短信息服务，韩国西江大学2001年7月推出用手机可以查阅图书馆资料的移动图书馆。芬兰、日本、英国、美国、韩国、新加坡等国都有一些图书馆提供手机信息服务，它们的实现方式主要是短信息和无线上网两种。芬兰赫尔辛基技术大学图书馆使用芬兰Portalify公司开发的Liblet TM系统，以短信服务为主，兼顾WAP及其他接入技术，提供的手机服务有续借、到期提醒预约到书通知、列出读者借阅清单等，读者免费使用，只需向运营商支付基本通信费。芬兰国会图书馆也开通了手机短信息服务，服务项目有续借、到期提醒、预约到书通知、检索失败的信息、咨询、读者反馈、每周阅读提示等，读者也是免费使用。日本东京大学图书馆为i-mode手机用户提供在线书目查询、催还、预约、续借、即时通知等服务。美国南阿拉巴马大学图书馆的"无屋顶图书馆计划"使用Pad通过移动通信网检索图书馆资源，读者可以通过无线方式连接上图书馆的在线目录（OPAC）查询馆藏资料在英国的millennium Drives mountain View public Library，开通了wireless enabled mobile library，允许读者通过自己的电脑和手机来查询图书馆中的相关信息。日本、韩国等也相继开发图书馆手机服务的技术软件，并在这一领域取得了很大的成就。剑桥大学的调查发现：学生喜欢接收来自学校的短信，只要不是特别频繁。很多学校使用JISC开发JANET TXT短信系统。该系统可以很轻松地集成到图书馆管理系统中。文本短信提醒给图书馆忙碌的移动用户快速了解图书馆的信息。

（一）国外移动图书馆的服务内容

国外移动图书馆的建设主要在移动图书馆参考咨询服务、移动图书馆流通服务、移动语音导览、移动馆藏等方面取得了较大进展，值得我国手机移动图书馆参考借鉴。

第一，短信参考咨询服务。

短信参考咨询是指允许用户以短信的形式发送咨询问题并以同样的方式接收回复的服务，如比较成功的是 AQAO。如果用户的问题可以用简洁的语言回答，那么可以考虑使用短信参考咨询，如一些关于服务信息的咨询等。如果大部分用户的咨询都可以用 160 字以内的文字回复。那么这一服务就会非常有价值。

第二，移动图书馆流通服务。

Sirsidynix 开发了一款手持流通工具 pocketcirc，让用户在 Pad 设备上就可以访问 unicorn 图书馆管理系统。这种无线解决方案可以让员工在社区或校园活动等非办公区域内帮助书库中的顾客查看资料，还可以在图书馆周围边走边升级书目信息。

第三，移动语音导览。

移动语音导览服务通过让用户将导览下载到自己的 MP3 播放器或手机中帮助图书馆的参观者或者新用户尽快熟悉图书馆的布局、结构功能与服务。杜克大学图书馆导览包括 10 部分内容，用户可以下载到 MP3 播放器中。Simmom 学院图书馆将其 beatley 图书馆和信息共享空间的语音导览为学生、教职工预装到了 iPod 中。Southern California 提供的 Doheny Memorial Library 语音导览包括 8 部分内容，让远程移动用户通过收看大学校园生活频道了解其大致的结构。亚利桑那州图书馆也能在 iTunes U 的图书馆频道下载 Hayden 图书馆的相关导览内容。哥伦比亚大学的 C.V.Starr East Asian 图书馆提供了包括英语、汉语、韩语、日语及藏语等多种语言的语音播客。

第四，通过手机完成图书馆为用户提供其馆藏资源、服务和建筑的另一种导览方式。

这一功能的实现方法是通过让用户用手机拨免费号码来获取图书馆的语音导览。用户可以自由选择自己想要了解的那部分内容，自行把握节奏，且可以对图书馆的服务进行了评论与反馈意见。Dartmouth 学院的 Baker Berry 图书馆、folder Shakespeare 图书馆和博物馆，以及国会图书馆都采用了这种互动式服务。Museum 411 也采用了类似的服务。

第五，移动馆藏。

Thomas forord Memorial 图书馆和 St.Joseph County Public 图书馆将语音图书给事先下载到可以借给用户的 iPodnano 当中。图书馆下载到用户自己的 iPod 设备当中的语音图书只有为期 3 周的借期。大学的 Crmich Fine Arts 图书馆将所有本学期音乐课程的听音作业都预装到 iPod 当中，并按照教授和课程号来组织排序。学生最多可以将这些 iPod 借出 12 个小时。Virginia 大学图书馆建了一个有 2100 本电子图书的电子文本中心，21个月里下载量达850万次。

（二）国外移动图书馆与图书馆传统信息服务的融合

夏南强通过电子邮件和Internet访问，调查了国内外图书馆开展移动图书馆信息服务情况，充分体现了移动图书馆与图书馆传播信息服务的有机融合：①指南服务；②通知提醒服务；③认证服务；④信息查询服务；⑤移动阅读服务；⑥信息咨询服务；⑦馆内工作应用服务。

1.国外移动图书馆应用实例

以美国、加拿大为代表的西方发达国家，其图书馆非常重视借助智能手机为用户服务，创建移动图书馆。加拿大最大的远程教育机构athabascan大学，约有学生32000人，全部接受远程教育，为这些学生选择合适而高效的技术来辅助学习显得尤为重要。移动通信工具在年轻人中的普及为年轻人利用学习资源提供了一种新的方式。athabascan大学的M-liLrary项目最早在2005年的IADIS leam大会中提出。M-horary网站提供大量数字资源和图书馆服务，包括数字阅览室、电子课程预约、数字参考咨询、数字论文与项目阅览室、帮助中心、搜索引擎、期刊数据库、airpac（手机图书馆目录检索系统），以及通过万维网提供的图书馆服务。该项目对保证移动图书馆网站的内容能够适合小屏幕阅读做了大量工作，也就是格式可以随着访问网站的设备而调整。M-library系统能够自动识别用户的设备，并给其提供适合该用户阅读的网站版本（移动版或PC版）。此外，用户也可以通过手机访问由Innovative Interfaces开发的专为无线移动设备设计的自动图书馆系统图书馆目录，airpaco用户可以用移动设备检索馆藏目录、核实图书到期时间、请求文献，以及浏览自己的借阅历史。

在美国，很多图书馆为满足特定群体的需要，纷纷着手建设移动版门户网站。移动版图书馆网站提供了部分图书馆服务与馆藏信息，用户可以利用这一界面，通过掌上终端设备，搜索目录和主题指南、查询展览信息和开馆时间存取电子期刊论文等。美国波尔州立大学（Allstate University）图书馆已创建了移动版网站，该网站能为图书馆用户提供目录搜索、期刊全文搜索、图书馆导引视频及其他馆藏与服务信息（如馆际互借），用户还能通过移动参考网站查询天气、新闻、体育、金融等综合信息。美国里士满大学（University of Richmond）图书馆的移动网站可以提供图书目录搜索，查询到图书馆的笔记本及个人电脑占用的实况信息，并能以电子邮件、即时通信工具或短信方式提交参考咨询问题。俄亥俄州图书馆的用户则可以通过OPLIN mobile移动网络，从俄亥俄州250家分支书馆中搜索出距离该用户当前位置最近的公共图书馆。弗吉尼亚大学图书馆也建立了移动网站，读者一方面可以查询到读者阅览指南和开馆时间等图书馆的基础信息，另一方面图书馆的最新消息和展览通报也可从这一网站上获取。波士顿大学图书馆医学分馆所拥有的全部主题目录都能用移动通信设备查询，该馆还建立了具备搜索功能的电子图书、电子期刊和馆藏书目数据库。纽约大学的移动门户提供了通过资源题名、关键字和资源格式三种途径查找电子资源的搜索引擎，该图书馆的其他相关资料也能从其移动门户网站查找到。无论是普通计算机还是移动设备，athabascan大学的图书馆网站都能以最佳格式将其内容以最佳格式显示出来，该网站是用PHP语言编写，可以通过服务器端脚本识别不同的浏览器。通过分析HTTP_USER_AGENT，服务器可以确定是windows CE还是palm OS等相应操作系统，然后系统会选择合适的stylesheet与显示模式，最后数字信息就会为适应不同的浏览器而重新编排格式。

2.国外图书馆界的尝试

无线通信协议（WAP）是在数字移动电话、互联网或计算机之间进行通信的开放式全球标准。此种方式需要读者的手机具备上网功能，具有浏览器软件，能够访问WAP网站。因此，读者在使用这种模式的时候，需要付出一定的数据通信费用。在此基础上读者可以随时方便地浏览每种数字资源的信息，挑选自己需要的资源下载阅读。新加坡义安理工学院图书馆的手机WAP服务，只要用户具有一部支持WAP的手机，就可以享受手机WAP服务。英国汉普郡图书馆建起一个WAP网站，WAP手机用户提供该郡54家图书馆的详细地址、联系方式、开放时间等信息。

日本移动公司通过移动电话使用Internet服务，其采用分组交换叠加技术，保证用户实时在线，使用简化的HTML编辑网站，让传统Web网站容易转变为i-mode网站。日本富士山大学图书馆以及东京大学图书馆利用i-mode技术分别开发了各自的书目查询系统。从技术层面而言，我国运营商完全可以开发类似的平台、网站，诸如起点、九一等中文小说网站也都研发出完全拥有自主知识产权的移动阅读平台，从服务模式和内容上看，和移动数字图书馆的原理是相通的。

此外，国际W3C组织（制定网络服务标准的非营利组织）还制定了一系列针对手机图书馆的建议标准，特别是在2008年底提出的"mobile Web Best Practices"（移动Web最佳实践）草案。该草案在原有标准基础上倡导一套新的修订标准，依循该标准创建Web内容，能极大提高手机移动设备浏览Web站点的便利性。

3.国外学者对移动图书馆的应用研究

移动图书馆服务作为图书馆在外在环境下拓展自身服务范围、提升服务能力的重要途径之一，不断受到国外学者的重视，包括Sally WilSon，Craham Mc Carthy，R. Bruce Jensen等学者在内，均通过实验或案例调研的方式，开展移动图书馆服务的影响与应用研究。

（1）关注手机用户的移动服务需求

关注手机用户的移动服务需求是提升手机图书馆服务的必要前提。Sally Wil-

Son，Craham M. Carthy 等 2010 年通过对 RyerSon 大学图书馆的用户调查，结果发现，该校当前拥有智能手机的学生数占到全部学校生数的 20%，预计在未来的 3 年内，这一比例将增加 80%。针对这一发展情况，图书馆应该充分挖掘和提升基于智机的移动服务。Jensen 通过对不同用户使用若干种手机（包括功能相当简单的手机和智能手机）进行移动阅读的调研，指出由于手机具有高效和使用方便的特点。因此，图书馆应该抓住这样的机会，将自身收藏和整理的各类课件资料通过用户较为熟悉和使用方便的手机进行提供。

（2）不断探索手机服务与图书馆移动服务的融合

资源建设是移动图书馆服务的基础。为了研究图书馆的馆藏资源建设是否受到移动用户的直接影响，Glenn Davidson 等在 2009 年对新西兰 6 家提供移动图书馆服务的图书馆馆藏采集标准与选择策略开展调研。研究结果表明，在移动图书馆馆藏建设方面，并没有放之四海而皆准的选择标准；移动图书馆的馆藏建设者在一定程度上需要考虑不同类型移动用户的需求以实现其相互之间的平衡。当然，馆藏资源采集与建设标准需要考虑多方面的因素而不仅仅只有用户需求。

（3）注重实际效果并有效总结经验

Laurie 等在 2010 年对当前世界范围内有关移动应用、移动技术、移动技术在图书馆的应用，特别是手机访问图书馆 OPAC 等研究进行系统的评述。深入剖析当前图书馆通过软件开发商提供和图书馆自行开发的移动信息服务，并从图书馆领导者和创新者的角度，指出将图书馆现有的资源苟服务借助手机平台进行有效整合集成的重要性，同时就这一发展方向提供有操作的若干建议。Miquel Codina Vila 等指出，提供基于手机的信息服务有利于以各种不同的方式扩大用户对图书馆的应用，也有利于馆员与图书馆用户之间通过手机建立更为密切的交流。因此，图书馆要敢为人先，不断尝试借助各种有利于推动移动服务的软件和工具提升自身的服务水平和被用户认可的程度。图书馆建设者应该有清晰冷静的思考和客观准确的判断，监测和评价这一服务方式对图书馆带来的影响。在此基础上，有的放矢地开展手机图书馆服务。Lissermami 提出诸如 iPhone 等智能机功能的加强使得远程学习者可以不受时空限制浏览和使用各种电子课件。但是，当前绝大多数具备移动视频浏览功能的手机并不能有效支持用户方便地浏览语义相关的海量电子课件资源。为此，Roman，Max Source 等学者开发了一款专门用于浏览电子课件资料的软件。其使用试验结果表明，该软件有利于提升用户对电子课件资源的利用效率。

国外学者有关手机图书馆的研究成果表明，开展移动图书馆服务是图书馆在移动互联网时代不可回避的一种信息服务方式。因此，图书馆需要考虑的问题不在于图书馆要不要开展移动图书馆服务，而在于图书馆应该如何利用手机图书馆开展更为随时随地的移动信息服务。

第九章　智慧图书馆信息服务系统的构建

第一节　高校智慧图书馆信息服务系统分析与设计

一、需求分析

图书馆信息服务系统是基于原有的图书馆系统的，提供的主要服务包括：图书精准定位、智能盘点、个性化服务、自助借还。图书馆管理员对图书要进行智能盘点以及图书的位置锁定来解决日常工作量大而烦琐的管理工作。读者作为高校智慧图书馆信息服务系统的主要服务对象，读者的需求即使图书馆发展的方向，对图书的精准检索、个性化服务和自助借书还书预定则是大多数读者的需求。

（一）业务需求

传统的高校图书馆信息服务业务是以体力劳动的馆员为服务主体，通过手工操作的被动、单纯、封闭、多体化分散、浅层次文献型的服务模式。在以往的服务模式中，图书馆的工作以文献为中心展开，为读者提供的访问也多以一、二次文献为主，这种服务模式已不能适应时代发展对大学培养人才所提出的要求。

在知识与经济并行发展进步的时代，由于网络的发展迅速，文献应用的形式多以电子型、数字型为主，而用户的需求也表现出来丰富化和个性化。高校图书馆信息服务模式也发生了转变，首先是由单纯的文献保管转向藏用兼顾，其次是服务内容由藏书的整理转向了文献的采集、处理以及传递利用。在引入新的服务理念和模式的同时，要注意把"以人为本"即以读者为中心落实到设计之中，着力于为用户提供完善的设施和高效的服务。

现阶段高校图书馆管理系统的有待改善之处：首先，就读者借阅方面，读者利用搜索引擎对要借阅的资料查询，查询结果显示出该图书所在的书架，但是当读者到所标识的书架后却发现书架上根本没有；就读者借还书方面，读者借书时需要通过馆员扫描条形码才能完成，如果在借阅高峰期时会出现借阅窗口的人流量大需要排队，耗费了读者的时间，而且在还书时，大多图书馆也是人工操作，既然有人工操作那就肯定会受到工作人员工作时间的限制，比如周末工作人员休息或者是图书馆闭馆，那么读者就只能在工作日或开馆时间段内去还书，读者去借阅，系统界面虽然能够检索出来，但是也可能会出现图书完全被借走的现象而借阅者却全不知情。其次，就图书馆员整理资源方面，图书资源的盘点往往是一项巨大的工程，再加上图书资源的爆炸式增长，图书盘点的解决更是迫在眉睫；就图书乱架问题，多数高校图书馆员是在收到读者发现问题的反馈之后才做出相应的处理，而且有限的人力资源在相当多的图书中找出别类的图书也是有相当大的难度。

随着物联网技术的发展，为高校"智慧"化图书馆的发展提供了根本依据。依靠RFID技术在图书馆的应用以及个性化推荐技术能够很好的解决上述问题，能满足以下三方面：

1.图书馆的自助借还、快速查找、个性化服务可以全面的满足读者需求。

2.图书馆实行"智慧"化发展符合馆员需求，智能盘点、图书精准定位很好地解决了馆员以往盘点工作量大、图书乱错架的整理等问题。

3.在信息社会中，信息量剧增、信息技术发展迅速等问题阻碍着各高校图书馆管理模式的进步，建立高校智慧图书馆信息服务系统无论是在解决现实问题还是理想问题方面的需求，都是高校图书馆发展的大势所趋。

（二）功能需求

高校智慧图书馆信息服务系统包括：智能盘点、图书精准定位、自助借还、个性化服务这四个主题模块。其中智能盘点、图书精准定位、自助借还模块都是以RFID技术为基础，个性化服务以个性化推荐技术作为研究依据。另外，系统内各模块功能是使用Asp.net分层实现的，通过使用符合条件的插件，有效利用它的界面系统框架、结构，从而更能提升本系统的三种性能，即可以扩展的性能、可以移植的性能以及组件的可以重复利用的性能。数据库部分使用SQL Server实现，提高数据的可扩展性，更好的应用于系统之中。

高校智慧图书馆信息服务系统关键在于解决完成智能盘点、个性化服务、图书精准检索和定位、自助借还功能的管理。系统中的每个模块都是对应完成高校图书馆读者以及馆员的需求服务，并且通过读者的操作数据保存在系统中，及时更新数据生成读者档案。分析如下：

1.图书精准定位对于信息服务系统的完成和建立都是特别明显的智慧化体现，将馆内所有图书都贴上电子标签，利用RFID技术VIRE的定位算法的优化，对其实现更加精准的定位，在对图书进行精准检索、智能盘点等功能的实现都提供了可靠的技术支撑。

2.智能盘点实现对在馆图书进行数量统计、乱架查询、架位采集和图书归类的功能，改革现在图书馆在进行盘点时需要闭关以及使用扫描枪对条形码逐本书进行扫描产生的差错，实现非接触、多本图书同时读取的快速方便的盘点，大大降低了管理人员的劳动强度。

3.个性化服务主要包括两个功能：一是收藏推荐，对读者主动收藏计划借阅的图书，当收藏的图书在架且未被别人预定的情况下，可以给读者进行提示；二是基于关联内容的推荐，根据个人信息的基本内容填写、读者的借阅记录、检索历史、浏览等方面的动态获取适合读者的图书，以及从系统的数据库内提炼出所有借阅排行、收藏排行和新上架的图书推荐给读者，其中排行的方式可以是按照周排行、月排行，也可以是学科排行。也可以针对各学院的借阅情况做排名，促进高校在校生借书的积极性。

4.自助借还书主要功能是对自助借书、还书、续借和预定服务，借、还书摆脱了图书馆开馆闭馆时间的限制，续借同样的也是自助完成，预定服务是读者对检索图书的预定，该预定主要是针对读者想要借阅但不在馆的图书，若图书归还后系统将会提示给读者，这样方便读者的同时降低了图书馆管理员的工作量。

（三）性能需求

高校智慧图书馆信息服务系统会提供全面、高价值的息资源并且能随时地进行动态跟踪的功能。该系统所需要的硬件设备主要包括：RFID无源电子标签，电子标签包括图书标签，书架标签以及层标签三类；超高频阅读器；自助借还机器；图书盘点设备等。通信预留接口：RS-485，10M以太网。

二、系统设计

根据对智慧图书馆信息服务系统的需求分析，将给出总体设计的流程图以及实现各模块的结构图，如图9-1所示。

为实现高扩展性的目标，保持不同子系统之间的松散耦合，智慧图书馆信息服务系统在设计上采用三层软件架构，从软件设计的角度，可分为表示层、相关逻辑层和数据访问层。

首先在系统界面即表示层显示出自助借还、个性化服务、精准定位、智能盘点四大模块，系统界面的构建是在XML技术的支撑下完成，用户是要完成四大模块中的哪一个，首先需要在系统界面选择所要完成的操作，以借书为例：在表示层选择借书后，业务逻辑层根据借书进行处理，业务逻辑层的处理包括数据处理和硬件信息处理，硬件的信息处理是在借还书过程中图书的电子标签反馈给自助借还机阅读器的图书信息，业务逻辑层把这些信息传递给数据访问层，从数据库中进行数据的匹配，匹配的内容包括借阅者的信息和图书电子标签的信息，完成数据访问层的数据匹配之后通过业务逻辑层把数据结构再传递到表示层展示给用户。系统中的其他模块和功能工作原理与借书相同。

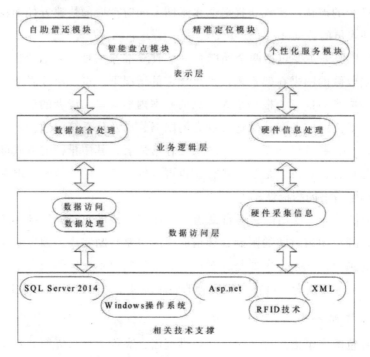

图 9-1　系统架构

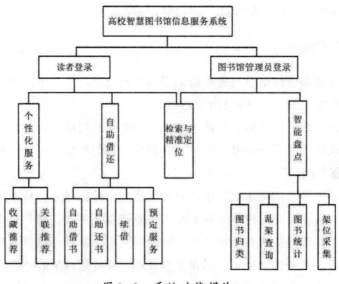

图 9-2　系统功能模块

高校智慧图书馆信息服务系统是建立在原有图书馆服务系统之上的管理系统，如图9-2所示，该服务系统主要功能包括四大模块，分别是个性化服务、自助借还书、检索与精准定位以及智能盘点模块，个性化服务模块和自助借还模块主要是针对读者设计的。个性化服务主要是对图书的推荐，一是对读者收藏的推荐，另一个是基于关联内容的推荐。检索与精准定位是读者和图书馆管理员的公共模块，主要是提供图书的精准位置。智能盘点模块主要是为解决图书馆员进行盘点时工作量大的问题，主要功能是乱架查询、图书归类、架位采集以及图书的统计，进行定期盘点时利用智慧信息服务系统能够一目了然的掌握图书的借阅情况，并能及时发现乱架图书进行整理归位。在系统的主界面登录后，若是管理员则进入的是管理员应用主题，若是读者进入的则是读者的应用主题，若输入的用户账号都不是，那么还将处于主界面的状态。当用户通过登录验证后，图书馆管理员和读者就可以根据需求完成应用。

（一）图书精准定位模块

现在多数高校图书馆查找图书时往往需要大量的时间在整个书架上逐个查看，虽然检索系统可以查到图书上的条形码标号，但在逐本查看上耗费的时间成本却是不可计量的，而且还有可能出现的问题是并没有在检索界面呈现的图书位置找到该图书。图书精准定位的设计是针对上述情况达到对图书馆内图书位置的精确化，分别对读者和图书馆管理员的两个应用。

对于读者来说，当读者进入图书馆后首先要查询借阅的图书所在位置以方便直接去取，在这个过程中就需要对图书进行精准定位，若图书是放在正确的位置则在界面直接显示图书的具体区域，并且显示出当前该图书的数量以及借阅情况；但是避免不了图书是放在错误的书架，因为图书馆管理员对图书的整理是定期的，不可能是每天都要对硕大的图书馆进行整理。如果读者查询的图书经过数据库匹配之后是放在错误的书架，查询后会把现在的对应位置呈现给读者。在这个查询过程中需要通过服务器往阅读器发送需要查询的图书的指令，阅读器发射相应频段的信息，同时把接收到的图书RFID信息反馈给服务器后对数据库进行匹配，最后呈现出现在的位置给读者。

对于图书馆管理员来说，精准定位的应用是体现在智能盘点上，包括图书归类、统计、乱架查询、架位采集功能。图书馆员首先阅读器发射频段信号，这个频段信号可以细致到具体的某个书架上，图书通过RFID标签反馈给阅读器的信息提示错架图书现在所在的位置以及原来的正确的位置，提示馆员将错架图书放回正确的书架。图书的精准定位在一定程度上为馆员和读者提供了高效便捷的服务，加快了图书馆的运行速度。

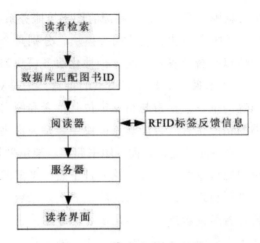

图9-3 精准定位流程图

如图9-3所示，读者在用户界面开始检索所需要的图书，并将图书的具体信息传送到系统，系统通过数据库匹配获取得到图书ID，并将这个ID通过RS-485协议传输到阅读器，阅读器收到信号后，将这个信号转换成对应频段的射频信号，由天线发送。电子标签接收到信号响应，并反馈到最近的阅读器，再经阅读器传送到服务器，服务器对这些信号处理好，将处理后的信息发送到用户界面显示出来。

（二）智能盘点模块

有许多图书资料在系统界面上反映出来，而且读者通过检索也能够找到图书信息，但当读者根据检索到的信息去取书时却在对应书架上没有找到。这种现象是由于图书没有按应有的类别摆放造成的，图书馆员也没有对馆内图书位置的错误进行及时地更正。本文利用RFID的定位技术对图书进行管理能很好的解决此类问题。图9-4是智能盘点流程图：

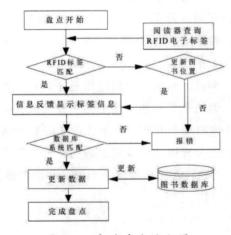

图9-4 智能盘点流程图

盘点的工作流程是阅读器发射频段信号后，RFID电子标签接收信号并通过天线把标签内存储信息反馈给阅读器，阅读器上显示出各图书所在位置以及该频段内现有的图书总量。在阅读器接收到反馈信息后，需要对发生位置变化的图书做出提示，并进行更新，更新的是从上次盘点到这次盘点期间发生的图书总量的变化。更新完成后与总数据库进行图书数量的匹配，匹配的原则主要是对现有数量以及借出数量是否与总数量保持一致，匹配没有问题时则对现有数据进行更新，若出现差错则显示出错。

智能盘点功能模块功能包括图书统计、图书归类、乱架查询及架位采集，图书馆内每本图书、书架的每层和整体都要作为一个基本的管理单元，通过图书标签、书架标签和架层标签在阅读器上的落实进而实现盘点功能。智能盘点是通过阅读器发射相对应书架的频段，位于该书架的图书RFID电子标签把信息反馈给阅读器，通过阅读器界面显示出该书架的现有图书，若出现别类图书将会有相应的"标红"提示，将阅读器的界面标识出来。图书馆员也可以把关于图书统计的EX-CEL表导出，作为图书借阅流量的统计根据。乱架查询主要是通过阅读器发射频段信号，馆内图书RFID电子标签反馈信息给阅读器，达到对图书馆内的图书进行重新定位以获取新的图书定位表的目的，将获取的新的图书定位表与数据库原有的定位表进行数据的匹配，若两个定位表完全匹配则表示图书馆内不需要进行乱架整理，若出现乱架现象，会将匹配的结果显示出来，单独成立一张图书乱架表显示给图书馆管理员，以便进一步的整理工作，大大降低了图书馆管理员的工作量以及劳动强度。

当图书馆进有一批新的书籍时，为图书贴上已改写好的RFID标签，把这些标签的数据及时地与图书资源数据库进行数据链接完成数据的更新，根据图书分类的提示把这些书籍放在相应的书架上，解决图书错架、乱架的问题。读者在对图书进行借阅时可以根据通过图书精准定位后所反映给系统的数据查询所要借阅的图书所在的具体位置。

定期的盘点能够很清楚的掌握图书馆图书的流通量，可以对读者的借阅情况作出相应的数据分析，有利于图书馆的循环发展。

（三）个性化服务模块

个性化服务功能主要是：获取读者对图书的收藏关注或借阅习惯的数据信息，为读者提供满足所需资源。根据读者对信息的需求，高校智慧图书馆信息服务系统提供了基于内容的协同过滤推荐，从收藏、借阅的排行以及上新的图书当中推荐与读者收藏或读者个人信息中相似度高的图书。

在高校智慧图书馆信息服务系统的个性化服务中对资源采用了静态和动态两种获取方式，将这两种获取方式有机地结合起来使用，既要切实依靠读者的兴趣反馈，又要利用到对读者的借阅规律进行分析发现其内在的特性。静态获取是基于读者个人信息情况，比如院系班级等，获取的准确度高而且速度快；但有可能会出现读者在个人中心填写的信息可能不全面，所收集到的资源也不够全面，并且容易受到读者的思维限制的问题。动态获取是根据读者的借阅、查询记录以及收藏关注的主题图书可以客观地去反映读者喜好，较为全面的获取信息；但获取资源的准确率不高、速度相对比较慢。

（四）自助借还模块

在自助借还书模块中充分利用了 RFID 射频识别技术，结合计算机、软件、网络、RFID 以及触摸屏控制多项技术，目的是对贴有 RFID 标签的多本图书同时进行借还。实现该模块还需要设立借还书柜，读者只需把需要借、还的书放进去，书柜通过对图书的 RFID 电子标签的身份识别，自动完成还书操作，并且实现数据库的记录更新，解除了必须在限制时间内完成还书的困扰。

1.借还、续借图书

如图 9-5 所示，为自助借书流程图，当读者进入图书借阅界面后，把图书证放入扫描区内，系统对其进行扫描识别，若证件无误将提示输入密码；若密码也无误，则读者将准备借阅的书籍放入扫描区内，这样的一次扫描能完成对多本图书的借阅。如果对图书扫描后显示扫描异常，即图书未能被扫描到，可能是电子标签出现了问题，那么就需要到柜台重新借阅。

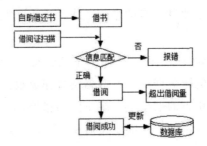

图 9-5　自助借书流程图

如果系统界面显示图书借阅失败，可能是由于用户的借阅量已达到上限，也可能是该用户对图书的续借但已超出借阅限制的日期，则需要到柜台办理罚款手续。待图书借阅成功后，系统界面将显示用户的借阅清单，完成图书的借书过程。自助还书流程图如图 9-6 所示。

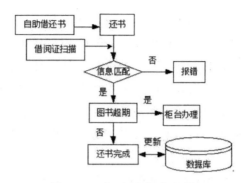

图 9-6 自助还书流程图

2.预定服务

在高校图书馆借阅的过程中往往出现想要借阅而图书却不在馆的状况，读者可以根据自己想要借阅的图书进行预定。

在读者登录到高校智慧图书馆信息服务系统后，首先对想要借阅的图书进行检索，界面呈现出检索结果，检索结果是在馆还是被借出。如果查找的图书显示结果是在馆则直接借阅即可；如果结果显示的是完全被借出，则显示可被预定。同时系统可以在个性化服务中提示到读者登录后的界面。

第二节 精准定位和个性化服务

一、图书精准定位

图书馆都存在着或多或少类似这样的问题：读者通过检索系统可以查出图书资料，但当读者根据所查到的信息去书架上取书时却找不到。出现这类问题的原因是图书没有按应有的类别摆放造成的。图书馆员在盘点图书时由于错架乱架导致图书没有在相应的区位摆放，由于高校学科的广泛性使得这些错架的图书有可能涉及具体的各学科，要重新对这些图书进行整合、分类，无疑是一项浩大的工程，为图书馆员的工作增加了无形的压力，阻碍智慧图书馆在高校的应用和发展，利用 RFID 技术对图书的定位能够很好的解决上述问题。

基于 RFID 技术的高校智慧图书馆信息服务系统在不对原有图书管理系统做出何种改动，而在于能成功地与原有系统对接，实现数据共享。高校智慧图书信息服务系统能够在对图书资料进行实时定位后及时更新数据库，以免耗费读者时间。

RFID 技术之所以能受到高度关注，是因为它能够在极短的时间内得到厘米级的高精度定位信息，且具有传输距离远、成本低的特点。RFID 技术的定位方法可以分为：三角测量定位、邻近定位以及场景分析定位三种。

三角测量定位法：测量的参数是信号传输时间 t，信号幅度 A 或是到达的角度。三角测量定位法分为：TOA 法、RSSI 法、AOA 法、TDOA 法，分别是以到达时间、信号强度、到达角度、时间差为基本依据进行定位的。

场景分析法是对目标进行的定位，这个目标是针对特定区域的场景特点作为根据的。首先，采用量化参数对定位区域中的各位置进行描述，"位置指纹"就是根据这些位置形成的。把这些位置指纹存储在特征数据库中；在定位时，根据进入定位区域的电子标签的指纹信息，在特征数据库中寻找合适的信息，根据查找的结果推测、判断出可能存在的位置。

邻近定位法是可以找到目标在某个区域的、甚至可以判断与某个位置相近的，但精确度有限，不能提供准确位置。因此为完善此定位方法，推断节点之间是否有邻近关系，需要它与识别系统共同协作来完成定位。

在对上述三种定位方法的分析后，本文采用的是基于场景分析的 VIRE 算法，并且在一定程度上对该算法进行了优化。

（一）VIRE 定位算法

VIRE（Virtual Reference Elimination）虚拟标签算法是对比 LANDMARC 算法的不足做进一步完善的算法。

VIRE 算法中，最关键的思路在于在定位区域中使用了设置虚拟参考标签进行了计算，相比使用实体参考标签更为有效、准确。在定位区域内，用经典信号传播模型构造虚拟参考标签。同时该算法还提出了模糊地图的概念，更大程度的提高了定位的精准度。LANDMARC 算法可以通过提高参考标签的密度来取得精确的定位，而 VIRE 算法在定位的区域中设置虚拟参考标签，与此同时将模糊地图的定义提出，使用加权平均和的方法进行计算，从而找到定位需要的位置。两者的都可以定位位置，但是 LANDMARC 算法增加了系统成本，且参考标签密度越大，标签之间干扰程度越大，造成定位的准确度下降。然而，VIRE 算法不仅可以降低系统成本，弥补 LANDMARC 算法的不足，还可以去除重复的位置信息，一定程度上提高定位位置的准确性。

VIRE 算法是将定位的区域分为多个相同的网格，同时平均的把参考标签安放在分好的网格里，如图 9-7 所示，然后将网格更加细密地划分为定位区域，被划分成 n*n 个虚拟网格，并使每个虚拟网格包括 4 个虚拟参考标签。虚拟参考标签的 RSSI 值可以依据得到的实体参考标签的 RSSI 值和坐标数值运用线性插值计算出来，如公式 9-1 和 9-2 所示：

虚拟标签在水平方向上的信号强度：

$$S_k(T_{p,b}) = S_k(T_{a,b}) + p \times \frac{S_k(T_{a+n,b}) - S_k(T_{a,b})}{n+1} \qquad (9-1)$$

竖直方向上的信号强度：

$$S_k(T_{p, b}) = S_k(T_{a, b}) + p \times \frac{S_k(T_{a+n, b}) - S_k(T_{a, b})}{n+1} \tag{9-2}$$

公式中 $S_k(T_{i, j})$ 表示坐标为（i，j）的虚拟标签对应到第 K 个阅读器得到的信号强度，其中 a= [i/n]，b= [j/n]，$0 \leqslant p = i\%n < n-1$。

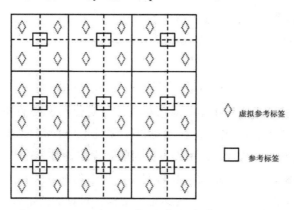

图 9-7　VIRE 中 3×3 格的虚拟参考标签示意图

VIRE 算法提出了邻近地图的概念：邻近地图是由阅读器为每个目标标签构建的，要想找到目标标签的可能位置，需要通过通过识别，把虚拟参考标签和目标标签的 RSSI 值进行比对。若两者的插值在符合条件的范围内则该区域被标识为 1，反之则被标签为 0，邻近地图由这些被标记为 1 的区域组成。针对这些邻近地图，最后采用取交集只保留被标记 1 的区域的方法来确定目标标签的可能位置。如图 9-8 所示，在取交集后得到的是最近的几个虚拟参考标签所组成的邻近地图。

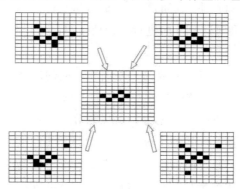

图 9-8　邻近地图

获得了距离待定位目标最近的虚拟参考标签集合后，采用加权平均和求得目标坐标。VIRE 算法采用了 W_{1i} 和 W_{2i} 两个权值进行加权计算。W_{1i} 与 W_{2i} 是根据虚拟标签的信号强度值对参考标签在虚拟标签中的距离权值设定的，距离越小，W_{1i} 越大。

$$W_{1i} = 1 - \sum_{K=1}^{K} \frac{S_k(T_i) - S_k(R)}{K \times S_k(T_i)} \tag{9-3}$$

权重因子 W_{2i} 是根据虚拟参考标签的密度设定的，若虚拟参考标签的密度越大，则 W_{2i} 越大。

$$W_{1i} = \frac{n_{ci}}{\sum_{i=1}^{na} n_{ci}} \qquad (9-4)$$

其中 n_a 代表整个区域内最近的虚拟参考标签的个数，n_{ci} 代表第 i 个最近的虚拟标签的密度。VIRE算法根据最终权重因子 $W_i = W_{1i} \times W_{2i}$，待定位目标的坐标可由公式9-5得出。

$$(x, y) = \sum_{i=1}^{na} W_i \times (x_i, y_i) \qquad (9-5)$$

VIRE算法的优点是采用了虚拟参考标签进行定位不需要额外增加阅读器和电子标签进而降低了系统的成本，在精确度上要比LANDMARC算法更高。但是，VIRE还是有它的缺点：在VIRE算法中用到的是虚拟标签RSSI的插值法，在实际环境中标签的RSSI值与位置距离的长短并不是理性的线性关系。因此会产生额外的误差；参考标签的位置分布是传统的矩形结构，对算法的定位性能影响也很大。

（二）VIRE定位算法优化

该定位算法的优化从以下三个方面入手，分别是：①参考标签的放置位置及密度大小对阅读器接收RSSI值的强弱及准确性的影响；②采用了非线性插值的方法，把实体参考标签的RSSI值和参考标签到阅读器的距离的关系当做线性关系来处理，这样就会使阅读器获取到的RSSI值不够准确，因此可以从非线性插值的角度入手；③VIRE算法中选取的K个参考标签与目标标签距离最近，而K的取值不同也会对RSSI的获取值产生一定的影响。通过这三方面的优化处理，将会使得结果更精确一些。下边会对这三方面进行详细地阐述：

1.区域划分

我们可以把定位的区域划分成为一些面积相同的网格，把实体参考标签平均分配在这些网格中，需要注意的是这些实体参考标签的前后左右间隔都是相同的。接下来再把这些网格做进一步的划分，可以划分为 $m*n$ 个虚拟网格，把划分的各虚拟网格的中心当做参考标签的坐标位置，而划分的虚拟网格自然也就成为这个参考标签的覆盖区域。通过阅读接收到的各虚拟参考标签的信号强度值，根据距离参考标签最近的实体参考标签计算得出。如图9-9所示为实体参考标签与阅读器的分布图。另外，想要得到更高的定位精准度，就可以将网格划分得更加细致一些。

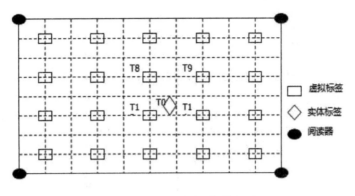

图 9-9　8×10虚拟参考标签

如果一定范围内有若干个实体参考标签，那么它们周围的环境也会相同，因此引入友邻标签，离实体参考标签最近的其他实体参考标签即为友邻标签。根据实体参考标签和友邻标签传递给阅读器的信号强度值来计算出信号损耗模型参考标签。

实体参考标签T0处于T13的信号覆盖区域内，信号强度值可以由T8与T9、T13、T14协同计算得出。

2.非线性插值

实际参考标签和虚拟参考标签的距离和RSSI值的变化关系不是理想的，也就是说它们的关系不是线性的。由于在图书馆内信好的减弱是服从了对数的正态分布，因此论文选用对数的距离损耗模型。"距离-损耗"公式如（9-6）所示：

$$P = p_0 + 10nlg\left(\frac{d_{ij}}{d_0}\right) + \zeta_{ij} \tag{9-6}$$

在公式（9-6）中：d_0表示阅读器i到图书上电子标签的距离；P_0表示阅读器i接收到图书上电子标签即距离为d_0时的RSSI值；P表示阅读器i接收到的虚拟参考标签的RSSI值；n是路径损耗指数；d_{ij}表阅读器i到第j个虚拟参考标签的距离；ζ表示遮蔽因子，作为一个随机变量，这个随机变量的均值为0与传播的距离没有关系。

在图书馆内，各位置的n（路径损耗指数）会因环境不同实时测量的结果也不同，这将会给图书馆内定位的及时性造成一定程度的影响。为提高定位的精准性，采用了参考标签来实现动态测量路径损耗指数n，需通过友邻标签协同计算公式中的两个参数。为确定目标图书标签周围的虚拟参考标签的路径损耗指数，我们可以根据VIRE定位算法的虚拟参考标签区域重新划分做出假设，如图9-10所示：

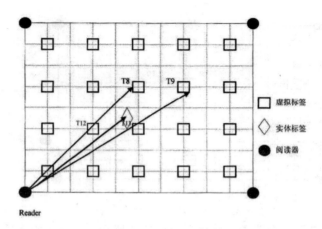

图9-10 实时测量距离-损耗指数图

在图9-10中，将T13、T14作为目标图书标签，T8、T9作为友邻标签，利用下面公式分别计算出两条路径的距离-损耗指数 n_1、n_2：

$$n = \frac{p - P_0}{10n\lg\left(\dfrac{d}{d_0}\right)} \tag{9-7}$$

在得到两条靠近待定位的标签路径的路径损耗后，可以根据T8、T9路径与阅读器构成的直线的夹角分别是 θ_1 和 θ_2，可以由下列公式得到待定位标签的路径损耗指数：

$$n = n_1\frac{\theta_1}{\theta_1 + \theta_2} + n_2\frac{\theta_1}{\theta_1 + \theta_2} \tag{9-8}$$

通过公式（9-8），得到 T_0 位置的距离-损耗模型参数后，通过公式（9-6）和T5的信号强度值求出 T_0 的信号强度值。

3.K邻近

在阅读器接收到目标标签的反馈信号后，把所有的虚拟参考标签的信号强度值求出，根据信号强度值的大小选择出与目标标签最近的K个虚拟参考标签，最后，再对其进行加权求和。具体描述为：有u个目标标签、m个阅读器和n个虚拟参考标签，并对标标签和虚拟标签做出信号强度的向量，分别是公式（9-9）和公式（9-10）：

$$\vec{S} = (S_{j,\,1},\ S_{j,\,2},\ \cdots\cdots,\ S_{j,\,m}) \tag{9-9}$$

$$\vec{\theta} = \left(\theta_{j,\,1},\ \theta_{j,\,2},\ \cdots\cdots,\ \theta_{j,\,m}\right) \tag{9-10}$$

其中，$\theta_{i,\,j}$ 表示第j个阅读器读取到第i个目标标签的信号强度值的大小；$S_{i,\,j}$ 表示第j个阅读器读取到的第i个虚拟标签的信号强度值的大小。

我们把欧氏距离表示目标标签p和各个虚拟参考标签的距离长短。如公式（9-11）所示：

$$\sum j = \sqrt{\sum_{i=1}^{m}(\theta i - 5i)^2} \tag{9-11}$$

$\sum j$ 表示的是第 j 个虚拟参考标签与目标标签的欧氏距离。通过 E_j 表示的是虚拟参考标签与目标标签的距离关系。当 E_j 的值越大时，他们两支的位置距离也就越远。因此就要选择出 K 个虚拟参考标签距离目标标签距离最近，根据公式 9-5 可以计算得出目标标签的位置。

其中 W_i 表示总数量为 K 的所有虚拟参考标签中第 i 个对信号强度值的权重因子。当所有的虚拟参考标签权重相同时，产生的定位误差值就会越高，因此，权重因子的设计特别重要。而权重因子是比较靠近目标标签的虚拟参考标签，是因为这些虚拟参考标签能够很好的反应出目标标签的位置，因此，权重因子依赖于 E 的大小，如公式（9-12）：

$$wi = \frac{\frac{1}{E_i^2}}{\sum_{i=1}^{k}\frac{1}{E_i^2}} \tag{9-12}$$

通过公式（9-12），距离目标标签最近的虚拟参考标签为距离最大的权重因子。且满足公式（9-13）。

$$w_1 + w_2 + \cdots\cdots + w_3 = 1 \tag{9-13}$$

4.实验结果分析

本文在对 VIRE 定位算法优化后，对 VIRE 定位算法和 VIRE 优化后的算法做了部分的实验测量，通过对实验测量的结果统计用直方图呈现如下：

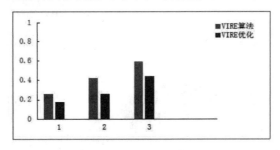

图 9-11　VIRE 算法和 VIRE 优化算法定位平均误差图

图 9-11 表示为两种定位算法的定位精准度的误差，横坐标表示的是需要实验测量的标签编号，纵坐标表示的是一定距离内的标签个数。在 VIRE 定位算法当中，本实验用到的所有标签和是在 700 到 1000 之间。从上图可以看出，在 VIRE 优化后的定位算法效果要比 VIRE 算法好得多，改进后的定位误差分别是 0.08 米、0.16 米和 0.15 米。

一般认为，在图书馆内定位的精度与虚拟参考标签的密度是成正比例关系。因此，可以考虑加入更多的虚拟参考标签，达到定位的最佳效果时加入虚拟参考标签的数量应该是多少。我们把 m*n 代表所有参考标签数量的总和，在实验测量中，把隔开实际参考标签的虚拟参考标签的数量选取为4、6、8、10、12、13；区域为12×14、18×20、24×26、28×30、32×34、38×40。

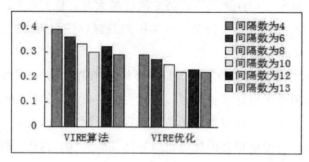

图 9-12　虚拟参考标签密度对两种算法误差的影响

图9-12表示的是分别对虚拟参考标签的VIRE定位算法和VIRE算法的优化做出的实验测量结果，定位的精准度受到虚拟参考标签的间隔数的影响，并且间隔数越大误差会越小。从上图不难发现，当虚拟参考标签的数量到10的时候也就是说区域内总的数量到28×30时整体趋于稳定，在继续增加间隔数的时候也不会对实验的结果产生很大的影响。

VIRE算法需要得到离实体参考标签的K个参考标签取交集得出邻近地图，以更加精确的得出待定位标签的位置，实验就从K的取值上分别对两种算法进行测验。测验的K的值分别是1、2、3、4、5、6。结果图9-13所示：

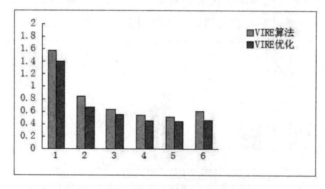

图 9-13　K取值对两种算法的影响

从图9-13可以看出，K的取值对VIRE算法和VIRE优化的算法定位误差的影响，实验结果显示，当K值越小误差值越大，当K值选取在4、5时比较稳定，但是在K值取6时，误差又会有增加的趋势。

二、个性化服务

个性化服务的实质是系统按照读者要求，根据读者的兴趣搜索把读者收藏关注的信息过滤匹配并将处理结果呈现出来，以提高读者的借阅效率。利用个性化服务可以实现在少量的信息源内集中较多的信息内容，提高信息资源的质量，降低读者的时间成本。

高校智慧图书馆信息服务系统利用个性化服务一方面能有效解决读者本身的差异性和需求多样化的问题；另一方面，有助于图书馆对收集到的读者信息进行整合分析，整理出针对于各读者所需的资源，从而提高信息资源的利用率。在系统中如何更好地实现个性化服务，就是要解决利用哪种推荐算法能很好地把资源做出很好地处理。

现有的个性化推荐技术有：基于内容的推荐、协同过滤推荐、关联规则推荐、基于效用推荐以及基于知识推荐。论文采用基于内容的协同过滤推荐。此外，推荐算法对读者信息的收集和推荐模型的建立，通过设定算法目标进行学习，对各读者处理出推荐结果。表9-1是主要推荐方法对比。

表9-1　主要推荐方法对比

推荐方法	优点	缺点
基于内容推荐	推荐结果直观，容易解释； 不需要领域知识	稀疏问题；新用户问题； 复杂属性不好处理； 要有足够数据构造分类器
基于协同过滤推荐	新异兴趣发现、不需要领域知识； 随着时间推移性能提高； 推荐个性化、自动化程度高；能处理复杂的非结构化对象	稀疏问题；可扩展性问题；新用户问题； 质量取决于历史数据集； 系统刚开始时推荐质量差
基于规则推荐	能发现新兴趣点； 不要领域知识	规则抽取难、耗时； 产品名同义性问题；个性化程度低
基于效用推荐	无冷开始和稀疏问题； 对用户偏好变化敏感； 能考虑非产品特性	用户必须输入效用函数； 推荐是静态的，灵活性差； 属性重叠问题
基于知识推荐	能把用户需求映射到产品上； 能考虑非产品属性	知识难获得； 推荐是静态的

对于上述推荐算法做出比较，再结合系统个性化服务的模块，同时根据高校图书馆提供的基本服务与不同在校生群体的特征相结合，加之高校学生的偏好、借阅习惯、信息资料以及高校图书馆信息资源等方面多重因素，选用了基于协同

过滤的推荐算法。

（一）个性化推荐模型

本文在个性化服务中采用了基于内容的协同过滤推荐技术，构建个性化推荐模型。

个性化推荐模型如图9-14所示：

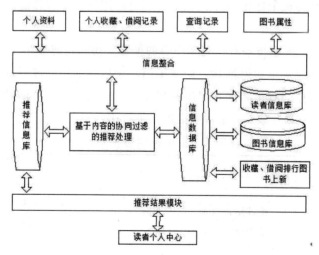

图 9-14　个性化推荐模型

该模型和其他的模型有以下不同：①构建了信息输入模块，即收集信息模块。该模块包含用户个人资料、查询用到的关键词记录、图书的属性，如作者和图书风格、用户收藏、借阅过的图书等参数。②构建了基于内容的协同过滤推荐的整合推荐实施模块。该模块中包括了所有用户的信息库、图书资源库以及所有用户对图书借阅收藏的排行记录。③构建了系统的推荐结果模块，把推荐结果反馈给用户的个人中心。为读者推荐图书的类型也是包括两方面，一方面是公共图书的推荐，包括小说、文摘等，推荐出排行前三的图书；另一方面是专业性图书的推荐，根据读者的个人信息和借阅排行两个条件，为读者推荐出排行前三的图书。

（二）基于内容的协同过滤推荐

在图书资源和高校在校生数据集很大的情况下，基于关联内容的协同过滤技术可以实现很高的效率，达到特别好的效果。它允许数据计算任务预先执行，给需要推荐的读者更快地推荐结果。

基于内容的协同过滤技术是根据邻居用户的偏好产生的目标用户的推荐。它是基于这样的假设：如果大部分读者对于某些图书收藏或者是借阅的次数比较多且喜好程度相近，则对于目前读者来说他也很有可能对这些图书有一定的偏好。主要是对这些收藏或借阅排行的图书与读者收藏的图书计算相似性，然后从中选择出前k个相似度最大的图书推荐给读者。比如，《追风筝的人》和《灿烂千阳》

这两本书在图书馆的借阅排行中名次特别靠近，因此可以说这两本书的相似度极高称为最佳邻居，而《傲慢与偏见》的排行不那么靠前，因为所有读者对它们的评分存在较大的差距，所以《傲慢与偏见》对《追风筝的人》和《灿烂千阳》的推荐影响就会相对小一些。在系统的推荐中，只对前若干个最佳邻居进行搜索，并根据这些邻居的收藏及借阅的排行来为读者进行推荐。

基于内容的协同过滤算法的主要工作包括最佳邻居查询和产生推荐两个阶段，最佳邻居查询阶段是通过图书间相似性的计算，得出读者的最佳邻居；产生推荐的过程是对读者收藏、借阅排行的最佳邻居的预测推荐，最后产生了前 k 个推荐信息。

第一步，搜集读者对图书的收藏关注，得到读者—图书的收藏矩阵。

第二步，计算读者收藏、借阅的图书与排行图书之间的相似度。

第三步，根据读者之间的相似度和读者的收藏、借阅行为数据为读者生成推荐。

下面通过示例说明基于内容的协同过滤推荐过程。以河北农业大学中的4个学院对5本书的收藏的数据做出分析，为信息院张三推荐图书为例，如表9-2：

表9-2　4个学院对5本图书的收藏情况

	《何以笙箫默》	《追风筝的人》	《C++编程思想》	《现代自然地理学》	《物联网基础及应用》
理学院	189	159	30	98	85
农学院	256	198	16	26	45
信息院	169	126	265	32	320
机电院	206	195	19	25	230

要计算上述图书与张三收藏图书的相似度，就要借助于相似度的计算公式，只需要将张三收藏与上述图书的相似度求出即可。此处利用欧几里得距离来计算相似度较好，欧几里得距离公式为：

$$D = \sqrt{\sum_{i=1}^{n}(p_i - q_i)^2} \tag{9-14}$$

其中变量表示：p（p_1，p_2，p_3，p_4…）和 q（q_1，q_2，q_3，q_4…）表示收藏排行榜中的图书。

点积是对于两个向量而言的，即第一个向量中的每一个值与第二个向量中的每一个值对应位置做乘法，然后再把得到的乘积求总和。而且点积具有的一个非常重要的性质是当两个向量的夹角大于90度时点积的结果是负数，如果两向量的夹角小于90度，结果为正数。这样来说，就可以很容易的判断出哪本书更适合推荐给读者。

根据对欧几里得距离 D，返回1代表图书之间有极高的相似度，而返回值越接近0的话就代表相似度极低。经过计算得到图书的相似度如表9-3所示：

表9-3　图书之间的相似度

	《何以笙箫默》	《追风筝的人》	《C++编程思想》	《现代自然地理学》	《物联网基础及应用》
《何以笙箫默》	/	78	356	335	280
《追风筝的人》	78	/	316	266	260
《C++编程思想》	356	316	/	243	226
《现代自然地理学》	335	266	243	/	354
《物联网基础及应用》	280	260	226	354	/

通过欧几里得的距离公式对举出的图书样例做出相似度，在上表中，数值越小表示两者之间的相似度越高；数值越大相似度就越低。

经过推荐的预测过程，可以得出推荐列表如表9-4所示：

表9-4　信息院张三生成的推荐列表

推荐排名	书名
1	《何以笙箫默》
2	《追风筝的人》
3	《物联网基础及应用》
4	《C++编程思想》

在系统的完成后对河北农业大学在校大学生做出相关的问卷调查，主要针对读者对推荐图书的满意程度，分别是系统个性化服务的整体满意程度、收藏推荐、关联推荐的调查，结果显示如图9-15所示：

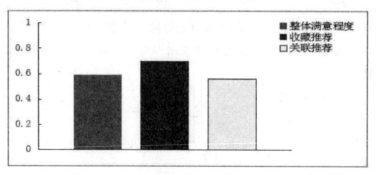

图9-15　满意程度结果示意图

在个性化服务模块当中有两个主要功能：一是收藏主题推荐，主要是根据个人基本内容的填写，以及用户的借阅记录、检索历史、浏览等动态获取合适的图书，读者可以对图书进行收藏，收藏既可以是读者收藏想要借阅的，也可以是出于喜欢但是暂时还不想借阅的图书；二是关联推荐，关联推荐是基于图书上新、借阅排行、收藏排行这三个分支从系统的数据库内提炼出资源，而排行的方式是按照周排行还是月排行或者是学科排行等，将这些提炼出来的与读者偏好进行匹配，处理得出最优质的资源提供给读者。另外，也可以针对各学院的借阅情况做排名，促进高校在校生借书的积极性。

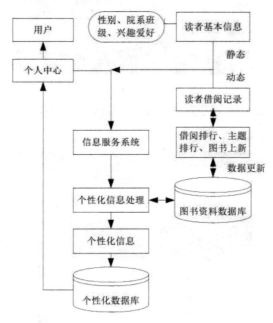

图 9-16　个性化信息构建流程图

图 9-16 为个性化数据库的构建，系统通过静态获取和动态获取两种获取信息的方式得到读者信息，静态获取的是读者的性别、院系班级、兴趣爱好等读者的固有信息，而动态获取的则是读者的借阅记录、操作记录、浏览记录等。获取到读者相关信息之后根据系统中设计的个性化推荐模型，与图书资源数据库进行匹配，最后得出适合读者个人的信息资源，把为所有读者推荐的信息资源放入个性化数据库，读者登录之后将显示在个人中心供读者参考。通过对读者综合的信息整合，系统可以掌握读者对信息资源的实际需求，有方向的为读者提供资源服务。系统通过及时的数据更新，保持与读者需求的高度一致性，更加全面、准确的提供有价值的个性化服务，保障智慧图书馆个性化服务的持续发展。

第三节　高校智慧图书馆信息服务系统实现

图 9-17 为系统主界面，读者和图书馆管理员可以点击页面右下角的登录按钮，输入账号密码并核实后方可进入应用。

图 9-17   系统主界面

图9-18为读者从系统主界面登录后今日的读者界面，读者界面包括个性化服务、自助借还书以及检索功能。

图 9-18   读者界面

图9-19为图书馆管理员的登录之后的界面包括智能盘点和检索与精准定位功能。

图 9-19   管理员界面

一、图书精准定位模块的实现

智能盘点模块是由中央控制计算机、阅读器、RFID电子标签组成。遵循在系统不运行时自动关闭天线攻放，降低使用成本的原则。参数设置为：非接触式对电子标签获取信息；读取速度约为一百五十册每秒，识别率约为百分之九十八；阅读范围半径为二百五十毫米；预留接口：USB、串口；具备图书检索、图书精准定位的功能，检索和精准定位都是通过智能盘点更新服务器总数据库的数据信息之后从数据库直接提取数据；硬盘容量大小为60GB；支持802.11b/g无线网络协议；通过定位信息，能很快地找到目标图书，工作频率区间为920~925MHz。

从图9-20可以看出，需要图书精准定位的实现，能够及时有效地统计现有图书数量，以及在馆图书的信息。

图9-20　图书精准定位

二、智能盘点功能实现

图9-21为图书统计出图书的总数量，界面显示对哪块图书做出的统计，图书的具体位置、图书的名称、编号以及统计状态。

图9-21　图书统计

如图9-22所示，乱架查询是对于图书位置的乱放、错放的查询，系统针对乱架图书进行查询后做出错架状态的标注作为提示，并能准确的显示出乱架图书的原有位置。

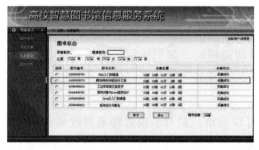

图9-22　乱架查询——乱架

如图9-23所示，图书馆管理员通过对乱架查询后的结果对乱架图书重新做出整理，再次进行图书的乱架查询，界面显示未能显示出错架状态。

图 9-23　乱架查询——恢复

智能盘点主要功能的实现包括：图书统计：对书架每层的图书做出数量统计，界面显示图书所在具体的位置，位置信息包括馆、楼、厅、架、层，显示数据总数，有数据清空、撤销操作；图书归类是在采集到 RFID 电子标签信息之后，可以选择出图书的类别，可以对该架位的图书进行添加操作；乱架查询：是在采集到的 RFID 电子标签信息之后显示出该架位所有的图书，获得的信息与数据库中数据进行匹配，在匹配之后会在界面显示出放错位置的图书信息，并用红框表示出来作为提示。架位采集：是采集书架的 RFID 电子标签，对其位置进行整理，整理的内容包括移动书架位置、更改书架信息等。系统设置：设置图书馆、楼、厅等格局的参数；对架和层的电子标签、阅读器、数据库以及服务器等进行设置。

图 9-24　图书归类

三、个性化服务模块实现

进入个性化服务功能模块，如图所示，包括基于收藏的推荐和基于关联内容的。系统会针对不同的读者的不同的喜好做出高相似度的推荐，做出的推荐也更有针对性。

从图 9-25 我们可以看出，是对于读者郭素君收藏图书的推荐，包含五本，系统可以对读者收藏图书的数量进行设置，这五本书可能是读者就收藏的五本书，也可能是在众多收藏的图书中现在在馆的图书。根据读者收藏的图书推荐完成个性化服务的收藏推荐。

图 9-25 个性化服务

四、自助借还模块实现

（一）自助借还书

借还终端有终端的数据库与服务器总数据库是实时对接着的，在实现操作的过程中若出现连接失败，那么借还终端就会把信息暂时保存在终端数据库上，等待连接恢复正常时再把数据传送到服务器总数据库中，以保证数据的同步更新。利用 RFID 技术与 PC 机、应用软件、互联网以及触摸屏应用结合在一起，对贴有 RFID 电子标签的图书进行借书、还书、续借以及预定服务的操作是自助借还服务中的重要模块，一次性对多本图书进行识别，有效缩短借阅时间，加快图书资源循环发展。阅读器在休眠状态时不进行工作，这便降低了系统的运行成本。

在自助借还书过程中除了有基本的功能选项之外还有相应的操作提示：借还书和续借书的成功或失败、操作的时间段等统计功能，对读者的操作进行实时记录，这里的实时记录包括时间、基本功能选项、预定服务等操作以及操作的结果。如图 9-26 所示，在系统的自助借还书主界面左侧会列出该模块的主要功能。

图 9-26 自助借书

在读者身份认证通过后，选择所需功能，在自助借书时：RFID 阅读器启动工作状态，获取图书上的 RFID 标签信息，阅读器在读取了电子标签上的图书信息后，系统界面出现相应的信息提示，比如确认借书、取消借阅等，读者做进一步的选择来完成操作。完成借书后，阅读器处于休眠状态，等待下一次操作；点击取消借阅则返回之前的借阅界面，借书完成后在系统界面会显示具体的借阅内容，包括读者名称、借阅日期、应还日期、借阅的图书名称及图书编号等。

在自助还书时，如图9-27所示。读者点击界面的自助借还书中的还书，进入还书界面后，阅读器开始读取图书标签，在成功获取信息后，系统界面会有相应提示：确认还书、取消还书，帮助读者进一步完成操作。选择确认还书则完成还书并关闭RFID阅读器，选择取消还书则返回系统之前的界面。续借也是自助借还的一个功能，系统也会根据相应的操作对读者进行提示。

图9-27　自助还书

如图9-28所示，是自助借还模块的预定服务，读者可以通过最上边的搜索引擎输入关键字，显示出相关图书，有图书编号、图书名称以及图书的状态，是在馆还是外借，有冗余图书的话就可以直接借阅，但是当图书全部都被借出后我们可以点击最右边的预定指示箭头，可以对图书进行预定，完成读者的预定服务。

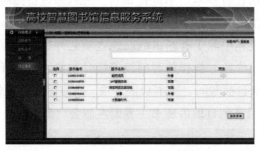

图9-28　自助借还——预定服务

第十章　智慧图书馆知识服务创新研究

第一节　基于共同心智的智慧图书馆知识服务概述

一、智慧图书馆的知识服务分析

(一) 智慧服务的概念

智慧图书馆的知识服务就是一种智慧服务。图书馆的存在就是为了服务大众的，其最基本的性质就是服务。至今为止图书馆服务基本分为三个阶段，即文献服务、信息服务、知识服务。从这三个阶段可以看出图书馆服务的质量是在稳步提升的，同时也可以看出图书馆的服务从以前注重信息资源、数字技术等到越来越注重图书馆人的智慧。智慧图书馆是图书馆未来发展的必然趋势，图书馆的服务从此也应该上升到一个全新的阶段，即智慧服务。

图书馆智慧服务的概念至今尚没有一个明确的说法。各学者都给出了自己的看法。经过归纳，智慧服务是以数字技术、图书馆智能、知识服务为基础的全新型图书馆服务理念。智慧服务是将文献与信息资源数字化，通过智能技术将用户所需的信息资源呈现在图书馆的各处从而方便读者使用，它是运用创造性智慧对知识进行重新的挖掘、整理和归纳，形成全新的知识增值产品，提倡用户将新的知识增值产品进行应用和创新，最后将知识转换成自己的智慧。智慧服务区别于普通的知识服务，其面向的对象是广大公众，满足公众的普遍需求。

(二) 智慧服务的特征

1.公共性

公共性是指其服务对象是面向所有广大群众的，图书馆本身就是一个公共服务机构，是政府为了方便大众更容易的获取知识而建造的，它的终极目标就是尽一切可能满足社会公共需要，确保所有大众都能享受到图书馆为他们提供的人性化、无偿的智慧服务。

2.智慧性

首先智慧性就是通过智能技术建立成智慧图书馆，拓宽图书馆本身的资源，让用户在图书馆的任何角落都能享受到方便、快捷的智慧服务；其次智慧性也指最大限度地对图书馆内的所有文献资料进行重新的知识挖掘并将重新获得的新知识传递给用户，做智慧的引领者、普及者、推动者与启迪者。

3.服务性

图书馆的最大职能就是服务，智慧服务摒弃了以前传统图书馆的被动服务方式，取而代之的是主动服务。图书馆员应该主动、积极、热情的与读者沟通，为读者推荐适合其阅读的资源，悉心听取读者的意见。最后真正实现阮冈赞五定律，将读者、图书馆员、资料融为一体，形成真正意义上的智慧服务。

（三）智慧服务的本质

在图书馆学的认知中，关于图书馆智慧服务的本质大概分为以下三个方面，即技术智能性，知识性和人文性。

技术智能性的智慧服务强调图书馆的智能技术，在这个智能技术发展如此之快的今天，没有技术的支持是万万不能的。图书馆的发展从传统图书馆再到数字图书馆；图书馆的服务方式的不断变化，处处离不开技术的支撑，尽管技术上的升级更新在图书馆的发展中扮演着重要的角色，但是应该避免刻意夸大技术的重要性，因为它再怎么重要，提高的只是图书馆设备的智能性，服务方面的智能性还要靠图书馆员的共同努力才能完成。图书馆是用来服务大众的，技术只是一种服务的手段或方式，是最基本的图书馆服务形态。

知识性的智慧服务就是更高级的知识服务且具有知识的创新性并将这种智慧服务作为未来图书馆服务的核心。这种想法看似美好，实则不切实际。因为就我国目前的国情来看，实现这种智慧服务所花费的人力、物力将会非常巨大，国家不可能将有限的资源全部投入进去。图书馆作为信息与知识的主要储存地，所提供的最多的服务应该就是借还书和最基本的参考咨询服务，图书馆不可能把其服务的重心放在仅靠图书馆学者和图书馆员对知识进行重组和创新上，即便在这方面取得了些许成就，那也是相当有限的。

人文性的智慧服务意指通过提高图书馆员的人文智慧来提升图书馆自身的人文智慧从而吸引更多的读者，并挖掘出潜在的读者。所以，通过提高图书馆员的人文智慧并且加强他们知识的储备才能更好的为读者提供智慧服务，才能使图书馆更智慧的运转。"图书馆的存在就是为了服务于全人类，在智慧图书馆中，应该摒弃以前传统的被动服务模式，为用户提供更智慧的服务，通过智慧服务，真正体会到'人守其学，学守其书，为人找书，为书找人'的乐趣和意义。"

综上所述，智慧图书馆的知识服务应该在强调技术智能性和知识性的基础上，将重心放在人文性和人性化上，馆员应该提高自己的心智，加强自己的知识素养，运用自己的智慧与用户进行交互和沟通，让用户在图书馆既能找到自己所需的物质资源，也能寻找到一份宝贵的精神资源；通过馆员与用户之间的交流、合作学习，提升彼此的智慧。介于此，本研究提出了基于共同心智模式的智慧图书馆知识服务。

二、基于共同心智模式的智慧图书馆知识服务框架

心智、心智模式、共同心智模式的概念

1.心智

心智是人们对已知事物的沉淀和储存，通过生物反应而实现动因的一种能力总和。简单来说就是将知识、社会和他人的经验转化成个体的智慧的能力。乔治博瑞博士指出虽然每个人都拥有心智，但其心智都存在着很大的差异，有的强，有的弱，这些差异也直接导致了人生轨迹的不同。

2.心智模式

心智模式最早是在1943年由苏格兰心理学家肯尼恩·克瑞克（Keeneth Craik）提出的。他将心智模式理解为当人的大脑在看到外界事物之后，外界事物在人的大脑中的一种反馈，亦或称之为"一种重组"。人类运用自身的心智模式观察世界、认知世界、理解世界。人类在日常生活中大部分时间都与外界事物进行长期重复性的互动，通过心智模式在大脑中对外界事物进行重组时，有利于人类更快的做出反应，更好的适应外界环境。

3.共同心智模式

在一个队伍中，每个人都拥有自己的心智，所以每个人对同一事物的看法也各有不一，一个队伍是否需要将成员的心智达成一致以便更高效的工作？对此，Cannon-Bowers将心智模式上升到团队层面，提出共同心智模式的概念。共同心智模式是指在团队中每个成员都拥有自己的心智，为了更好的工作和完成任务，力图将所有成员的知识结构达成统一，每个成员都应进行自我调整以便在工作中与其他成员间达成默契，使团队作业能够更好、更高效的完成。共同心智模式概念的提出有助于理解和解释为什么不同的团队在完成同样的任务时有着不同的质量和效率。

三、基于共同心智模式的智慧图书馆知识服务过程

（一）图书馆与读者之间的共同心智

当读者来到图书馆使用计算机进行查阅资料的时候，图书馆就会利用智能技术提取到该读者所查阅资料的历史记录，通过历史记录分析读者的查阅习惯、喜好、擅长的领域等，做到与读者达成共同心智。达成共同心智后，图书馆就会根据每个读者的情况为读者提供不同的个性化智慧服务。

比如读者为了寻求某种知识（这种知识还需某种知识的铺垫才能完全了解，而读者自己不知道）来到了图书馆，当图书馆捕捉到读者查询这一知识时，就应当做出适时的反应罗列出了解该知识所需的一切资料，包括知识铺垫的资料，这样当读者查询时就会很清楚自己该做什么，该从哪一方面入手，这种做法无疑方便了读者也会让读者感到图书馆智慧服务的利好。

（二）基于共同心智模式的智慧图书馆知识服务框架

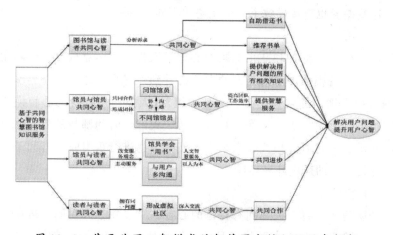

图10-1　基于共同心智模式的智慧图书馆知识服务框架

再比如读者只是来图书馆进行简单的借还书服务，图书馆应该在其每个楼层都设立多个自助借还书系统，就像我国现在的高铁火车站所设立的自助取票系统一样，完全做到自动化，使读者更方便、更有效率地完成借、还书。与此同时，应该在自助借还书系统显示屏上详细地记载读者的借、还书记录，并根据读者借书的记录分析出读者的喜好或其擅长的领域，通过智能技术为读者推荐一些其感兴趣的领域的其他书目。

（三）馆员之间的共同心智

一个图书馆内的所有馆员可以被看成一个团体，这个团体是为了图书馆蓬勃发展而存在的。我国有很多图书馆，但是每个图书馆服务的质量和态度都不一样，

大城市图书馆的服务质量和态度未必会高于小城市。造成这种状况的缘由并不全是因为资金、技术匮乏，最主要的应该是馆员的问题，如果可以将馆员的心智达成一致，那么他们工作起来必然会更有效率，图书馆的发展自然也会更快。在图书馆有很多部门，如流通、采编、参考咨询等，这也会导致每个馆员被分配的工作都不一样，但是不能因为工作性质的不同就缺少彼此之间的交流，在工作上，无论哪个部门的馆员都应该勤沟通，交流彼此的知识和工作经验，尤其是同一个部门下的馆员更应该做到这一点。因为只有这样，馆员之间才能产生互动，才有可能达到共同心智，一旦馆员们达成了共同心智，工作效率会大大的提升，遇到突发状况也会一起从容面对。当馆员达成共同心智后，在他们工作时我们经常可以看到一种心领神会的默契，往往馆员之间的一个眼神就会理解对方的意思。这些馆员之所以能够在烦琐、模糊的环境下能够高效率的完成工作，一个很重要的原因是馆员们在这种环境下对完成工作或解决问题的方法、思路都是基本一致的。此外，各个图书馆之间应该打破以往保守的传统，让各个馆的馆员有机会接触并进行沟通，吸取对方的经验并使他们也达成共同心智，这对图书馆的发展是有百利而无一害的。最后，条件允许的话应该让全国乃至全世界的图书馆馆员都有机会进行交流，从而拓宽自己的视野，提升自己的知识储备和经验，当为读者提供服务时，毫无保留地将自己所知道的知识提供给读者，让读者通过自己的服务提升其心智，从而达到智慧图书馆的初衷。

（四）馆员与读者之间的共同心智

商业圈里有句俗话叫：顾客就是上帝。此话同样适用于图书馆，读者就是图书馆的灵魂，图书馆本身就是一个为人民服务的机构。试问一个没有读者愿意去访问的图书馆，它的存在又有什么意义呢？现如今图书馆的大楼越建越高，越来越现代化，资料和信息越来越丰富，但是读者数量却没有因此而增多，这就表明读者在乎的并不是这些表面上的东西，而在乎的是其本质的东西，即人文智慧服务。虽然图书馆现在利用智能技术可以提供很多便捷服务，但是有些东西是不能通过机器传递给读者的，比如人生阅历、经验。

要想使馆员与读者之间达成共同心智，首先最重要的就是改变馆员的传统服务观念，即"为人作嫁衣"的被动服务观念。馆员的最主要任务就是将文献资源介绍给有需要它的人，起到一个中介的作用，换一种说法就是"为人作嫁衣"。以前这种被动的服务观念往往会令馆员产生些许消极心态，馆员往往将自己的能力限定为图书的上下架、借还以及编目索引等这些简单的工作，认为自己得不到社会的认可，在外人看来自己只是一个普通的图书管理员。但是当我们换一种认识，将为人作嫁衣看成是"服装设计师"，也就是当图书馆员为读者介绍和推荐文献资源时，图书馆员无疑为知识和智慧的普及做出了不小的贡献从而推动了社会的发展，至此，图书馆员就不再是简单的图书管理员，而是利用自身的智慧将文献资源所含的有用信息最大程度的传播到社会的各个角落，即图书馆员是智慧的传播者，是社会与智慧的桥梁，只有这样图书馆的服务及馆员自身的价值才能获得社会的赞同。

在改变自身服务观念的同时，馆员应该还注重以下两点：

1.图书馆员在工作中，在"管书"的同时还要学会"用书"，通过阅读大量的资料来了解社会发展的动态，提升自己的知识储备和智慧，加强自身的心智，在我国历史上有许多伟人都在图书馆工作过，在图书馆增长自己的见识，提升自身的智慧最后利用其所学、所悟为社会的发展做出巨大的贡献，如毛泽东、李大钊等。

2.当读者来到图书馆后，馆员应该摒弃以前的被动服务方式，主动找上读者询问其是否需要帮助，通过自己的智慧为读者服务，争取与读者达成共同心智，真正了解读者的需求并做出合理、高效的智慧服务。读者绝大多数情况下会欣然接受帮助的，这种做法会让读者觉得很温馨，来到了图书馆就像回到了自己的家一样，读者也会很欣赏图书馆的这种做法，自然也就愿意来到图书馆，由此可见，图书馆只有注重人文智慧才能吸引更多的读者。

（五）读者与读者之间的共同心智

当读者来到并向智慧图书馆提出某种诉求时，智慧图书馆会将这种诉求和其他读者的相匹配，如果有一样的，智慧图书馆会主动介绍给读者，这样就形成了一个拥有相同诉求的小群体，形成了一个虚拟社区，在这个虚拟社区中，读者可以共同的合作与学习争取解决自己的问题，在解决问题的过程中，通过彼此的深入沟通和交流，会自然的得到对方的隐性知识从而提升自己的心智，进而达成共同心智，更效率的解决问题。同时，各个社区之间也可以进行相连，分享彼此的知识和经验，共同合作、共同进步。

四、基于共同心智的智慧图书馆知识服务应遵循的原则

（一）服务主导原则

《图书馆学五定律》首先提到的就是"书是为了用的"，在当今这个数字技术发达的社会里，这一定律也可以拓展为"数字资源是为了用的"，如何把资源利用好是图书馆服务的重中之重。数字技术是图书馆智慧服务的支撑，资源的多少是评判一个智慧图书馆是否强大的标准。资源匮乏，智慧服务就成了空谈，图书馆也会失去核心竞争力。有了支撑，有了核心竞争力才有资格去谈服务。在基于共同心智的智慧图书馆知识服务中，数字技术、文献资源和服务这三者是有机结合的。技术是实现该服务的必备手段，文献资源决定了内容的充实性，而服务才是

最终的目的。智慧图书馆在强化数字技术、拓展文献资源的同时，最应该注意的还是服务，应该始终遵循服务主导这一原则。智慧图书馆应该从服务方式、服务态度、服务效率等多个方面着手，把传统图书馆"被动服务"，"重藏轻用"这些旧理念摒弃掉，取而代之的是富有人文气息、高效率、高智慧化的基于共同心智的智慧服务，让读者充分感受到图书馆的变化，让读者爱上这里！

（二）以人为本原则

以人为本、绿色发展是我国构建和谐社会最基本的要求之一，这一特点也是基于共同心智的智慧图书馆知识服务的另一主要原则，特别是随着数字技术的飞快发展以及其应用，越来越多的图书馆注重技术在服务实践中的应用，这对图书馆服务水平、效率的提高毋庸置疑，但是往往有些图书馆盲目跟风，注重了现代化的元素却忘记了最基本的人文关怀，比如过度重视建设馆舍、购买资源等，从而造成了经济上的浪费，重视表面工作而忽略了服务本身，这导致图书馆本该发挥的职能（知识与智慧的传播者）并没有真正发挥出来。在基于共同心智的智慧图书馆知识服务中，应使人和资源充分结合，提供嵌入式、智慧化服务，例如基于 RFID 技术的 24 小时自助图书馆，用户完全可以通过简单的操作进行自助借还书服务。此外还有 2008 年 12 月首次进入国人视线的真人图书馆，真人图书馆是指读者去借的是一个人，而不是书，通过与人的交流获得从图书里无法获取的人生经验、隐性活态资源等。通过这些才可以体现出智慧图书馆的服务是遵从以人为本的原则，获得了读者的认可后，图书馆才会发展得越来越好。

第二节　智慧图书馆知识服务模式研究

在图书馆中，模式就是指在固有的、重复的服务中，根据以往的经验总结出的一种固有的解决问题的方法并将该方法上升到理论高度。通过对智慧图书馆书书、书人、人人动态相联的特征和上述提到的基于共同心智地智慧图书馆知识服务的分析、归纳，按照其特点和优势总结了以下几种智慧图书馆知识服务模式。

一、基于书与书共同心智的智慧图书馆知识服务模式

（一）知识管理服务模式

在当今社会中，图书馆正在转变其服务理念，由过去注重馆藏、被动服务等逐渐向以人为本、开展智慧服务，满足用户日益增长的个性化需求的方向转变。数字技术的迅速发展导致海量的信息涌现在世人面前，各种载体的资源不断充斥着世人的眼球。但当用户接触这些杂乱无章、多如牛毛并且种类、介质繁多的资源时，经常会感到迷茫、不知所措，不知道哪些资源才适合自己，所以图书馆的

资源整合计划必须提到日程上。从实质上说，用户越来越向往高速，高效率的服务。资源很多，但用户使用时往往需要进行大量的重复检索和筛选工作，这就大大地降低了效率。现在用户注重的是馆藏资源是否精炼，使用起来是否便利。所以，纵使图书馆拥有再多资源甚至是别的图书馆所没有的，这些对用户来讲都不是最重要的，用户最为关注的只有在图书馆能否高效且快速地得到所需求的资源。

知识管理服务模式是以智慧图书馆为前提，将所有图书馆和网络的信息、知识重新进行提取、加工和管理。采用智能技术和数据库技术，依照学科或某种体系结构将海量错杂的信息进行重新的分析和归纳，建立全新的专业化、智能化的导航库，在此基础上，对重新整理好的知识信息进行深度的理解，探索知识与知识间的潜在关联，通过图书馆员的智慧创造出独一无二的全新知识产品供用户使用。在大数据时代的影响下，智慧图书馆应该对信息资源进行深度的挖掘，将信息资源进行简化、浓缩，找到隐藏在信息资源中的有用知识并提炼、整合出来，以便于人们识别和理解知识；通过智能技术，将每个用户通过该导航库查询的知识进行记录和保存，一旦别的用户也查到和之前用户相同的知识领域时，自动列出之前用户所查询的信息并设立留言板块，方便用户之间进行知识的交流，达到知识最大化的利用。

此外，图书馆还可以建立一个新型的软件系统，该软件可以根据用户输入的请求在现有资源中搜索出符合用户需求的主题信息，并经过分析、整合、按照用户的个性化需求，对用户进行定向服务、专题服务和跟踪服务。

（二）知识导航服务模式

知识导航服务模式的核心宗旨是解决用户的问题，以用户为核心的服务。它的含义是在互联网环境下，庞大的信息和知识往往令用户眼花缭乱，自己所需的资源往往要耗费大量的时间才能找到。知识导航服务模式就是能在海量的网络资源里帮用户快速、高效的找到其所需要的资料，节省用户的时间。它将图书馆员转变成了知识的导航员，在复杂的网络环境中为用户保驾护航并提供引导咨询和主动的个性化服务。在智慧图书馆体系的支撑下，知识导航服务模式得以最大限度的发挥，因为各馆之间都完成了关联，馆员可以利用网络穿梭在任意一个图书馆为用户寻找资源。

现如今，用户所要求的服务越来越专业化、智能化和深层次化。图书馆如果再不更新以往的服务方式势必会走向没落。知识导航服务模式是图书馆为了与时俱进，迎合用户多样化的要求而诞生的。它也包含了许多新的特点，如服务对象面向全人类，服务内容载体的多样化，服务手段变被动为主动，并且呈现出多元化和个性化、服务流程一体化等。

二、基于书与人共同心智的智慧图书馆知识服务模式

（一）个性化定制与推送服务模式

1.个性化定制服务。个性化定制服务模式是一种专门为满足个体的知识需求而设计的一种全新的服务方法，该方法是为了解决和满足用户日益增长的个性化需求而诞生的。来到图书馆寻求知识的用户是一个庞大的用户群，且类型复杂，他们由于职业等的不同所需求的服务也五花八门，其自身的信息获取能力也是各有不一，要想满足这些用户的各种需求，就要掌握这些用户的知识需求心理并做出全面客观的解析，然后根据用户的要求来整理和归纳资源，并通过对这些资源地再组织和深度挖掘，最后呈现给用户的是其所需的、个性化的知识精品并且营造一个良好的个性化知识环境。具体来讲，一是要根据不同用户的不同知识需求提供个性化、专业化和特色化的知识导航；二是根据不同的用户建立个性化的用户界面，为用户推荐集成化的知识资源；三是积极设立用户定制服务，用户可以定制其所感兴趣的知识资源，图书馆定期自动地将用户所需资源通过个性化的定制服务传达给用户。以上这三种方法都可以通过短信提示、电子邮件、微信平台等方式来完成。此外，个人定制服务要时常跟踪，定期向用户进行资料更新，咨询用户的使用情况，调查用户的检索内容并总结出适合用户的检索过程，逐步建立出属于用户自己的知识系统，直到解决问题的全过程。个人定制服务的出现将会大大的调高智慧图书馆知识服务的质量，提高效率，节省读者时间。

2.个人推送服务。个人推送服务模式是指智慧图书馆为用户提供账号，通过这个账号用户向图书馆提供自己所需要的资源范围、需要资源的时间、检索词汇或检索方法等，智慧图书馆会根据用户所界定的要求，在规定的时间内将用户所需地资源推送给用户。信息推送是利用数字技术，将所需传送地资源利用多地址发送的方式，传递到用户手中。目前信息推送服务有很多种，如利用电子邮箱或微信平台，但这两种方法都需要馆员的人工服务。还有利用智能软件来完成推送，过程是用户先使用软件将要求输入进去，系统接受到指令时会由系统或人工按照用户指定的方式进行检索，检索成功后再把资源传递给用户。

（二）自助性服务模式

自助服务模式是建立在智慧图书馆已经拥有健全的知识服务系统和用户较高的实际操作能力及较多的知识储备或内涵的基础之上的，该模式要求用户的指令直截了当并且具体。用户通过智慧图书馆所建立全新的专业化、智能化的导航库所提供的标准化服务和解决方案，自行检索和简单分析即可得到问题答案。自助性服务模式是图书馆依据以往的经验，将需求量大且技术含量较低的服务，依靠智能化技术让用户采用自助服务的方式独立解决自己的问题。随着数字技术、人

工智能等高端技术的不断发展，建立拥有知识查找、重组能力的自助式智慧服务平台成为可能，用户可以通过智能手机、电脑或是其他数字设备来享受智慧图书馆所提供的自助性服务。

因为自助服务模式的双方交互活动是间接的，所以智慧图书馆作为服务提供方只能听取用户的反馈意见去进行服务的改造和升级，并要源源不断地向智慧服务平台注入新鲜的知识咨询，这样才能保证自助服务的质量，满足用户的各种个性化需求。

三、基于人与人共同心智的智慧图书馆知识服务模式

（一）智慧化参考咨询服务模式

参考咨询服务是众多图书馆服务中不可或缺的一部分，它在1876年10月，由美国人萨穆埃尔·格林首次提出，时至今日，参考咨询服务依然活跃在各个国家和地区中，这足以说明其在知识服务中的地位。它是基于问答方式的一种方便用户的服务，用户向图书馆提出问题，图书馆就会让馆员或专家通过各种方式和手段解决用户的问题。随着数字技术的迅猛发展，参考咨询服务正渐渐的向数字化方向发展。

智慧化参考咨询是以数字化、智能化为基础，运用智能技术将参考咨询提升到一个全新的高度。智慧化参考咨询服务模式是智慧图书馆知识服务中的一个不可或缺的基本服务方式。基于之前图书馆参考咨询服务的经验，智慧化参考咨询服务可以分为以下几种。

1.实时资讯

实时资讯是最直接也是最高效的参考咨询服务，在智慧图书馆中，图书馆应该专门建立一个专门的参考咨询服务平台，用户可以通过平台提出问题或者是点名选取想要的图书馆员来为之进行服务，当服务平台接收到用户的请求时，应快速的传递给馆员，馆员根据用户的要求来指定人员为用户提供实时交互的参考咨询服务。实时资讯的方式很多，如微信、QQ或是网络聊天室等，这种服务方式的特点是针对性强，能快速高效的帮助用户解决问题。

2.异步式参考咨询

异步式参考咨询是指用户和馆员或专家之间没有形成实时的互动，互动是非即时的，智慧图书馆环境下，图书馆所建立的参考咨询服务平台应该将以往所提供的服务的答案和解决问题的步骤全部收录并整合到一起，另外图书馆还需提供一种类似搜索引擎的系统，当馆员和专家不能提供实时参考咨询服务时，用户仍然可以将自己的问题输入到该系统中，系统会根据用户的问题，通过智能的筛选，将之前类似该问题的回答罗列给用户，并将完成该回答的馆员或专家的联系方式

留给用户（出于对用户隐私的考虑应将提问者的信息隐去），这种方式会对用户有一定的帮助，如果仍然没有解决用户的问题，用户可以根据自己的实际情况选择老式的异步式参考咨询服务，如通过邮件、BBS等将问题提交给图书馆或者联系之前回答问题的馆员或专家。

这种全新的异步式参考咨询虽然仍存在用户与咨询人员缺乏实时的交流，从而导致咨询结果不能得到及时反馈的缺点，但是通过这种不受时间、空间限制的新型异步式参考咨询，还是能在一定程度上解决用户的问题，在节省了用户时间的同时还节省了图书馆的人力资源。

3.联合式参考咨询

联合式参考咨询服务就是运用智慧图书馆能将多馆和多馆的资源连接到一起的优势，将图书馆的人力资源、文献资源等整合在一起，共同为用户提供高效的服务。当用户来到图书馆寻求参考咨询服务时，如果该图书馆不能完成用户的提问，那么可以将问题转交到其他图书馆，让能解答该问题的其他图书馆帮助完成用户提问。

4.层次化参考咨询服务

层次化参考咨询服务模式是以人力资源和信息资源的纵向分类为特点而展开的，以满足用户个性化、深层次信息需求为导向的一种服务方式，其主要特点是细分咨询体系，建立层次结构，深化和拓展咨询服务内容。图书馆将收集到的咨询问题按难易程度、利用方式、专业类型等标准划分成若干层次分别给予解答，从而提高参考咨询服务的质量。

（二）学科馆员服务模式

学科馆员服务模式最早出现于1950年的一所美国高校图书馆中，当时是图书馆指派一些具有某种专业特长的馆员为相关专业的学生提供答疑解惑。时至今日，我国已有相当一部分高校图书馆都提供学科馆员服务，但是我们也应该看到有相当一部分图书馆的学科馆员服务都属于盲目跟风，仅仅局限于形式，只在图书馆的网站上发布一些学科馆员的名单及所擅长的专业和联系方式，根本没有实质性的工作内容。

在智慧图书馆环境下，我们要重新定位学科馆员。学科馆员在某种领域上较其他普通馆员拥有独到的见解，并具有将该领域的知识进行重组、提供专业化服务的能力，同时学科馆员还应具有一个图书馆员所必须拥有的全部图书馆学基础知识和技能。虽然学科馆员与一般的图书馆员相比，领域知识比较扎实，但是不能因此就把学科馆员的专业水平与该专业领域内的科研人员进行作比较，学科馆员的专业知识不可能达到与科研人员同样的深度。所以学科馆员的本质还是一个图书馆员，其服务的主要内容是将其所擅长的专业知识经过自身的理解、整理、归纳和重组，将自己对该知识的领悟或经验采用各种高效、便捷的方式主动地提供给用户。学科馆员与科研人员最大的区别就是：学科馆员只负责专业知识的搜集、整理、重组、挖掘和传递，而不是对专业知识的深层研究。因此学科馆员应该是专业知识的检索者、整合者、分析者和监督者。

此外，学科馆员服务是基于人的服务，所以要求学科馆员在相关领域上不断学习和进步，了解该领域的最新消息，与时俱进，在努力提升自己专业知识的同时，也间接地提高了用户的专业知识水平。目前，有一种称为"学科馆员—功能专家"的研究体系，即将学科馆员和该领域的专家联合起来形成一个团队，共同为用户服务，这样既可以提高学科馆员自己的专业素养，也提高了为用户服务的质量。在服务时，应该改变以往的被动服务的做法，并被动服务为主动服务，主动的了解用户掌握专业知识的情况，了解他们的需求，为用户推荐相关书籍和资料，也可做一些问卷调查从中获取用户的心声，做到心中有数，有针对性的为用户服务。同时在服务方式上也应该求新求变，例如开展智慧化的参考咨询服务，学科网络资源导航服务等。此外还应注重用户知识素养的教育，学科馆员可以定期安排一些图书馆知识讲座，在让用户了解图书馆所有的服务和使用方法的同时，还应该介绍相关专业领域的知识检索方法，数据库的使用等。当图书馆引进用户感兴趣的新资源时，应立刻告知用户，使用户也能抓住该专业领域的第一手消息和咨询，使用户能够在寻求知识服务时首先想到利用图书馆。

四、任何时间任何地点可用的智慧图书馆知识服务模式

（一）移动便携模式

现如今我国已进入5G时代，在所有人们利用互联网的方式中，通过移动端（智能手机、平板电脑、小型计算机等）浏览互联网所占的比重越来越大，各式各样的服务行业也都涉足移动端，比如网购、手机银行、移动杂志等。

近年来，智能技术在图书馆中的应用越来越明显，智慧图书馆完全有能力在移动端建立自己的服务平台为用户提供各式各样的知识服务，用户可以通过服务平台进行借还书、预定座位、申请参考咨询服务等。移动便携模式的发展潜力是巨大的，它使图书馆知识服务将越来越便捷和人性化，用户完全可以摆脱时间和空间的限制，随时随地地享受图书馆所提供的知识服务。在建立移动端服务平台的同时，还可以在微信上建立智慧图书馆公众服务平台，用户可以关注平台，平台会定期推送用户感兴趣的内容，会把新的消息第一时间推送给用户。

（二）智能交互模式

智能交互模式是使各种各样的智能交互设备融入用户的日常生活中，比如在公交站、地铁站设立专门的LED滚动信息屏或数字电视实时地传递社会新闻和最

新资讯，还可以在公共场所尽可能单独设立一个小型的类似阅览室的地方供公众阅览知识和休息等。另外图书馆最好能设计出各种人性化的智能软件辅助用户获取知识，增强知识获取的准确性。通过智能软件的感知系统感知用户查询资源时的特点，心智的强弱，从而帮助用户找出最适合自己的知识获取方法。智能软件还应该利用其智能系统尽量保证操作的简洁性，让用户一目了然，使用时得心应手，将复杂的挖掘过程简单化，进行智能化的去重和重组，优选出最好的知识精品供用户使用。

第三节　智慧图书馆知识服务模式的支撑体系

一、体系结构

一个系统或模式运行的基础就是有一个体系为它做支撑。智慧图书馆知识服务模式的支撑体系，基本上可分为四个部分：技术、资源、组织和应用。组织层是注重用户和馆员的开发，通过定期的培训让用户和馆员的心智得到提高，通过实时的交流，合作学习，馆员和用户之间有望达成共同心智，这为开展智慧图书馆知识服务提供了良好的基础。资源层通过图书馆及其资源的集群化，知识的深度挖掘和构建良好的资源保障体系将丰富的馆藏资源进行良好的保存和管理，为用户所用。技术层运用物联网、云计算、RFID 等高新技术为智慧服务提供技术上的支持。应用层是通过建立门户网站、搜索引擎、移动端知识服务平台等来为用户提供便捷、高效、人性化的智慧服务。

二、组织

（一）加强图书馆员的素质及能力

智慧图书馆知识服务的三个要素是图书馆员、用户和知识。图书馆员是知识和用户之间的"桥梁"，只有"桥梁"建的稳固、扎实才能充分地将用户和知识完美结合起来从而达到事半功倍的效果。

首先，图书馆员应该树立敬业、奉献精神，敬业指图书馆员要提高自身的专业素质，馆员应该在认真工作的同时积极提升自己的智慧和专业技能水平，努力学习完成自己的本职工作所需要的各种知识和技能。奉献指的是图书馆员的服务，图书馆的属性之一就是服务性，作为图书馆的馆员应该具有默默无闻的奉献精神，应该时刻谨记他们的职责就是服务用户，以为用户解决问题帮助用户提升素质为自己的使命，应该遵循智慧图书馆以人为本的服务理念。如果图书馆员还是采取被动服务、消极服务的态度的话，即使图书馆的建筑、设备再先进，馆藏再丰富，服务再智能，用户也都会敬而远之，因为用户永远都是把服务放在第一位的。

其次，图书馆员应该具备良好的道德素质。现如今是和谐社会，图书馆是精神文明建设的阵地，馆员作为图书馆的守护者、用户的领路人应该时刻加强自己的职业道德规范。图书馆员在做好自己本职工作的同时，必须确立良好的道德观念，甘为人梯，乐于奉献；兢兢业业，忠诚敬业；修身养性，服务他人；不断进取，开拓创新。只有这样，才能充分的发挥自身的优势。

最后，图书馆员应该在掌握自身专业知识的同时，还应该培养自己其他方面知识和技能，做一个全面的知识人才。馆员应该不断加强自身的知识储备，锻炼自己归纳、分析、整合知识的能力，注重知识的深度挖掘，提升本身的心智和智慧，只有这样馆员才能更加了解用户的心理，与用户达成共同心智，为用户解决问题。在智慧图书馆里，馆员还应提高外语能力、社会交际能力、计算机和网络管理能力等，只有注重各方面知识的学习，提升自己的能力才能摆脱过去那种低层次、初级化的服务模式，才能在社会大众面前重塑自己的形象，获得尊重。

（二）注重对用户的开发和培训

由于科学技术和互联网技术的快速发展，用户能够获取的资源越来越多，但由于各种资源出处不同、资源的质量有高有低等，使得用户在面对杂乱无章的资源时常常茫然失措，不知道哪个才是最适合自己的，加上我国信息资源分布的不均匀导致一些地区的知识资源严重匮乏。由此注重对读者的开发和培训是智慧图书馆服务不可或缺的重要内容，智慧图书馆有义务将知识的种子播撒到每一个用户手中，要拓展和经营自己的用户群体，始终把以人为本的理念放在心中。

在智慧图书馆环境下，提高用户的知识素养有以下三种方法。

1.泛在学习

智慧图书馆可以将泛在智能技术融入读者的开发和培训中，比如为用户提供不受时间和空间限制的学习氛围，与用户全天24小时保持实时交互，提供用户彼此交互的服务平台，让用户自己可以共享资源和知识，将人本思想内涵潜移默化地融入用户的学习过程中。

2.移动学习

在5G环境下，移动学习的效率完全可以得到保障。智慧图书馆应该为不同用户提供不同的学习方法和资料，将知识资源巧妙运用，建立个性化移动学习路径，根据用户的能力和喜好挑选学习内容，充分考虑各种适合不同层次、不同学习偏好的用户，为他们营造移动学习的氛围情境。

3.差异学习

每个人的出身和背景都不一样，这造成了其知识素养和理解知识的能力各有不同，有的用户文化水平低，新技术设备的应用能力差，而有的受过高等教育，各方面的素质和能力都比较强，此外人的智力、心智、性格、及心理素质等都相差甚远，这也就导致每个人都有一套属于自己的学习方法和经验，其知识结构和学习动机更是千差万别。智慧图书馆利用数字智能技术能够提供非常完善的个性化学习系统，让用户能够主动学习、远程学习和自主学习，并根据用户的实际情况和其接受知识的能力提供必要的辅导和帮助。另外还要为不同的用户（如年龄、获取知识能力、心智的强弱等要素）分阶段、分层次的制订学习计划，将主动权和自主权全权交给用户，让用户挑选自己感兴趣和适合自己的学习计划来进行学习。

三、资源

（一）图书馆集群化

在智慧图书馆环境下，集群化就是在一个适当的范围内选取一个资历最老、经验最足的图书馆作为中心馆，再挑选一些成员馆形成集群化网络。该集群网络下的所有图书馆的管理方式及知识组织方式都是一样的，同时将各个图书馆的馆藏、各个知识库的资料，众多人类的智慧整合在一起，形成一个整体，运用智能技术统一化管理。图书馆集群化管理使得馆与馆之间从陌生变为熟悉，彼此分享自己的馆藏查缺补漏，共同进步从而达到了互利互惠，这种管理方式是具有里程碑式的意义，因为它真正提高了图书馆的服务质量和服务能力，并为用户提供了多种新型服务。图书馆集群化不单单包括资源的集群，还包括馆员、技术、服务等等多方面的集群。图书馆集群化是一个全新的服务管理模式，其以中心馆为核心，成员馆为辅的形式形成了一个具有资源共享、优势互补以及共同发展特点的图书馆服务体系，通过这种新管理模式，图书馆的服务质量会不断稳步提升。

要想达到图书馆集群化这一目标就需要做到如下几点。

1.在某区域实施图书馆集群化管理前，一定要做好充分的调查工作，选取该区域内最具权威的图书馆作为中心馆，将中心馆的所有馆藏、服务理念、建馆经验毫无保留的分享给其他成员馆，让中心馆带动成员馆共同进步；各成员馆之间也应勤沟通，以为用户提供更优质的服务为共同目标。

2.在实行图书馆集群化管理模式时，要秉承一个都不能少的工作理念，即对每一个成员馆公平对待，彼此尊重，以解决区域内所有图书馆共性问题为原则，以先进带后进，最后一起完成目标，共同进步。

（二）资源保障体系

资源保障体系是以完善的图书馆集群化管理为基础的，该体系不仅将图书馆的资源有机结合了起来，还将图书馆以外的资源如网络虚拟资源等根据需求收集起来，使馆藏资源更加丰富以便为用户提供高品质服务。

在资源保障体系的建设中，最先要巩固的就是本地资源建设，应运用智能技术将本地的珍贵纸质馆藏做数字化处理，与现有的数字资源进行重新的整合，形成具有自己风格的资源体系，此外还应注意收集其他方面的数字资源并引进精华部分，以此丰富自身的资源建设。

其次，图书馆还应树立多种形式文献信息资源共同发展的思想观念，现如今，数字资源的发展可谓突飞猛进，甚至有取代纸质资源的势头，这就需要图书馆在往后的工作中注重网络资源的开发，使得网络资源和纸质资源进行互补，这样才能更好的为用户服务。如今每天网络上都充斥着令人眼花缭乱的各式各样的资源，据统计，全球每天会产生700余万个网页，所包含的资源类别更是数不胜数，网络是目前产出资源最多的地方之一。虽然网络资源每天都在增加，但是网络资源的消失速度也是相当快的，一般网络资源的平均寿命只有44天，这也就意味着有相当一部分的资源会随着时间的推移而永久消失。这就需要图书馆每天在网络里检索和筛选有价值的资源，不但将其作为自身的数字资源进行链接和导航，而且还要有效的保存，作为其资源保障体系的一部分。

最后，在完善图书馆资源的同时，还应注重图书馆员的培养，现今用户的要求越来越高，越来越个性化，这就需要图书馆员要丰富自己的知识，扩展自己的知识面，不断学习，同时提高与用户沟通的能力，提高解决问题的能力。

（三）对知识进行深度挖掘

在知识的世界中，隐性知识就如同冰山模型中潜在水里的那部分，其份量是显性知识的好几倍，对知识进行深度挖掘是通过智能技术在浩瀚的知识海洋中，搜索那些隐藏在显性知识下的隐性知识，把隐性知识显性化供全社会所使用。在智能技术的支持下，知识挖掘可以在多个层面进行，如馆员之间、各馆各部门之间和各馆之间等。

图书馆员之间的知识挖掘是通过馆员间的沟通和互相学习来完成的，有些馆员所拥有的知识如经验、工作的方式方法等在课本上是学不到的，这就需要馆员之间及时的沟通，以互相吸取他人的经验从而使自己变得更加智慧。例如，可以让经验老到工作多年的老馆员来帮助新来的馆员，通过新老馆员之间的沟通能够让新馆员获取相应的工作经验从而更快熟悉工作环境，达成共同心智，这样有利于发掘隐性知识。

此外，图书馆是由多个部门组成的，如流通部、采编部、检索部等，缺少任何一个部门图书馆都不可能正常运转，所以部门之间也应常沟通，各部门应该将自己所拥有的隐性知识贡献出来。要想将这些隐性知识整合出来可以借助以下两个方法，一是采取合作的形式，通过合作让各部门之间对彼此都有一个更深层的理解并彼此吸取各自的经验和知识。二是各个部门将自己所拥有的所有显性知识通过认真的分析与整合后，共享到每一个部门中去，让这些知识成为大家的知识，让所有人共同进步从而全面提高图书馆的工作水平。此外，各个部门还应该进行频繁的联系和交流，例如流通部根据用户的借阅情况向采编部提出采购意见，这样采编部才能查缺补漏采购到用户最需要的文献资源，为用户提供更优质、快捷的服务。

图书馆之间的知识挖掘是指各个图书馆应该将自己的显性和隐性知识加以共享，让其他图书馆去研究和挖掘自己的知识，达成互帮互助，共同进步的局面。例如，实力较强的图书馆可以定期开设知识讲座，将自己的工作经验和吸取的教训分享给其他图书馆。此外图书馆之间可以将彼此的隐性知识进行归纳总结，最后形成统一的工作制度与管理办法，在各个图书馆之间进行交流和学习，使之转化为显性的知识。

四、应用

（一）建立门户网站和搜索引擎

智慧图书馆应该建立属于自己的智慧门户网站，用户可以登录网站了解该智慧图书馆的详情并可以进行一系列的服务，比如借还书、预约图书馆座位、网上即时参考咨询等。网站还应设立网上学校，用户可以根据自己的喜好进行相应知识的网上学习，在学习结束后如有疑问还可以反馈给相关的学科馆员，学科馆员会即时地与用户沟通帮助用户解决问题。另外智慧图书馆还应将定期开设地知识讲座在其门户网站上进行同步直播，将直播内容有效保存并在其网站上设立链接，使得没有时间亲临现场的用户也可以获取讲座的内容。

现如今的大型搜索引擎如百度、谷歌等都可以提供大众化的信息，要想真正在此类搜索引擎中获取一些较高水平的专业知识会变得相对困难。所以在建立门户网站的同时，智慧图书馆还应建立属于自己的搜索引擎，智慧图书馆应该通过智能技术将大量的网络信息进行去重并重新归纳和整理，形成全新的知识精华，并将这些知识精华导入到自己的搜索引擎数据库中，供用户使用。与此同时，搜索引擎还应该设立反馈平台，当用户在使用搜索引擎时没有搜到自己所需的知识时，用户可以利用反馈平台将自己的意见或所需知识告知智慧图书馆，智慧图书馆会根据用户的要求采取相应的措施。

（二）建立移动端知识服务平台

智能手机、平板电脑的出现无疑宣告了计算机不再是人们获取网络信息的唯一途径，4G网络已经在我国普及，目前，5G网络也已逐步应用。这为构建智慧图书馆移动端知识服务平台打下了坚实的基础，它可以在智能手机和网络的支持下，为用户提供更方便、高效的服务。

移动端知识服务平台打破了以往传统图书馆的服务模式，例如有的人由于工作或其他原因没有时间亲临图书馆享受相关服务，移动端知识服务平台的出现完美地解决了这一问题，让用户可以利用自身的碎片时间来获取自己感兴趣的知识而不耽误用户的宝贵时间和精力。用户可以通过移动端知识服务平台浏览文献资源、借阅书籍、收看知识讲座等物理图书馆所拥有的大部分服务，其最大的优点就是用户可以完全摆脱时空的束缚，在任何地点、任何时间都可以享受到图书馆的优质服务，它就像用户身边的知识管家一样，随时随地听从用户的差遣。此外，在建设移动知识服务平台的同时，应该时刻注意用户的反馈意见，虚心采纳用户的建议并作出及时的更新调整，使之更适合用户使用，做到真正的人性化。

（三）自助图书馆

自助图书馆是指利用了物联网、RFID等智能技术建成的图书馆，自助图书馆是一个智能的、无人看守的24小时图书馆。它可以为用户提供借还书、办理证件、预约图书和检索服务等。自助图书馆不受时间的限制，用户随时随地都可以使用它，这不但节省了图书馆的人力资源还方便了用户。

五、技术

（一）物联网技术在智慧图书馆中的应用

物联网是一个充满智能化的网络，是指通过一系列智能技术，按照一定的标准，把一切物品与网络相连，进行资源通信和彼此交流，最后形成一种集智能化管理、整合、定位、跟踪等特征的网络。

在物联网的支持下，智慧图书馆可以通过智能手机、平板电脑、红外感应设备、GPS等感知设备，对图书馆的各类载体资源，图书馆运营状况，用户的使用情况等进行深度感知、测量捕捉和传递；智慧图书馆可以利用物联网的特点，使得人、物、资源三者之间，在任何时间、地点下都可以进行互联互通，在此前提下用户可以让智慧图书馆按照自己的要求，定时地推荐和推送自己感兴趣的信息，形成个性化的定制与推送知识服务；此外，在物联网环境下，智慧图书馆应该始终秉承以人为本的核心服务理念，利用高端的智能技术时刻感知用户的体验状况，熟知用户的需求，积极采纳用户提出的建设性意见，并创新出多种适合和方便用户的服务方式，让用户自助选择所需要的服务形式，如24小时自助图书馆、RSS订阅服务等。

（二）云计算技术在智慧图书馆中的应用

云计算就是可以将资源储存到"云网络"中，用户可以通过"云网络"获取或储存自己的资源，这样可以节省图书馆的存储成本，方便了用户的使用。

在智慧图书馆的每个角落里，都安置了云计算传感器节点，这些节点利用云计算技术可以访问远端各式各样的网络信息、知识库、数字图书馆等，再将这些资源全部融合到一起，利用云计算节点上的智能数据挖掘整合系统对这些资源进行再处理，使之容易让用户使用和接受，为图书馆新开发的知识服务提供技术支持。但是仅凭智慧图书馆里的这些云计算传感器节点来处理它们所搜集的这些大量资源是远远不够的，为了处理资源更加的高效，需要借助云计算的思想，也就是指在网络中设立大量的云节点，图书馆将需要处理的资源上传到云节点，云节点经过精确的计算处理完资源后再返还给图书馆，这样使得每一个图书馆的资源处理平台都拥有一个良好的资源处理支撑环境，且提高了效率。此外，当图书馆的资源过大已经超过了图书馆的储存负荷时，图书馆可以将这些资源存储到云计算环境中。

综上所述，将云计算应用到图书馆中不但可以提高其处理资源的速度、减轻了存储负荷，还能以相对较小的成本去实现一些智慧图书馆环境下的特色知识服务。

（三）大数据技术在智慧图书馆中的应用

大数据技术的出现不是为了可以掌控容量巨大、类型繁多的资源信息，而是对这些资源的再处理、深度挖掘，通过对资源的重新"改造"实现资源的"增值"。

在智慧图书馆中，大数据技术可以捕捉到用户大量的信息，包括他们的兴趣爱好、擅长的领域、检索习惯、行为等，通过对这些信息的深入研究和分析，可以了解到用户真正需要的是什么，在充分掌握了用户的需求后，智慧图书馆才能选择最恰当的服务方式来为用户服务，大数据技术可谓起到了"对症下药"的作用。

此外可以利用大数据的深度挖掘技术，将大量隐藏在显性知识中的隐性知识挖掘出来，为用户所用，这不但大大提高了资源利用率，而且还提高了服务质量。

（四）RFID技术在智慧图书馆中的应用

射频识别（RFID）是一种无线通信技术，可以通过无线电讯号识别特定目标并读写相关数据，而无需识别系统与特定目标之间建立机械或者光学接触。

射频识别技术在智慧图书馆中有着广泛的应用，如：

1.自助借还系统：它区别于以往的借还书系统，用户可以通过射频识别技术一次性完成多册图书的借还，这大大节省了用户的时间，减少了用户排队的可能性，提高了效率。

2.智能化管理：RFID技术可以对图书进行智能分类和清点、自动分拣、整理书架等，这些平常需要人工完成的烦琐工作现在都可以用机器来替代，这减轻了图书馆员的工作负担，可以让馆员有时间提高自己的知识素养，完成从图书管理员到知识服务者的蜕变。

3.智能定位：图书馆将馆内的所有馆藏都贴上 RFID 标签和传感器，利用 RFID，全球定位系统等智能技术可以让用户很快的找到所需文献资源。此外，图书馆每天会产生大量的错架、乱架的图书，这难免降低了图书馆的服务质量，馆员可以通过 RFID 查询系统，将错架、乱架的图书编码输入到系统中，系统会快速感应最后识别出图书的位置，这样就完美解决了图书管理工作中的难题，为馆员和用户带来了极大的便利。

参考文献

［1］赛礼克·赛依力.智慧图书馆视域下高校图书馆信息资源建设策略［J］.科技风，2022（7）：17–19.

［2］荀雪莲，姚文彬.大数据网络爬虫技术在智慧图书馆信息资源建设上的应用［J］.北华航天工业学院学报，2020（4）：20–22.

［3］孟冬晴，牛莉丽.智慧图书馆建设背景下的资源推广服务模式探索［J］.医学信息学杂志，2021（10）：77–81.

［4］中国社会科学情报学会.图书馆情报与文献学研究的新视野［M］.北京：中国书籍出版社，2018

［5］蔡红宇.智慧社会建设背景下图书馆信息资源开放服务探讨［J］.中国中医药图书情报杂志，2018，42（4）：39–41.

［6］李晓婧.“双一流”建设背景下高校数字图书馆智能化信息资源服务研究［J］.视界观，2019（21）：1–1.

［7］肖明.国外图书情报知识图谱实证研究［M］.北京：中国经济出版社，2018

［8］郭向东.西部少数民族文献资源建设研究［M］.北京：科学出版社，2018

［9］周建芳.“互联网+”图书馆［M］.成都：四川大学出版社，2018

［10］李菲菲，张云坤，王喜.智慧图书馆建设中网络空间安全体系构建研究［J］.科技情报开发与经济，2020，5（6）：29–33.

［11］刘莹.基于云计算与物联网的智慧图书馆建设管见［J］.图书馆学刊，2018，40（11）：124–127.

［12］王思，宁勇.智慧图书馆信息安全服务能力提升探究［J］.科技经济市场，2019（6）：109–111.

［13］中国图书馆学会.中国图书馆学会年会论文集（2013年卷）［M］.北京：国家图书馆出版社，2013

［14］徐岚.“互联网+”与图书馆［M］.成都：电子科技大学出版社，2018

［15］赵国忠.智慧图书馆背景下高校图书馆信息资源建设策略研究［J］.情报探索，2021（9）：123-128.

［16］吴小凤.智慧图书馆精准服务成人继续教育的学科资源建设路径［J］.继续教育研究，2022（5）：5-9.

［17］朱丽娜.高校智慧图书馆建设路径探讨［J］.科学与信息化，2020（1）：40-41.

［18］李玉海，金喆，李佳会.我国智慧图书馆建设面临的五大问题［J］.图书情报通讯，2020（3）：8-14.

［19］咸秀柔，吕建新，王媛媛.多源数据驱动的智慧图书馆生态建设——以河北北方学院图书馆为例［J］.信息记录材料，2022（6）：23-23.

［20］冉从敬，李旺，宋凯.国内外图书馆信息资源建设研究热点对比分析［J］.新世纪图书馆，2021（8）：90-96.

［21］柯欢玲.校园智慧图书馆建设探索——“广州模式”之文化教育跨界合作［J］.图书馆学刊，2016，38（5）：1-5.

［22］陈玲，张红伟，王春梅.现代公共文化服务视角下医学智慧图书馆建设研究［J］.医学信息学杂志，2020（3）：82-85.

［23］张冉.智慧教育背景下高校图书馆数字资源建设与馆配转型探析［J］.中文科技期刊数据库（全文版）图书情报，2022（8）：76-80.

［24］陈戴.信息资源建设研究［M］.上海：上海科学技术文献出版社，2016

［25］浦绍鑫.现代公共图书馆资源建设与服务［M］.北京：光明日报出版社，2016

［26］林水秀.高校图书馆资源建设与管理研究［M］.长春：吉林大学出版社，2016

［27］广州市图书馆学会.现代图书馆研究系列图书馆合作创新与发展［M］.广州：暨南大学出版社，2016

［28］周和平.周和平文集（上）［M］.广州：中山大学出版社，2016

［29］叶青，方倪，郭璐.Internet网络信息资源检索［M］.哈尔滨：东北林业大学出版社，2016

［30］朱锐勋.政府信息资源开发模式比较研究［M］.北京：国家行政学院出版社，2016

［31］马家伟，杨晓莉，姜洋.图书馆与图书馆学概论［M］.长春：吉林科学技术出版社，2016

［32］杨新涯.图书馆服务共享［M］.北京：知识产权出版社，2016

［33］张岩.深圳图书馆志：1986—2016纪念深圳图书馆开馆三十年［M］.深

圳：海天出版社，2016

[34] 黄如花.数字信息资源开放存取［M］.武汉：武汉大学出版社，2017

[35] 包瑞.高校图书馆服务与资源开发［M］.长春：吉林大学出版社，2017

[36] 孙刚.与图书馆交朋友：中小学生图书馆信息素养活动手册［M］.上海：上海教育出版社，2017

[37] 曹学艳.全媒体环境下的信息资源建设导论［M］.西安：西安电子科技大学出版社，2017

[38] 毕东.高校图书馆党建研究与实践［M］.北京：光明日报出版社，2017

[39] 张立，李莘.图书馆管理学［M］.成都：电子科技大学出版社，2017

[40] 武三林，韩雅鸣.基于技术融合的图书馆数字资源利用服务机制研究［M］.北京：科学技术文献出版社，2017

[41] 黄如花，司莉，吴丹.图书馆学研究进展［M］.武汉：武汉大学出版社，2017

[42] 湛爱容.网络环境下图书馆的用户研究与信息服务［M］.芜湖：安徽师范大学出版社，2017

[43] 张白影，聂道良.图书馆工作论丛（第6辑）［M］.北京：北京理工大学出版社，2017

[44] 姜广强.现代图书馆信息资源配置机制与评价［M］.天津：南开大学出版社，2018

[45] 刘伟成.数字信息资源检索［M］.武汉：武汉大学出版社，2018

[46] 刘晓辉.现代图书馆图像数据资源建设概论［M］.北京：中国戏剧出版社，2018

[47] 吴爱芝.大数据时代高校图书馆智慧化学科服务研究［M］.北京：海洋出版社，2018

[48] 张敏生.信息检索与利用［M］.西安：西安电子科技大学出版社，2018